心理契约及其对员工组织公民行为的影响：
基于中国高校组织情境的研究

The Study on Psychological Contract and
Its Impact on the Employee Organizational Citizenship Behavior:
Investigating in the Context of Chinese Universities

● 林 澜 著

厦门大学出版社 国家一级出版社
XIAMEN UNIVERSITY PRESS 全国百佳图书出版单位

总　　序

厦门大学企业管理系计划出版一套学术文库丛书，应系主任郭朝阳教授的邀请，我非常乐意为此丛书作序！因为我自己就是伴随着厦门大学企业管理学科的发展而成长进步的，作为一名厦门大学企业管理学科发展的同龄人，我为厦大企业管理学科的每一个成长与进步高兴，也愿意为企业管理学科的发展尽自己的一份力量。厦门大学企业管理学科从1980年恢复招生以来，已经走过了31个春秋，如今已经发展成为国内一支不可忽视的学术力量。企业管理学科于2007年被评为国家重点学科，这是几代人共同努力的结果。但更值得高兴的是今天的企业管理学科已经形成了一支以年轻人为主的、接受过良好的专业学术训练、具有创新思维的师资队伍，他们思想活跃、勇于创新与开拓，在教学、科研与社会服务等方面作出了积极的贡献。

尽管由于时间关系，我并没有看到丛书的所有书稿，但从丛书书目可以看出，这些著作都是企业管理系一批年轻教师近几年来最新的科研成果，有的是在他(她)们博士学位论文研究的基础上所作的进一步探讨与思索，有的是他(她)们承担的国家及省级课题的研究成果。这些成果涉及的领域包括员工关系管理、商业模式创新、战略管理的心智模式研究、企业人力资本投资分析、员工的战略性培训与开发、创业管理、领导影响力研究、我国食品行业的安全性与竞争性等。从以上选题可以看出，企业管理系的年轻教师能紧跟学科研究发展的趋势与方向，掌握了科学的学术研究方法。相信本学术文库的出版，将对企业管理系的教学与科研水平起到比较大的提高与促进作用，也将对国内企业管理学科的研究作出积极的贡献。我期待企业管理系的年轻教师们能有更多高水平的学术成果问世。

2011年5月10日

前　言

作为显性契约不可或缺的补充，心理契约提供了认识雇佣关系的独特视角，也是员工行为的强有力的决定因素。本研究基于文献回顾，认为心理契约与员工组织公民行为（OCB）的内在逻辑关系体现在 OCB 的界定基础和行为动机等方面。

本研究聚焦于高校组织情境中心理契约对教师组织公民行为的影响，主要围绕四个问题：第一，中国高校教师心理契约和组织公民行为维度构成；第二，教师心理契约状态如何影响其 OCB；第三，教师心理契约类型如何影响其 OCB；第四，教师与学校对学校责任履行的认知差异及其如何影响其责任履行与 OCB。

本研究开发了中国高校教师心理契约与组织公民行为问卷，发现高校教师心理契约中的学校责任包括生存保障、制度支持、资源支持、沟通参与、成长发展五个维度，教师责任体现为敬业守规、关心学生、科研投入、认同支持、活动参与五个维度。高校教师 OCB 由学校公益、同事公益、学生公益三个维度构成。

本研究的主要结论如下：第一，教师心理契约中的学校已履行责任和学校未来责任与其学校公益行为、同事公益行为、学生公益行为的履行显著正相关。学校已履行责任激发教师反应式回报，教师对学校未来责任履行的预期激发其前瞻式回报；前瞻式回报的动机强于反应式回报；回报对象的优先顺序为学校、同事、学生。第二，共同投资低型在学校公益行为上的得分最低，共同投资高型和教师投资过度型得分最高；共同投资低型和教师投资不足型的同事公益、学生公益行为得分均显著低于共同投资高型和教师投资过度型的相应得分。第三，教师和学校视角对学校已履行责任和未来责任履行的认知差异显著；并且认知差异均只与教师责任中的认同支持维度、组织公民行为中的学校公益维度显著正相关。此外，本研究还采用质性研究方法，结合深度访谈数据和上述结论进一步探讨高校教师心理契约和组织公民行为的特点和规律，并对高校心理契约管理实践提出针对性较强的建议。

本研究的理论和方法创新主要体现为：第一，丰富了心理契约的责任内涵，提供了理解OCB动机的新视角；第二，扩展了心理契约的研究视角；第三，针对高校教师群体进行差异研究；第四，尝试了量化和质性研究相结合的研究方法。

作者

目 录

第一章　绪论	1
第一节　研究背景	1
第二节　研究意义	10
第三节　技术路线、结构安排和创新之处	12
第二章　文献综述	18
第一节　心理契约研究述评	18
第二节　组织公民行为研究述评	36
第三节　心理契约对组织公民行为影响的研究述评	47
第四节　当前研究存在的不足及本研究切入点	54
第三章　中国高校教师心理契约与组织公民行为问卷编制	59
第一节　编制预试问卷	60
第二节　预试与问卷修订	65
第三节　正式测试数据收集	90
第四节　教师心理契约与组织公民行为结构验证	94
第四章　研究框架与实证研究设计	114
第一节　研究假设与理论框架	114
第二节　实证研究设计	127
第五章　数据分析和结果讨论	132
第一节　教师心理契约状态对组织公民行为的影响	132
第二节　教师心理契约类型对组织公民行为的影响	139
第三节　教师与学校对学校责任履行的认知差异及其影响	145
第六章　研究结论、深入探讨及展望	161
第一节　研究结论	161
第二节　深度访谈	164
第三节　高校心理契约管理建议	172
第四节　研究局限和研究展望	179

参考文献 …………………………………………………………… 182
附　录 ……………………………………………………………… 200
致　谢 ……………………………………………………………… 250

第一章 绪论

第一节 研究背景

一、理论反思

西方研究者从 20 世纪 60 年代开始了对心理契约(psychological contract)的研究。1996 年 12 月"心理契约国际学术研讨会"在荷兰 Tilburg 大学召开和 1998 年 *Journal of Organizational Behavior* 出版一期关于心理契约研究的专刊,这标志着其研究体系初见规模。中国心理契约研究的序幕则是由以陈加洲、李原等为代表的学者在 2001 年前后拉开的。近十年来,虽然心理契约研究的文献在数量上不断增长,研究主题更加丰富,涉及内容维度、新型心理契约内涵的变化,心理契约破裂、违背及其后果等。但总体而言,该领域的研究仍处在发展阶段,仍存在不少问题有待深入探索。比如对心理契约的概念界定、维度构成尚未形成统一认识;深入员工心理契约内部,探讨互惠责任之间关系的研究并不多见;是否应该从组织视角研究心理契约以及如何操作,对此仍然争议不断;相应地,对员工、组织心理契约的认知差异的研究更是少见;对心理契约结果变量的关注中,态度变量多于行为变量,行为变量中又以工作绩效为主。考察心理契约的内容、状态或类型对组织公民行为影响的研究并不多见。

组织公民行为(organizational citizenship behavior,以下简称 OCB)的概念形成于 20 世纪 80 年代,发展至今已有近 30 年的历史。文献中已提出的 OCB 维度多达几十种,尽管 Podsakoff 等(2000)对此进行了梳理,将其归为七大类[1],但新的维度在此后的研究中又不断涌现,特别是在跨文化情境的研究中;现有研究已发现的 OCB 行为动机主要体现为社会交换、价值观和印象管理动机,而 Podsakoff 等(2000)将 OCB 的前因变量概括为个体特征、工作任务特征、组织特征和领导行为四个层面[1],可以看出,已发现的行为动机主要解释的是个体层面的前因变量。但又有研究发现了跨越个体、组织层次的前因变量,例如,个人—组织契合度[2;3;4]。由此可见,OCB 的行为动机和前因变量还有待进一步探索。

基于上述理论反思,本研究希望聚焦于以下核心问题:在中国文化情境下,特定员工群体的心理契约和 OCB 维度构成具有哪些特殊性?由员工责任与组织责任履行的相互关系构成的心理契约类型有何特点?员工视角与组织视角的心理契约是否存在认知差异?心理契约的状态、类型、员工组织双视角的认知差异又如何影响 OCB?

二、现实困惑

20 世纪 90 年代以来,信息技术的发展以及全球竞争的加剧增加了环境的不确定性和复杂性,组织结构、工作本身和员工构成等组织内部要素也随之发生变化,并直接影响了雇佣关系的深刻变化。组织可能频繁地通过外包、重组、压缩规模等方式应对竞争的压力、提高灵活性和降低成本,在人力资源管理上表现为裁员、使用临时工、减少对员工的投资等。这一切都表明:不确定性和竞争的压力,驱使组织更倾向于与员工保持以短期交换和明确界定双方责任为特点的经济交换关系;相应地,员工也改变了对雇佣关系的认知。既然努力工作、忠诚和承诺并不一定能换来终身就业的安全感与稳定感,工作就被员工视为获取技能、提高自身就业能力(employability)的一种途径。这种认知进而又影响员工的工作绩效、OCB、工作满意度、组织承诺等与工作相关的态度与行为,并最终影响组织目标的实现。

缺乏组织公民行为的组织就如同一台没有润滑油的机器,被 Katz(1964)认为是一个非常脆弱的社会系统[5]。特别是在快速变化、高度不确定性的环境中,组织面临着不断提高绩效的压力,绩效的提高不仅有赖于员工充分履行角色内职责,还有赖于员工更多地履行 OCB。不确定的环境更加强调创新、灵活和适应性,组织不可能事前预见到所有可能的变化,并通过显性契约具体而明确地规定期望员工履行的责任。同时,随着员工受教育程度和专业化水平的提高、工作方式的转变,许多有利于组织绩效的行为,如知识共享、主动承担额外的工作责任、主动学习新的技能等,主要取决于员工的自由意志和能动性,难以对其具体、完全地加以定义或描述,也难以用命令强制要求。因此,员工自愿履行超越正式职责、不为正式报酬体系所认可的、但有利于组织整体效能的OCB对于提高组织的运行效率有重要的意义。

综上所述,在高度竞争和变化日益增强的环境中,组织要应对双重挑战——既要提高对环境的应变性,又要激励员工充分履行角色内行为和OCB以提高组织绩效——就必须思考如何建立良性的雇佣关系,而这必须建立在对雇佣关系充分了解和认识的基础上。心理契约研究提供了了解和认识雇佣关系以及员工、组织相互责任的独特视角。雇用过程中员工和以管理人员为代理人的组织的协商、谈判,雇佣关系存续期间双方的互动、沟通,都影响着双方心理契约的形成、发展与调整。它虽然不像显性契约,如雇用合同那样具有书面化、明确性的特点和法律效应,却是显性契约不可或缺的补充,记载了员工与组织相互责任履行、彼此贡献与回报的"心理账"。员工与组织(以管理人员为代理人)都清楚自己该为对方承担什么责任、该承担多少、实际承担得如何、对方该给自己什么回报、回报多少、实际回报到什么程度。这种心理账虽没有写明,但对双方而言却是不言而喻的,是影响双方行为态度的强有力的决定因素。特别地,心理契约关注雇佣关系中的互惠责任和行为,有助于更加全面地理解OCB的产生、维持与变化。总而言之,研究心理契约对OCB的影响,可以帮助组织实现更有效的心理契约管理,促使员工自觉自愿地对企业作出份内和额外的贡献。

20世纪80年代以来,随着政府与高校关系的重构,中国高校正逐步摆脱对政府的依赖,转向积极适应市场经济发展。竞争、绩效、效率也开始成为高校组织发展的主题词,但与企业等营利性组织相比,高校组织又有其特殊的运行规律,高校教师也有着不同于企业员工的职业特征。高校组织的特殊性在于学术目标永远是其坚守的底线,效率目标是为学术目标服务的[6]。为了实现双重目标,高校组织内部也正经历着人事、分配制度等方面的重要变革。外部压力和内部变革使高校组织与教师的关系发生了深刻的变化,也重塑着双方的心理契约。而教师的组织公民行为,不论是对学术目标,还是对效率目标而言,都有着重大意义。除了严格的考核和监督,如何通过心理契约的柔性管理,更有效地激发教师的积极性、主动性和创造性,促使其表现出更多的组织公民行为?如何能兼顾学校目标的实现和教师个人的全面发展?如何在追求效率的同时,真正落实"以人为本"的口号?目前国内外学者尚未对此展开充分探讨。鉴于上述研究问题的理论和实践意义,本研究将聚焦于高校组织情境中的心理契约对教师组织公民行为影响。

三、中国高校教师心理契约与组织公民行为研究背景

(一)中国高校组织与教师关系演变——教师心理契约与组织公民行为研究的时代背景

刘献君等(2009)指出,国家人事制度的改革为学校与教师的关系由"行政关系"走向"契约关系"提供了外在契机[6]。

2000年6月,中共中央组织部、人事部、教育部共同印发的《关于高校人事制度改革的实施意见》和2000年7月人事部发布的《关于加快推进事业单位人事制度改革的实施意见》提出,在大多数公立学校、科研院所等事业单位和大多数工作岗位逐步建立和推行聘任制度,使事业单位的用人制度由身份管理向岗位管理转变,由单纯的行政管理向法制管理转变,由行政依附关系向平等人事主体转变,由国家用人向单位用人转变[6]。教师聘任制是指高校和教师之间通过聘任合同的形式,明确双方的权利义务,形成任职契约关系的人事任用制度。聘任制将学校与教师之间的关系契约化,将教师与学校之间的固定劳动关系转变为契约关系。

就法律关系而言,在市场经济条件下,在高校办学自主权逐步落实的前提下,学校与教师具有双重法律关系。一是行政法律关系。学校根据教育行政部门的授权,对教师进行行政管理,如教师资格认定、对教师的奖惩等。二是民事法律关系。学校是法人单位,在聘任关系中,教师与学校具有平等的法律关系。尽管如此,刘献君等(2009)也指出,教师与学校的劳动关系存在着形式平等与实质不平等的矛盾。法律对学校与教师权利义务的设定具有不对等性,具有行政关系色彩[6]。如《教育法》规定学校具有"聘任教师及其他教职工,实施奖励或处分"的权利,而没有相应规定教师的权利。又如,《教师法》规定"学校及其他教育机构根据国家规定,自主进行教师管理",而对教师仅仅规定,教师要"贯彻国家教育方针,遵守规章制度,执行学校的教学计划,履行教师聘约,完成教育教学任务"。这种不对等的规定,以及在聘任过程中学校作为管理者与聘任者合二为一的身份,造成了实质上的学校与教师的权利失衡。学校方往往处于强势地位,教师方往往处于弱势地位。权利失衡使教师权益受到侵犯变得不可避免,体现为签订教师聘任合同时存在诸多问题,例如,聘任合同的内容过于简单,权利和义务不明确;聘任时间定得太短,缺乏稳定性;对违约责任没有作具体规定,缺乏违约处理以及纠纷处理的办法等等[7]。

从经济学的角度来看,在教师聘任关系中,高校组织是委托人,教师是代理人。委托代理关系实质上是一种契约关系。教师与学校签订的聘任合同是一种显性契约,它具有不完备性。签订合同时,委托人和代理人都不可能预料到未来可能发生的各种情形;即使预料到了,要准确描述各种状态也非常困难;即使描述了,由于信息不对称,双方也可能会对实际状态产生争论;即使双方信息是对称的,法庭上也难以证实;即使法庭能证实,执行的成本也可能很高[7]。基于此,刘献君等(2009)指出委托人与代理人的契约在很多情况下是建立在信任的基础上的,用制度规范和意识形态约定的价值判断代替了契约文本[6]。基于信任的基础形成的,以意识形态约定为形式的价值判断实质上就是双方的心理契约。这充分说明了由于显性契约的不完备性,心理契约构成了显性契约的有益补充。

高校教师与学校的心理契约是指教师与学校对对方应履行的责任的感知和期望。与聘任合同、规章制度等正式的、书面的显性契约相比,心理契约体现为双方的主观感受,虽然没有书面形式的明文约定,缺乏明确约束力,强调个体感受和认知,有时甚至比较含糊,但它确实存在,双方都能觉察得到,并随着雇佣关系的变化而灵活调整。如果说显性契约更多地体现了双方的经济交换关系,心理契约则融合了经济交换和社会交换关系的特征。

Blau(1964)指出经济交换和社会交换关系的本质区别在于:交换关系涉及的义务是否进行了明确规定;是否与信任相关[8]。聘任合同中清晰界定的权利责任主要体现了双方的经济交换关系。而在心理契约中,一方面,教师能从学校管理者(即学校组织的代理人)的行为和决策中感知到学校责任已经实现的程度和预期未来可能实现的程度,并基于此评价自己和学校的关系,以及决定自己付出努力的程度。这种在付出(成本)与回报(收益)之间保持平衡的心理账体现了心理契约的经济交换特征。另一方面,心理契约中教师感知到的责任内容广泛,既包含物质层面,也包含精神层面。比如,教师认为学校应给予尊重、公平的对待;认可其工作成果;有责任创造和谐的人际氛围,培养群体的归属感等。这些精神层面责任体现了教师较高层次的社会心理诉求,并且形式多样、潜藏于心,无法穷尽或作明确具体规定。如果这些事前未做规定的责任能够得到充分履行,无疑能增强教师对学校的信任和认同感,激励他们竭尽全力。教师表现出积极行为并履行教师责任,也能激发学校形成良好预期,最终促成相互信任的良性循环。

心理契约不仅融合了经济交换和社会交换关系的特征,Guest(1998, 2004)还指出,在组织内外部环境发生变化,雇佣关系相应调整的过程中,心理契约是最敏感、最能集中反映这种变化的核心因素[9;10]。如前所述,我国高校全面推行了聘任制改革,教师与高校组织之间不再是依附与被依附的关系,以忠诚换取终身就业的长期承诺的传统心理契约已发生根本性的改变。聘任制改革涉及的是与教师切身利益相关的用人制度、分配体系的重大改变,每一个教师都会依照自身的理解和已有的经验权衡自己与学校之间新的权利义务关系。但改革过程中的信息不对称性和不确定性,容易使教师感知到角色模糊,对自身的职责和权利预期不明朗,易引发较强的危机感和抵触情绪,而聘任制的实施又给教师带来了主动违背或终止心理契约的条件,他们可能不会再像改革之前那样通过改变自身的认知来维持心理契约的平衡,而是更多地采取破坏性行动迫使学校回应以恢复平衡。为了避免心理契约失衡所带来的心理契约违背或破裂及其消极后果,高校组织与教师双方必须基于新的游戏规则确立双方关系,并基于新的雇佣关系重构双方的心理契约。

心理契约是教师组织公民行为强有力的决定因素。教师OCB是教师自愿履行的,超越正式职责要求,但对于学校高效运转有利的行为。中国目前的社会转型和经济变革将高校组织置于复杂和竞争性的外部环境中,高校聘任制改革又加强了内部不确定性。没有面面俱到的制度能预见并涵盖所有可能发生的情况。如果教师一切照章办事,只完成正式职责要求,一旦遇到制度规定之外的情况,组织运作就会受阻。教师OCB虽然是"额外"劳动,却与提升学校的整体效能、师德师风建设等休戚相关,并在一定程度上决定了学校的竞争力和未来发展。

(二)教师的职业特征——教师心理契约与组织公民行为研究的行业背景

如果说现代大学的基本职能定位在"培养人才,创新知识,服务社会",那么支撑这三大功能的教师工作就相应体现为教书育人、科研和社会服务三方面。

教书育人工作是为塑造健康积极的心灵和头脑而进行的传道、授业、解惑活动。对人的教化本身就是一个需要付出爱和奉献的精神活动,精神活动的过程难以量化和明确规定。另外,高校教师在与被教育者互动的过程中,其自身的思想信仰、工作态度、思维方式、敬业精神等也会潜移默化地影响被教育者的价值取向和思想理念。教书育人的角色职责决定了教师的劳动质量和效率远非岗位说明中的刚性规定所能严格控制,而在很大程度上取决于教师个体的主观能动性。对于这个需要长期全"心"投入的劳动过程,也应该相应地用"心"去管理,用融合了关注、尊重和信任的心理契约管理比机械单调的显性契约更能激发劳动者自觉自愿地超越职责地付出。

科研工作体现了一种以创造性劳动为主的复杂劳动,独立性强,专业化程度高,劳动过程又包含大量对知识创新起关键作用的隐性知识。复杂劳动过程难以用正式的工作说明和规范加以具体约束,隐性知识的积累、利用和传播也难以具体规定。在科研工作中,教师是具有较高自我管理能力的能动主体,如果单纯依靠制度和命令强制其遵守和服从,反而容易压抑创新意识。因此,要激发教师的学术创造力和热情,对其管理要顺应其心理特点和行为规律。心理契约的柔性管理更能产生内在的说服力,使其将学校的意志内化为自身的行为准则并转化为自觉行为。

社会服务工作是指教师承担的社会兼职活动和服务项目,例如,与政府、企业开展合作研究或承担政府、企业委托项目研究,提供教育培训、咨询和技术指导、科研成果产业化等。教师通过知识传播、运用和创新等形式贡献于地方经济,回馈于社会整体,能够促进学校发展并对学校声誉产生积极影响,这是校方积极倡导的,但也是显性契约中最难界定、最不清晰的部分,教师的社会服务工作有较大的弹性空间。

一言以蔽之,教师这三方面的工作内容都远非一纸合同或岗位说明所能完全覆盖的,教师的职业特性决定了好教师的行为绝不仅限于完成工作职责。教师的全心投入、创造性和主动性的发挥都超越了聘任合同或工作说明的刚性规定,直接表现为教师OCB,而这对于学校效能最大程度的实现,教育资源优势的充分发挥意义重大。显性契约只能强制教师完成底线要求,心理契约的柔性管理却能基于信任、默契、共识和认同等软约束激发教师超越职责的自愿付出。

四、概念界定和研究问题的提出

本研究对心理契约做如下界定:心理契约是指在雇佣关系存续期间,员工和组织对双方应履行的责任的感知和期望。理解这个概念,应注意两个关键要点。

第一,完整的心理契约概念应该包括两个视角,即组织和员工视角(见图1-1)。员工视角的心理契约简称为员工心理契约,它是员工对于相互责任的感知和期望,具体而言,它包括员工对于员工对组织应履行的责任(简称员工责任)和组织对员工应履行的责任(简称组织责任)的感知和期望。组织视角的心理契约简称组织心理契约,它是组织(以各级管理者为代理人)对于相互

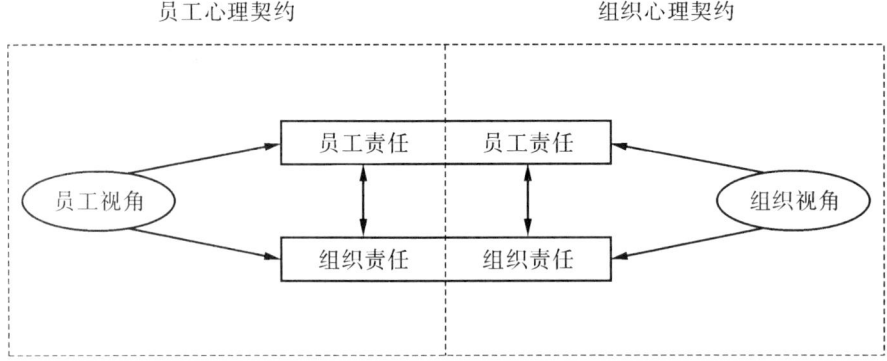

图 1-1 心理契约的研究视角

资料来源:李原.企业员工的心理契约概念、理论及实证研究[M].上海:复旦大学出版社,2006.

责任的感知和期望,它包括组织对于员工对组织应履行的责任(简称员工责任)和组织对员工应履行的责任(简称组织责任)的感知和期望。本研究主要关注员工心理契约中的员工责任和组织责任以及组织心理契约中的组织责任。具体而言,本研究探讨员工心理契约的责任维度构成、组织责任与员工责任履行状态及相互关系,以及员工与组织对组织责任履行的认知差异。

第二,心理契约有别于一般意义上的期望。期望的内容比较宽泛,既可能是基于现实形成的对未来的希望,也可能是不切实际的幻想。期望没有满足会产生失望感。而心理契约所涉及的感知和期望是建立在双方的相互信任和显性契约中双方对互惠责任的承诺的基础上的。也就是说,它是双方基于现实的判断,相信自己应该得到和应该付出的。因此,心理契约的违背和破坏产生的是更为强烈的消极情绪反应和行为。总而言之,所有的心理契约都是期望,但如果缺少承诺,期望不构成心理契约。

本研究对组织公民行为做如下界定:组织公民行为是指员工超越组织正式规定的行为标准、自发性地表现出来的、有利于组织整体有效运作的个人行为。

本研究将从以下四个方面展开:

第一,本研究将探讨中国高校教师的心理契约和组织公民行为的维度构成。为此,本研究将编制一份适用于测量中国高校情境中的教师心理契约和组织公民行为量表。尽管心理契约和OCB研究领域已有一些信度和效度都比较可靠的西方量表,但西方测量工具在跨文化情境中的适用性存在局限;另外,本研究聚焦于中国高校教师这一特定员工群体,已有的少数由国内学者开发的面向企业员工的量表也不适用于本研究被试者。自行开发量表,旨在提高测量工具的适用性和针对性。

第二,本研究将关注教师心理契约状态——即教师感知到的学校责任履行如何影响教师OCB履行。国内外文献关于心理契约和OCB的研究成果都十分丰富,但把二者作为一对前因结果变量整合到一个统一分析框架的研究相对少得多。心理契约的破裂或违背引发员工的不公平感知,要重新恢复平衡,他们首先最可能减少或取消的就是有利于组织的自愿行为。已有的实证研究结果大都支持心理契约履行与OCB正相关,心理契约破裂或违背与之负相关[11;12;13;14;15;16]。Coyle-Shapiro(2002)、Coyle-Shapiro和Kessler(2002)又指出心理契约中的组织责任不仅包含了组织诱因(inducement),即组织已履行的责任,还包含了员工感知到的组织责任(perceived obligations),即员工对组织未来责任履行的预期。这两个纵向研究证实了员工对组织未来责任履行的预期与员工OCB显著正相关[17;18]。鉴于此,本研究试图将教师心理契约中的学校责任分为教师感知到的学校已履行责任和学校未来责任两部分,用中国高校教师样本检验已履行的学校责任是否与教师OCB显著正相关,以及教师对学校未来责任履行的预期是否会对其履行OCB起到事前激励作用。

第三,本研究将关注教师心理契约类型如何影响教师OCB履行。当前研究大都孤立地探讨心理契约中的员工责任,关注组织责任的研究不多,深入探讨两者关系的研究更是寥寥无几。事实上,员工责任和组织责任是持续不断交互影响的互惠责任。深入心理契约内部探讨由互惠责任履行的平衡/不平衡关系构成的心理契约类型,有助于更全面地理解心理契约的互惠性和动态性。目前,仅有Tsui等(1997)、Shore和Barksdale(1998)分别关注了组织和员工视角的心理契约类型[19;20]。国内学者余琛(2004)、李原(2006)也对中国员工的心理契约类型进行研究[21;22]。这些研究中的结果变量主要是态度变量。本研究将关注高校教师的心理契约类型,即教师感知到的学校责任和教师责任履行程度之间的关系,及其对教师OCB的影响。

第四,本研究将关注教师与学校对学校责任履行的认知差异及其如何影响教师责任与OCB履行。西方学者Rousseau(1989,1995)仅从员工视角界定心理契约,将之看成是员工对相互责任的感知[23;24]。这种单视角的观点因其在测量上的便利性,为多数实证研究所采用。但单视角概念界定的完整性受到了一些学者的质疑,他们认为既然是契约就意味着双向,就应该涉及雇佣关系中的双方。心理契约研究应该回归员工和组织双重视角,并提出以各级管理者作为组织代理人,代表组织形成感知和期望[25;26]。虽然双视角的界定在选取哪一层级的管理者作为组织代理人上并没有取得共识,但它充分体现了心理契约的相互性和动态性。本研究中的心理契约界定采用了双视角观点,特别的,本研究关注教师和学校视角对学校责任履行的认知差异,即教师感知到的学校责任的履行程度与以院系领导为代理人的学校组织感知到的学校责任的履行程度之间是否存在认知差异,如果存在,它会如何影响教师责任和OCB的履行。

第二节 研究意义

一、理论意义

本研究的理论意义主要体现在以下两方面:

第一,本研究成果是对心理契约研究领域的丰富。本研究聚焦于员工心理契约及其对OCB的影响。本研究将员工心理契约中的组织责任分为组织已履行责任和组织未来责任,关注了员工对组织已履行责任程度的评价和对未来责任履行程度的预期;考察了员工视角的组织责任和员工责任履行程度的平衡/不平衡关系以及由此形成的员工心理契约类型;从组织与员工双重视角界定心理契约,分析了双方对组织责任履行的认知差异;并在此基础上分别考察它们对员工责任和OCB的影响。这些研究内容旨在更深入地理解和展示心理契约这个复杂的心理"黑箱"的运行规律,更充分地解释互惠性、相互性、动态性和主观性等心理契约的本质特征。

第二,本研究在中国情境下,以中国高校教师为样本,开发了中国高校教师心理契约和OCB测量工具,有助于更有效地了解该群体心理契约和OCB的维度构成。另外,本研究在实证检验教师心理契约状态、类型、教师与学校认知差异等对OCB影响的基础上,还结合质性研究方法对学校如何有效进行心理契约管理提出针对性较强的对策建议。这是将心理契约及OCB研究进行中国本土化的有益尝试,推动了该领域研究的跨文化应用。

二、实践意义

高校聘任制改革实现了人才的自由流动,在此背景下,高校教师在学科忠诚与院校忠诚的选择中,更易出现学科忠诚优先于院校忠诚的情形。尽管高校组织倡导人本管理,但实际上在吸引和管理人才方面却陷入了"引得进、用不好、留不住"的尴尬境地,不少高校近年来的人才流失率都呈上升趋势。人才流失,尤其是中青年骨干教师的流失,对在职教师的组织承诺度、工作满意度和敬业心理也会产生冲击,引发"离心力"效应。这些从一些高校教师网上晒工资、抱怨收入不够花,到青年教师给校长发出沉重的辞职信,再到政协委员、科学院院士对青年教师生活的担忧等诸多社会新闻中便可见一斑,以致有青年教师发出"我把青春献给学校,可是随时间流逝的除了我的青春、斗志,还有对学校的热爱。我也不知道自己可以再撑多久"这样的感叹。另外,高校中利益分配不均,高校管理官本位、行政化现象严重的抱怨也不绝于耳。

教师聘任制改革已全面实施多年,改革旨在引入市场竞争机制提高高校运行效率。可反观现实,教师的组织承诺、认同感、工作满意度并无提高,流失率却呈上升之势,以及高校人力资源管理中尚存的诸多不合理之处,似乎与改革的初衷背道而驰。这需要高校管理者们深刻思考:高校人力资源管理是否可以完全按照市场机制和效率原则运行?在显性契约之外,是否还存在着其他隐性因素决定着教师队伍管理效能的高低?答案是不言而喻的。

前已述及,作为知识的创造者和传播者、思想教育者和学术研究者,高校教师这一职业表现出很强的专业化、独立性和创造性,这些职业特性也决定了高校教师的绩效实现无法通过制度规范直接约束,更多地要依靠其内在自主行为,即组织公民行为。根据 Argyris(1957)提出的"正式组织与成熟个性间的矛盾"观点,对成熟个体的管理应尊重其独立性和自主性,减少其依赖性和从属性[27]。教师表现出工作自主性和组织公民行为不是因为受到了监督和控制,甚至可能不是因为物质利益得到满足,而更多的是由于心灵的自由受到尊重,学术追求得到支持,工作价值得到认可,或感受到公平的对待。如果高校管理者只注重基于显性契约的管理,这种冷冰冰的管理方式刚性有余、柔性不足,激励效果有限,有可能会产生负面效应。这些条条框框的约束反而抑制了教师的主动性、积极性和创造性。而心理契约恰恰弥补了显性契约在满足人的社会心理需求方面的不足。高校管理者如果善于利用心理契约管理解决显性契约层面无法解决的问题,更加关注人的发展和需求,注重营造和维系情感和心理的纽带,在彼此信任和支持的基础上从内心深处真正激发教师的主观能动性,现实中的许多问题便能迎刃而解,建立和谐、良性的雇佣关系,实现人的全面发展和组织的学术和效率目标也是完全可能的。

第三节 技术路线、结构安排和创新之处

一、技术路线

本研究技术路线如图1-2所示。

为了实现上述研究内容,本研究主要采用文献分析法、访谈法、问卷调查法、逻辑推理法和统计分析法进行理论和实证研究。

文献分析法:本研究利用厦门大学的网络数据库资源,通过 ABI 数据库、JohnWiley 电子期刊数据库、JSTOR 西文过刊全文库、ProQuest 博士论文全文数据库、EBSCO 数据库、中国期刊网、中国优秀博硕士论文数据库,以及 Google 学术搜索等搜集国内外有关心理契约与 OCB 的大量文献资料。同时,本研究还使用滚雪球方式,从搜集到的文献的参考文献中进一步查找搜集相关文献,以期获得尽可能详尽的文献资料。通过文献阅读和分析,对国内外心理契约与 OCB 的概念发展脉络及其前因结果变量相关研究进行梳理,以准确把握研究现状,为后续的理论和实证研究奠定良好的文献基础。

访谈法:本研究邀请了13位高校教师和5位系领导进行个别访谈。访谈的目的首先在于收集关键事件并发展测量项目。研究者将访谈中收集到的关键事件进行归类、整理和概括,并在借鉴现有量表的基础上,编制本研究调查问卷初稿;同时由于被访谈者都是高校教师,他们对高校教师的心理契约结构、状态和 OCB 的看法有较大的启发意义,能帮助研究者挖掘量化研究解释不了的深层次内容。研究者还基于访谈内容,结合量化研究结论对高校教师心理契约和组织公民行为的特点和规律进一步探讨,并提出管理对策建议。

问卷调查法:首先进行开放式问卷调查,目的与访谈相似,旨在进一步收集完善测量项目。在文献分析、访谈与开放式问卷调查的基础上,进行测量项目归并,完善调查问卷初稿并进行评定,在此基础上形成预测试问卷并进行预试。根据预试数据,进行信度、效度统计检验,修改预试问卷以形成信效度较高的正式问卷,进行正式问卷调查。问卷收集主要采用实地发放和电子邮件发放两种方式。

逻辑推理法:本研究基于组织管理学、组织行为学、人力资源管理、心理

学、高等教育学等学科的相关理论,在文献回顾的基础上,对中国高校教师的心理契约与OCB之间的关系进行逻辑推理和归纳演绎,构建本研究所涉及构念之间的理论模型,并在此基础上提出相应的研究假设。

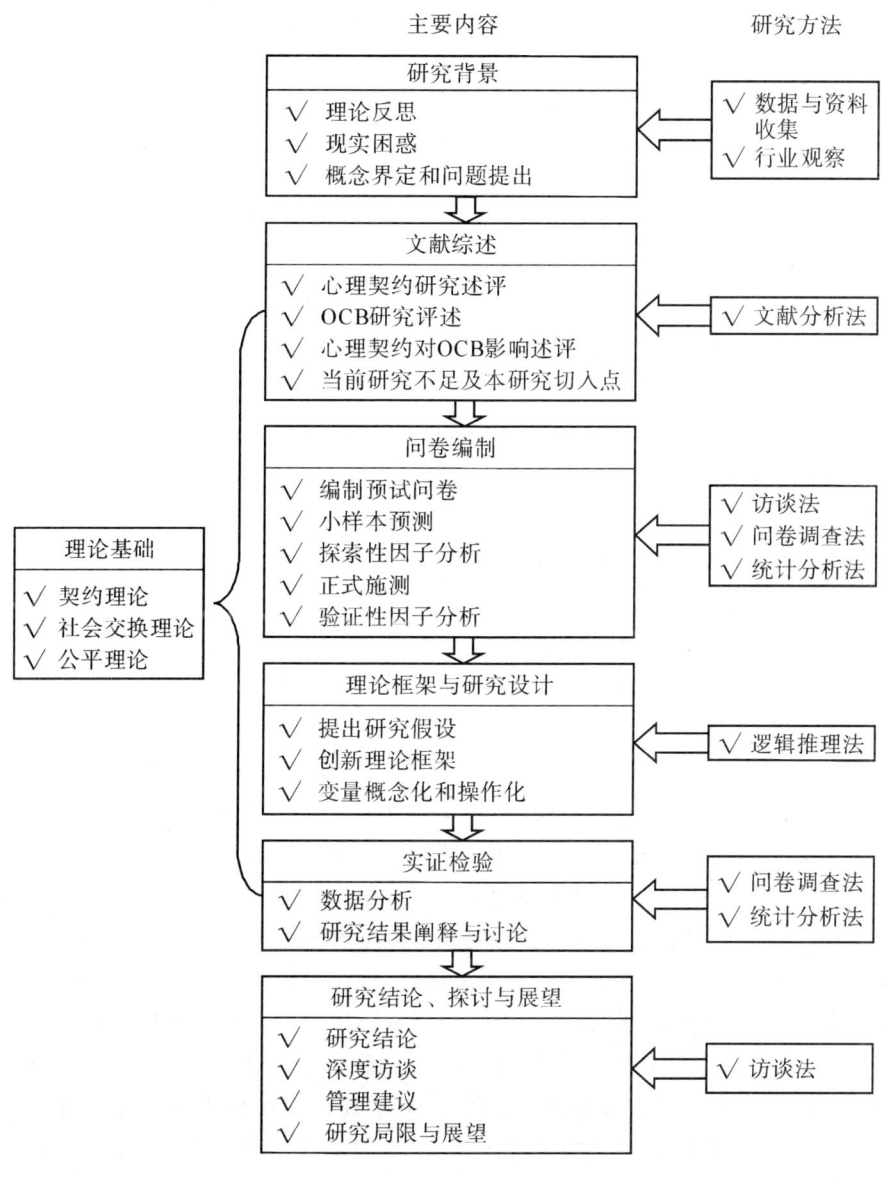

图1-2 本研究技术路线图

统计分析法:对问卷调查获得的数据,使用SPSS16.0和AMOS7.0进行分析。在编制中国教师心理契约和组织公民行为问卷时,利用探索性因子分析求得最佳因素结构,建立量表的建构效度并进行信度检验;利用验证性因子分析检验量表信度和建构效度的适切性与真实性;使用结构方程模型检验教师心理契约状态与OCB的关系;使用层级多元回归分析检验教师和学校对学校责任履行的认知差异与教师责任、OCB履行之间的关系;使用独立样本T检验检验教师和学校对学校责任的认知差异;使用方差分析检验教师心理契约类型在OCB各维度上的差异。

二、结构安排

第一章,研究绪论。基于心理契约和组织公民行为研究的理论和现实背景,特别是聚焦于中国高校教师群体的研究背景分析,本章对本研究的核心概念进行了界定,并阐述了主要研究问题,从理论和实践两方面概括了研究意义。最后说明了技术路线、结构安排以及理论和方法创新等,为导入具体研究内容进行了框架性介绍。

第二章,文献述评。本章对心理契约、OCB以及心理契约对OCB的影响的相关文献进行回顾。其中,心理契约文献回顾部分涉及理论基础、心理契约概念的形成与发展、心理契约内容和类型研究、心理契约的结果变量研究;OCB部分涉及概念形成与发展、维度研究、学校OCB、OCB行为动机及其前因变量研究回顾;因本研究主要关注心理契约对OCB的影响,所以文献回顾的第三部分重点回顾了与两者关系相关的文献。这部分内容在梳理二者逻辑关系的基础上,整理了心理契约对OCB的直接影响,以及涉及中介、调节效应的间接影响的实证研究,最后从总体研究状况、理论视角和实证方法三方面指出了现有研究的不足之处,并引入本研究的切入点。

第三章,问卷编制。本研究严格按照量表开发程序,以构念说明为起点,通过开放式问卷、访谈等方式收集测量项目,进行内容效度评价。开展小样本预测试,并通过项目分析、探索性因子分析和信度分析等步骤对教师心理契约与OCB结构进行初步探索,并形成中国高校教师心理契约和OCB正式问卷。在此基础上开展正式的大规模问卷调查,对上述探索性因子分析得到的教师心理契约与OCB结构进行验证性因子分析,验证模型的合理性,为后续实证研究提供了一个可靠的测量工具。

第四章,理论框架与研究设计。本章基于文献基础,提出了本研究的具体研究问题，主要涉及心理契约状态、心理契约类型、教师与学校对学校责任履行的认知差异，以及它们对教师OCB的影响等。根据逻辑演绎提出相应假设，并构建各个研究问题的框架模型和本研究总体理论框架。在此基础上对主要变量进行定义，并解释如何测量变量。

第五章，实证分析和结果讨论。本章使用结构方程模型检验教师心理契约中学校已履行责任和未来责任履行对教师OCB的影响；使用方差分析检验教师不同的心理契约类型在OCB各维度上的差异；使用独立样本T检验检验教师组和院系领导组样本在学校已履行责任和未来责任履行上的认知差异，并使用层级多元回归方法检验该认知差异对教师履行教师责任和OCB的影响；阐释和讨论各项研究结论。

第六章，研究结论、深化探讨与展望。本章总结本研究的基本观点和研究发现；整理提炼访谈资料，并结合实证研究结果深入探讨高校教师心理契约和组织公民行为的特点和规律，从学校组织和教师个体两方面提出心理契约管理的具体对策建议；最后指出本研究局限和未来研究方向。

三、本研究的理论和方法创新

(一)丰富了心理契约的责任内涵，提供了理解OCB动机的新视角

本研究将员工视角的组织责任分为员工感知到的组织已履行责任和组织未来责任，并分别验证了中国情境下组织已履行责任对员工OCB的事后激励作用和组织未来责任对员工OCB的事前激励作用，即反应式回报和前瞻式回报的存在，还发现前瞻式回报的激励作用强于反应式回报。对反应式回报和前瞻式回报的区分既揭示了心理契约不同于一般交换理论的独特之处，丰富了心理契约的责任内涵，又为理解OCB的行为动机提供了新的视角。目前，只有Coyle-Shapiro(2002)、Coyle-Shapiro和Kessler(2002)的两个以英国公务人员为样本的实证研究验证了履行OCB出于员工对组织未来责任履行的事前回报动机[17;18]，国内尚未开展相关研究。本研究的结论在一定程度上弥补了国内学者在这方面探索的不足。

(二)扩展了心理契约的研究视角

本研究在当前研究对员工视角的心理契约的普遍探讨的基础上，在概念界定和实证操作上都增加了组织视角，以中基层管理者为组织视角的代理人，

关注了两个视角对组织责任履行的认知差异,及由此对员工责任和 OCB 履行的影响。本研究发现员工、组织对于组织已履行责任和未来责任履行都存在认知差异,并且认知差异与直接与组织相关的员工责任和 OCB 正相关。本研究结论虽然与李原(2006)的研究结论一致[22],但对正相关关系分为认知差异正、负两种情况,进行了更为完整的探讨;并且员工与组织间的认知差异只影响与组织相关的责任和 OCB 履行,是本研究独特的发现。

将组织视角和员工视角相结合的探索有助于了解员工和以管理者为代理人的组织对相互责任及其履行状况达成共识的程度,即心理契约的相互性,也有助于把握组织责任履行和员工责任履行的相互影响,即心理契约的动态性。认知差异的影响直接指向组织,这更说明组织有必要加强对员工心理契约的管理,加强双方沟通,帮助员工了解组织已履行的责任和未来可能的投资,以及组织未履行责任的具体原因。

(三)针对高校教师群体进行差异研究

本研究选取中国高校教师为研究对象。高校组织不同于营利性企业组织,高校教师也有区别于企业员工的职业特征,以企业员工为样本的研究结论并不完全适用于解释高校教师的心理特征和行为规律。聚焦于特定群体的差异研究,虽然结论的普适性(generalizability)有限,但却能更准确地了解该特定群体的心理契约特点,并对该行业的管理实践提出更具针对性的建议。

同时,本研究通过严格的量表编制过程,开发了一套能反映中国高校教师心理和行为特点,具有可靠信效度的心理契约量表和组织公民行为量表,具有实际应用价值。对其心理契约和 OCB 结构维度的探索,也为国内学者未来相关研究奠定了可资借鉴的基础。

综上所述,本研究以高校教师为研究对象,弥补了国内外同类研究中缺乏针对高校教师这一职业群体的实证研究的缺陷;测量工具、研究结论和建议也具有较强的实用性、针对性和操作性。

(四)尝试了量化研究和质性研究相结合的研究方法

本研究结合使用量化研究和质性研究方法,以量化研究为主,质性研究为辅。本研究的结论主要是基于量化研究得出,利用质性研究主要是从微观层面、动态角度深入探究量化结果无法解释的问题,并在理论与实践之间架起桥梁。在具体的结合方式上体现为由质向量再回到质。首先在量表开发阶段,以半结构化访谈作为测量项目发展的方法之一,这属于典型的"探索性"研究[28];进而采用量化方式,获得大样本数据对量表的信度、效度和假设的变量关系进行检验;最后再以小样本个案的访谈资料为基础,深入了解当事人的视角和想法,并结合量化结果对管理实践提出了有效建议。

综上所述,本研究综合应用量化研究和质性研究方法,两者相互补充与澄清,从不同层面与角度共同揭示了研究对象的特征。在量化研究一统天下的研究范式下,这不失为一种有益的尝试,为未来的研究在研究方法上的改进提供了可资借鉴之处。

第二章 文献综述

本章的文献综述首先分别对本研究涉及的两个主要构念——心理契约、组织公民行为的文献按研究主题进行梳理;在此基础上,本章将重点回顾与本研究直接相关的文献——心理契约对组织公民行为的影响研究;详尽的文献回顾后,本章将详细探讨当前研究存在的不足,并基于此提出本研究的切入点。

第一节 心理契约研究述评

一、理论基础

(一)契约理论

从亚当·斯密开始的主流经济学一直把交易作为分析的基本单位,有交易就会有规范交易活动的一系列正式和非正式的规则。早期的法学家和哲学家把这些规则统一抽象为契约,它成为资本主义兴起的关键动力之一。

契约,俗称合同、合约或协议。在罗马法体系中,"契约是由双方意愿一致而产生相互间法律关系的一种约定"[29]。这种对契约的理解后来被霍布士(1985)、洛克(1993)和卢梭(1980)等人上升到哲学高度[30;31;32]:契约的首要条件是当事人之间的平等;契约是人的自由意志的结果。古典契约观坚信契约自由为社会发展之根本[33]。

马歇尔以后的新古典范式将古典契约观中的契约自由理解为单个个体无所约束的自由,将契约看成是个别交易和个别契约[34]。新古典契约一般局限于狭隘的经济交换,当事人自由地追求最大的个人利益,除了从交换中看到的现时的报酬外,不涉及任何社会关系;新古典契约主要体现为一种完全契约,条款中的责权利在事前可以明确界定,事后能完全执行。当事人能准确估计契约执行过程中的突发事件,并在签约前预先加以协调处理;一旦达成契约,必须自愿遵守条款,若有纠纷,可由当事人自我协调,若协调不成,可通过一个外在的第三方强制裁决和执行[33]。

当事人完全信息假设是新古典契约观的核心假设,但这一假设无法对经济现实作出合理解释。现实中的契约不是完全可分和完全连续的,契约调整常常滞后,并且人们可能会选择不利于自己的契约安排。20世纪70年代开始的信息经济学、新制度经济学抨击了新古典契约观的内在逻辑缺陷,发展形成了现代的契约观。麦克尼尔(1994)提出了现代契约观的思想基础——关系契约论[34]。用关系契约论看待企业,意味着企业是一组关系契约,这些契约是不完全的;既包括即时交易,又使这种交易关系长期持续;契约通过正式或非正式的规则处理变化和不可预见性;契约不仅规制当事人之间的利益冲突,也促进当事人之间的合作和信任;契约既有责权利清晰的一面,又有关系模糊的一面;契约中牵涉的利益纠纷不仅出现在签约前,也会出现在契约执行过程中,并且解决利益纠纷的机制是多种多样的[33]。

现代契约理论不仅区分了完全契约和不完全契约,也区分了显性契约和隐性契约。雇主和雇员之间形成的雇佣关系是双方履行契约(文字的和口头的、明确的和隐含的)所规定的彼此权利和责任过程中所涉及的关系的总和[33]。由于雇用双方的有限理性、信息不对称和交易成本的约束,雇用双方都面临不确定性,并由此导致契约的不完全性。同时,制度性因素(如习俗、文化、法律)等也维持着这种不完全性。也就是说,在一系列主客观假定条件下,无法找到最优的契约。契约既包括明示部分,如正式的文本合同,又包括隐示部分,如非正式的默示合同。所谓隐性契约,是指其条款并没有明确界定而是隐蔽或含蓄地为雇用双方所认同,其核心内容是双方如何分担风险[33]。

(二)社会交换理论

交换理论的思想渊源最早可追溯到Barnard于1938年提出的"组织协作系统观"[35],其主要观点是个人为组织作出贡献(contribution),换取组织提供的诱因(inducement)。Blau在1964年区分了社会交换和经济交换的不同:社会交换涉及未作具体规定的义务,会引起个人的责任、感激和信任感,而经济交换通常准确地规定交换的数量[8]。Gouldner(1960)指出交换理论的核心是互惠原则(norm of reciprocity):社会互动关系中的双方,需要对已获得的利益进行回报,这是社会互动的启动装置[36]。这里的回报可以是物质上的,也可以是精神或心理上的。尤其相对于经济交换而言,社会交换的双方之间没有明确的规定和约束,交换关系建立在双方信任和对关系的长期承诺的基础上。

(三)公平理论

公平理论由 Adams(1965)提出,是指交换双方追求的一种投入产出比的平等[37]。具体而言,一个人如果认为自己的收益与投入之比与交换关系中的对方的比率大致相同,则会认为实现了公平分配,心理上比较平衡,交换关系得以持续;如果发现自己的比率低于对方,则会产生不公平感,进而导致不满、愤怒等消极的情绪和相应的行动,如减少自己的投入或终止与对方的交换关系;如果发现自己的比率高于对方,同样也会带来不公平感,产生愧疚等情绪,相应地采取增加投入等补偿性行为,以恢复平衡。随着对公平理论的研究深入,研究者发现员工不仅关注结果的分配性公平(distributive justice),还关注分配过程的公平性,即程序性公平(procedural justice),程序性公平考察的是员工对制定分配决策的过程的认知[38]。

虽然经济学现代契约观中的隐性契约强调的是雇用双方的风险分担机制,与管理学中心理契约理论的含义并不相同。但隐性契约体现为雇用双方基于默契和共识形成的非正式协议的特征,及其对显性契约的补充作用,对心理契约理论的产生和发展有一定的借鉴意义。基于社会交换理论,心理契约把组织和员工看成社会交换关系中的双方,责任履行是双方交换的基本内容。员工履行组织期望的责任,组织给予员工相应的物质、精神或心理的回报;反之亦然。就公平理论而言,长期来看,双方的付出和回报应该是对等的,才能够维持互惠互利的雇佣关系。如果一方觉得双方的交换不对等,就会对雇佣关系产生消极影响。这种相互责任的对等履行,既有赖于具体而明确的正式契约规定,也有赖于双方心目中以社会规范、价值观和认知为基础的衡量和比较[22]。

二、心理契约概念的形成与发展

(一)概念形成阶段

Argyris(1960)首次使用"心理的工作契约"(psychological working contract)描述基于工作团队规范的工人和工头间的非正式关系[39]。

Argyris虽然首次使用心理契约这一术语,却没有对它进行概念界定。正式的概念界定始于Levinson和他的同事们的研究,Levinson因此也被称作"心理契约之父"。Levinson等(1962)访谈了一家大型公共事业单位的874

名员工,访谈主题为工作经历对精神健康的影响。在访谈过程中,研究者发现员工提及期望,并且所提及的期望带有责任的性质——似乎组织有责任实现员工的这些期望。这些发现为心理契约概念的提出奠定了基础[40]。Levinson 等(1962)把心理契约看成雇用双方所形成的一系列相互期望,也许双方甚至都没有意识到,但这并不影响这些期望对双方关系的决定作用[40]。

Schein(1965)认为心理契约是存在于个体与组织之间的一系列未书面化的互惠期望,这些期望不仅涉及完成多少工作、获得多少报酬,还涉及雇用双方之间所有的权利、特权和责任模式。这些期望产生于员工和管理人员自身的内在需求,以及他们对他人以及自身经历、已有的传统和规范的观察,是行为强有力的决定因素[41]。

Kotter(1973)指出心理契约是员工与组织之间内隐的(implicit)契约,关系到双方对相互贡献与回报的期望[42]。与 Levinson 的观点不同,Kotter 认为心理契约只是员工、组织双方在日常互动中形成的未明示的感知,组织没有法定的责任履行心理契约包含的组织责任[42],这正是心理契约区别于雇用合同之处。

以上早期的概念界定虽然不尽相同,但在两个根本观点上是一致的。首先,心理契约是期望;其次,心理契约涉及员工、组织双重视角。具体而言,心理契约包含了员工、组织双方对彼此贡献与回报的相互期望,共有四方面:员工对组织给予的回报的期望、员工对自己为组织所做贡献的期望、组织对从员工获得的回报的期望、组织对自己给予员工报酬的期望。

(二)以 Rousseau 等学者为代表提出的单视角概念阶段

心理契约概念虽形成于 20 世纪六七十年代,但当时并没有引起学者们的足够关注。直到 20 世纪 80 年代末、90 年代初,以美国学者 Rousseau、Robinson 和 Morrison 等为代表的研究者所进行的系列研究才使这一概念得到广泛关注。

Rousseau(1989,1995,2004)把心理契约看成员工基于组织所作出的明示或暗示的承诺而形成的有关自己与组织相互责任的主观信念[23;24;43]。Robinson(1994)也认为,心理契约完全是员工对于自己对组织应做的贡献和从组织应获得的回报的个人感知[44]。

由此可以看出,发展后的心理契约概念继承了早期概念中的互惠性(reciprocity)特点,即心理契约涉及双方责任。主要的发展和变化体现为两方面:

第一,研究视角发生转化——从早期概念中的员工、组织双重视角简化为员工单一视角。心理契约被看成个人对雇用双方互惠责任的感知。与个人感知(individual perception)密切相关的是心理契约的主观性(subjectivity),员工个人对相互责任的感知并不一定为组织或者其代理人所意识或认同。单一视角的界定还意味着只有员工才有心理契约,组织本身无法感知,它作为契约关系的一方只是提供了员工心理契约产生的环境,并不能反过来与其成员形成心理契约。单一视角的界定回避了哪一层次的管理者能有效代表组织视角的难题。因为研究组织视角的心理契约,实质上是研究以各级管理者为代表的组织代理人的心理契约。

第二,区分了心理契约与期望这两个概念,突出心理契约的承诺性(promissory)特点。心理契约不同于期望,期望既可能是员工基于社会规范、经验和对第三方的观察[12]等形成的对未来的希望,也可能是不切实际的幻想。心理契约是基于承诺的期望,它产生于组织明示或暗示的承诺,只有当员工相信组织作出了一定的承诺,由此形成了自己未来能获取回报的信念,并决定用行动换取组织责任的履行时,才产生了心理契约[45]。正是由于心理契约是建立在承诺的基础上的,一旦违背,员工产生的消极情绪反应要远甚于期望未实现所造成的后果。Rousseau 和 Tijoriwala(1998)明确指出,对心理契约衡量时,其操作性定义应体现出基于承诺的责任感知和互惠性等核心特点,不能将之等同于期望[46]。

单视角概念由于界定简单、清晰、操作性强,引发了相关实证研究的高潮。

(三)单、双视角共存阶段

单视角的界定虽然避开了谁代表组织的难题,但却忽略了心理契约的相互性(mutuality)特点,即雇用双方对相互责任的认知达成一致的程度。事实上,对于是否应该从组织视角研究心理契约的争议一直没有停止过。

Guest、Conway、Herriot 和 Pemberton 等英国学者对单视角概念提出了质疑[10;25;26;47]。他们认为 Rousseau 等人的界定违背了早期心理契约涉及双重视角的观点。既然是契约,就应该涉及员工与组织双方,应该研究员工和以管理者为代理人的组织对承诺的责任及其履行状况达成共识的程度,即心理契约的相互性。连 Rousseau(2004)也承认相互性是心理契约的黄金法则,员工和组织对于彼此责任的一致认识是雇佣关系成功的关键[43]。由此,心理契约被界定为组织与员工对于雇佣关系中基于承诺的互惠责任的感知[25;26]。双视角的界定既体现了 Rousseau 等人概念中的互惠性、承诺性特点,又突出了早期概念所强调的相互性特点。

虽然单视角概念由于其操作性强,在实证研究中被广泛采用,但 Guest 等人对回归组织、员工双重视角的呼吁也得到了研究界的重视。尽管研究者们对于哪一层次的管理者能有效代表组织形成组织的心理契约仍争执不下,已有一些实证研究对此进行了有效的尝试,采用主管、中层或高层管理者作为组织代理人[15;18;48;49;50;51;52]。

三、心理契约内容

心理契约内容研究主要关注构成契约的相互责任的具体内容和维度。Herriot、Manning 和 Kidd(1997)访谈了英国各行各业的员工和管理者各 184 名,调查了员工与不同层次的管理者(作为组织代理人)对雇用双方相互责任的看法,并通过关键事件分析法(critical incident technique)萃取出 12 类组织责任——提供培训、保证公平、满足个人需求、沟通协商、给予工作自主权、人性化、认可员工贡献、提供安全环境、制度和程序公正、薪酬具有内外竞争性、建立福利体系、工作保障和 7 类员工责任——保证工作时间、高质量完成工作、诚实、忠诚、保护组织财产、言行举止得体、角色外行为[47]。研究还发现员工和组织对责任内容认识一致,双方认知差异主要体现在对责任重要性的认识上[47]。虽然这个研究没有进行责任维度分析,却是唯一从员工和管理者双重视角对相互责任具体内容的积极探索,充分体现了心理契约相互性和互惠性的特点。由于相互责任的具体内容无法穷尽,因此责任维度构成成为心理契约内容研究的关注焦点所在。这一方面的研究成果非常丰富,主要分为单维度、双维度和多维度的观点,主要研究成果如表 2-1 所示。

(一)单维度观点

MacNeil(1985)提出组织中的心理契约可以分为交易型成分和关系型成分,交易型契约是指双方具体的、可货币化的、明确期限的(通常是短期的)经济交换关系,主要表现为提供有竞争力的薪酬、缺乏长期承诺。关系型契约涉及开放式的、未言明的责任,包括可货币化和不可货币化的交易关系,与前者的最大不同在于关系型契约重视建立和维持长期关系,反映了双方的社会交换关系。两种成分是一个连续体的两端,交易型成分越大,关系型成分就越小;反之亦然[53]。Millward 和 Hopkins(1998)用自行开发的包含 37 项责任项目的心理契约量表调查了 476 名来自英国四家服务性企业的员工,发现员工心理契约包括交易导向(transactional-orientation)和关系导向(relational-orientation),并且两种导向负相关,用实证数据支持了它们是一个连续体的两端[54]。

表 2-1 心理契约责任维度主要研究成果

研究者(年份)	样本	员工心理契约		组织心理契约	
		员工责任	组织责任	员工责任	组织责任
Rousseau (1990)	美国224名刚入职的MBA毕业生	交易维度关系维度	交易维度关系维度	/	/
Robinson, Kraatz 和 Rousseau (1994)	美国96名MBA校友	交易维度关系维度	交易维度关系维度	/	/
Robinson 和 Morrison (1995)	美国126名MBA校友	/	交易维度关系维度	/	/
Rousseau 和 Tijormala (1996)	美国注册护士	交易维度关系维度团队成员维度	交易维度关系维度团队成员维度	/	/
Lee, Tinsley 和 Chen (2000)	中国香港与美国工作小组	/	交易维度关系维度团队成员维度	/	/
Herroit, Manning 和 Kidd (1997)	英国各行各业员工和管理者各184名	工作时间保证,质量完成工作,诚实,忠诚,保护组织财产,言行举止得体,角色外行为	提供培训,满足个人需求,沟通协商,给予工作自主权,人性化,认可员工贡献,提供安全环境,制度和程序公正,薪酬具有内外竞争性,建立福利体系,工作保障	工作时间保证,质量完成工作,诚实,忠诚,保护组织财产,言行举止得体,角色外行为	提供培训,满足个人需求,沟通协商,给予工作自主权,人性化,认可员工贡献,提供安全环境,制度和程序公正,薪酬具有内外竞争性,建立福利体系,工作保障
Coyle-Shapiro 和 Kessler (2000)	英国东南部一个地方政府的703名管理者和6953名员工	/	交易维度关系维度培训维度	/	交易维度关系维度培训维度

续表

研究者（年份）	样本	员工心理契约 员工责任	员工心理契约 组织责任	组织心理契约 员工责任	组织心理契约 组织责任
Kickul 和 Lester (2001)	美国183名半脱产MBA学生	/	自主权和自我控制 组织报酬福利 发展	/	/
Coyele-Shapiro 和 Kessler (2003)	英国东南部一个地方政府的5 709名员工	/	关系责任 交易责任	/	/
Raja,Johns 和 Ntalianis (2004)	巴基斯坦197名员工	关系维度 交易维度	关系维度 交易维度	/	/
Kickul,Lester 和 Belgio (2004)	60名美国员工，76名中国香港员工	/	内在维度 外在维度	/	/
魏峰 (2004)	我国512名各级管理者	工具型 关系型 管理型	工具型 关系型 管理型	/	/
朱晓妹和王重鸣 (2005)	我国562名知识员工	规范遵循 组织认同 创业导向	物质激励 环境支持 发展机会	/	/
李原 (2006)	我国796名员工	人际责任 发展责任 规范责任	人际责任 发展责任 规范责任	/	/
陈加洲 (2007)	我国4069名员工	现实责任 发展责任	现实责任 发展责任	/	/

资料来源：本研究整理

(二)两维度观点

Rousseau(1990)以224名刚入职的MBA毕业生为样本,调查了员工对员工责任和组织责任的感知,归纳出较具代表性的相互责任内容,其中组织责任有七项,包括晋升、高薪、绩效薪酬、培训、工作保障、职业发展、对个人问题的支持;员工责任有八项,包括加班、忠诚、自愿完成非本职工作、离职前提前通知、愿意接受调遣、拒绝支持企业竞争对手、保守商业机密、在本企业至少工作两年[45]。该研究还使用典型相关分析(canonical correlation analysis)探讨员工责任和组织责任的相互关系发现,一方面,员工责任中的加班、自愿完成非本职工作、离职前提前通知等与组织责任中的高薪、绩效薪酬、培训、职业发展相关,这体现为交易型契约,即员工可以通过努力承担角色内外责任换取组织的外在报酬。另一方面,员工的忠诚、最少工作两年的责任与组织的工作保障责任相关,这些责任都与维持长期交换关系相关,体现为关系契约[45]。Rousseau(1990)的研究结论是员工心理契约的相互责任由组织交易责任、组织关系责任、员工交易责任、员工关系责任构成[45],这一结论奠定了两维度观点的基础。该研究发现的责任条目被后来多个实证研究采用[11;20;44;55]。不同研究可能对某一具体责任归属为交易还是关系维度有不同看法,比如,组织责任中的培训和职业发展被Rousseau(1990)划分为交易责任[45],而Robinson、Kraatz和Rousseau(1994)的研究则将它们划分为关系责任[44]。同样,员工责任中的至少在组织工作两年、加班工作、自愿完成非本职工作到底归属为关系维度还是交易维度在不同研究中也不太一致。尽管如此,心理契约相互责任包含交易和关系两个维度的结论却得到了多次实证检验。Raja、John和Ntalianis(2004)运用Millward和Hopkins(1998)[54]的心理契约量表调查了197名巴基斯坦员工,用不同文化背景的样本和不同量表再一次支持了交易和关系维度的稳定性[56]。Rousseau和McLean(1993)从关注点、时间框架、稳定性、范围和责任明确程度等几方面对两维度的差异进行了理论阐述:交易型心理契约追求经济的、外在需求的满足,员工、组织责任界定清晰;关系型心理契约追求社会情感需求的满足,责任界定模糊[57]。

Kickul、Lester和Belgio(2004)认为,交易、关系维度划分无法涵盖研究中已发现的所有责任内容,用内在与外在两个维度的概括性更强[58]。他们采用Lester、Claire和Kickul(2001)[59]的量表,对心理契约破裂进行跨文化比较,调查了60名美国员工和76名香港华人员工得到心理契约组织责任的内在和外在两个维度。内在责任与工作本身相关,外在责任与完成工作的结果相关[58]。我国学者陈加洲(2007)发现中国员工心理契约中的组织和员工责任均由现实责任和发展责任两个维度构成:现实责任是双方维持当前正常工作生活所必须承担的面向现在的责任;发展责任是双方维持长期发展所必须承担的面向未来的责任[60]。陈加洲(2007)认为,与交易、关系责任相比,现实、发展责任的划分主要是就契约责任的目的性和时效性而言,而交易、关系责任主要是以责任的物质经济基础或社会情感基础作为划分依据[60]。尽管有此不同,陈加洲自己也指出两种划分都体现了必要责任和发展责任、短期和长期视角的区别[60],因此本研究认为这两种划分并没有本质差异。

(三) 多维度观点

Rousseau 和 Tijorimala(1996)以美国注册护士为被试者的研究显示,心理契约由交易、关系和团队成员三个维度构成:交易维度指组织为员工提供经济和物质利益,员工为组织承担基本的工作任务;关系维度指员工与组织关注双方广泛的、长期稳定的、开放的关系,促进双方共同发展;团队成员维度指彼此为对方的事业发展和成功承担责任,员工与组织注重人际支持和良好的关系[61]。Lee、Tinsley 和 Chen(2000)探索了由中国香港和美国学生组成的两个工作小组的心理契约结构,研究结果支持了 Rousseau 和 Tijorimala(1996)提出的三维结构[61],还发现中国香港被试者在团队成员维度上得分更高,而美国被试者在交易维度上得分更高[62]。

Coyle-Shapiro 和 Kessler(2000)的研究没有涉及员工责任,而是同时从员工和管理者的视角考察了组织责任,该研究对 Rousseau(1990)提出的七项组织责任[45]进行补充和调整,调查了英国东南部一个地方政府的 703 名管理者和 6 953 名员工对九项组织责任的看法:长期工作保障、良好职业前景、即时的培训开发、能保证一定生活水准的薪资增长、具有外部竞争性的公平薪资、必要的工作培训、支持新技能学习、与职责相当的薪资水平和具有外部竞争性的福利。前人的研究对于培训责任归属交易维度还是关系维度的意见相左,该研究因素分析结果显示培训维度发展为一个独立维度与交易维度、关系维度并存[49]。

Kickul 和 Lester(2001)以 183 名在职 MBA 学员为样本调查其对组织责任的感知,通过探索性因素分析提取了自主权和自我控制(包括组织赋予员工工作自主权、参与权和更大的工作职责等责任)、组织报酬(指组织给予有竞争力的薪资、良好的工作条件、灵活的工作安排等责任)、组织福利(包括提供医疗保障、退休保障、假期等福利项目)和发展(包括提供专业培训、个人发展机会、职业指导和辅导等责任)四个因素。其中,自主权和自我控制、发展责任是与工作本身相关的内在责任维度,组织报酬和组织福利则是与工作结果相关的外在责任维度。验证性因素分析还比较了四因素和两因素模型,结果显示包含这四个维度的模型比只包含内在、外在两维度的模型拟合效果更好[63]。

基于对西方心理契约内容研究的把握,对中国文化特点的了解和对实践的观察,李原(2006)指出西方经典二维结构中的关系维度的内容实质上包含了指向工作和指向人两个方面:指向工作是指组织满足员工的事业发展要求,使员工得到工作的成就感和满足感;员工主动承担角色外的工作任务,促使组织进一步发展。指向人的方面强调人际支持与社会联系,组织关怀、尊重员工;员工主动对他人提供支持与帮助[22]。她从责任内涵、中国文化传统和中国企业实践三方面论证了西方员工心理契约中的关系维度在中国员工心理契约中分解为人际责任和发展责任两个维度的可能性和合理性[22]。李原对796名中国员工调查得到的数据验证了规范型责任、人际型责任和发展型责任的中国员工心理契约三维度构想[22]。在李原、陈加州等人对心理契约研究本土化的关注基础上,一些研究者把关注的焦点转向特定的员工群体。朱晓妹和王重鸣(2005)发现中国知识型员工的心理契约中的组织责任由物质激励、环境支持和发展机会三个维度构成;员工责任由规范遵循、组织认同、创业导向三个维度构成[64]。李原(2006)认为虽然维度名称不相同,但朱晓妹和王重鸣(2005)的研究结果与她的研究在组织责任上有很强的相似度,发展机会维度等同于她提出的发展维度,物质激励和环境支持维度相当于她提出的规范维度和人际维度;两个研究在员工责任上有较大差异,李原(2006)认为这也许是量表包含的责任条目不同,被试者样本不同造成的[22]。关培兰和张爱武(2006)针对中国知识员工的一个群体——研发人员进行探索性研究,结果显示研发人员心理契约中的组织责任包括生涯和发展、业绩报酬以及工作—生活平衡三个维度[65]。研发人员的心理契约显示出不同于一般员工和一般知识员工的特殊性。比如,研发人员的生涯和发展维度中不包括组织提供挑战性的工作,因为其从事的工作本身就带有挑战性;研发人员的团队合作和知识分享对创新十分重要,因此其业绩报酬不适合采用基于个人绩效的竞争性报酬体系[65]。魏峰(2004)针对中国各行业各级别512名管理者的研究显示了工具型、关系型和管理型的管理者心理契约三维度。工具型和关系型等同于一般员工的规范和关系维度的责任,而管理型既反映了管理者对自己在组织内部特殊责任的认知,又说明了组织应满足管理者一些特殊需求,以利于其顺利完成管理工作[66]。

中国学者对心理契约内容的本土化研究是在中国独特的社会、经济、文化背景下,以自行开发的量表为测量工具,对中国员工心理契约结构的积极探索。量表所包含的责任项目不尽相同,选取的调查对象也有差别,研究结果显示既有与西方结果相一致的基于现实的、物质交换的维度和面向发展的、基于社会情感交换的维度,同时又有反映中国文化特点,凸显人际关系重要性的维度,或是反映特定员工群体特殊责任和心理特点的维度,构成了对西方心理契约内容维度研究的有益补充。

(四)教师心理契约内容研究

目前心理契约内容研究主要还是以企业员工为研究对象,较缺乏对包括学校在内的非营利性组织情境的探索,也缺乏对教师,尤其是高校教师群体的心理特点和需求的深刻把握,相关的文献非常少。

张积家和邱炯亮(2005)以广东省中小学教师为样本,将学校对教师的期望归纳为业务能力强、品格高尚、工作态度端正、敬业精神强、身心健康和忠诚六个方面,将教师对学校的期望归纳为价值认同、成长和提高、高报酬、工作环境良好、感情投入、职业安全和人际和谐、工作压力适中等七个方面[67]。林邦杰和陈美娟(2006)以台湾"国立"初中的校长、主任为学校组织代理人,调查了617名校长、主任和教职人员,发展了完整的双视角心理契约模型,即组织视角的组织责任、教师视角的组织责任、组织视角的教师责任和教师视角的教师责任。其中组织责任由体恤教职部属、形塑组织愿景、提供环境支持、建立人情关怀四个维度构成;教师责任由维护教育专业、促进组织兴革、认同组织发展三个维度构成[68]。作者还将此研究结果与张积家和邱炯亮(2005)的结论进行比较,指出大陆组织责任包含的高报酬因素,并没有出现在台湾的学校组织责任中,而台湾学校责任中的体恤教职部属也是其特有的。大陆的教师责任强调对教师个人的要求,而台湾的教师责任还包含促进组织兴革与认同组织发展。台湾特有的学校责任和教师责任维度显示了教师和学校重视双方长期互惠关系的打造,积极建立情感纽带和实现共同发展,是一种较为典型的关系型契约[68]。刘耀中(2006)以354名广州地区的高校教师为样本,调查结果显示大学教师心理契约结构也体现了交易、关系二维度特征,只是在具体内容上有别于一般企业员工。教师的交易责任是指教师要遵守学校的规章制度,完成基本的工作职责;学校的交易责任是指学校要为大学教师提供经济利益和物质条件,使教师拥有基本的工作条件和生活保障;教师的关系责任是指教师有责任为学校创造良好的人际环境,为学校的发展付出更多的努力;学校的关系责任是指学校要尊重,关怀教师,为教师的发展提供空间[69]。

四、心理契约类型

Rousseau(1995,2004)根据绩效要求(performance requirement)和时间框架(time frame)两个维度将心理契约划分为四类:交易型、过渡型、平衡型和关系型(如图 2-1 所示)。时间框架是指雇佣关系及与之相关的承诺存续的期间长短(长期与短期);绩效要求是指对员工的绩效要求以及绩效—报酬之间关系的明确程度[24;43]。交易型契约的特点是具体明确的绩效要求和短期视角,体现了一种贡献与物质经济报酬之间关系明确的短期交换关系。对企业竞争优势并不重要的、不需要或需要较少协调的工作,绩效可以明确衡量以及处于高度稳定环境中的工作通常具有交易型契约的特点,一旦环境发生变化导致无法履行契约内容,双方都有可能立刻终止契约。在交易型契约下,不稳定经济环境所造成的风险由员工承担。关系型契约反映了绩效—报酬关系并不明确的长期开放式关系,这种关系不仅赋予双方经济上的,更重要的是社会情感上的满意感。在关系契约下,组织消化了不稳定环境带来的风险,保护员工以免其受到不利影响。员工则回报以超时工作、帮助同事、支持组织变革等形式。组织如果违背关系契约,员工会产生负面情绪反应,但同时也会积极寻求补救办法,维持双方关系。如果找不到补救办法,员工会选择离职,即便留在组织内部,也会减少贡献。平衡型则兼具关系型的开放式、长期关系和交易型的明确的绩效—报酬关系的特点。平衡型心理契约要求组织承诺对员工的职业发展负责,要求员工能灵活适应环境变化,这体现了双方共同承担风险,以及随着经济环境和员工需求的变化不断协调的观点。这三种类型是心理契约的主要形式,变动型则反映了双方契约的破坏或缺失。

	绩效要求	
	具体明确的	不具体明确的
短期的	**交易型** 特点:低工作模糊性 　　　高流动率 　　　低员工承诺 　　　缔结新契约的自由 　　　鲜有学习 　　　低组织认同 例:销售旺季临时雇用的销售人员	**变动型** 特点:高工作模糊性/不确定性 　　　高流动率 　　　高不稳定性 例:处于组织裁员或并购过程中的员工
长期的	**平衡型** 特点:高员工承诺 　　　高组织认同 　　　不断开发 　　　相互支持 　　　动态性 例:高参与型工作团队中的员工	**关系型** 特点:高员工承诺 　　　高情感投入 　　　高组织认同 　　　稳定性 例:家族企业员工

(时间框架)

图 2-1　Rousseau(1995)的心理契约分类

资料来源:Rousseau, D. M. Psychological contracts in organizations: Understanding written and unwritten agreement[M]. Thousand Oaks,CA:Sage. ,1995.

Rousseau(2000)根据这四种类型的特征开发了心理契约调查问卷(psychological contract inventory,PCI)[70]。研究者们广泛采用 PCI 作为测量工具,并用美国、新加坡[71]、拉丁美洲[52]和中国[72]等不同文化的样本验证了这四种心理契约类型的存在。

Tsui 等(1997)以主管为组织代理人从组织视角区分了四种员工—组织关系,并分别探讨了这四种关系对员工行为态度的影响。所谓组织视角的员工—组织关系,是指组织对于员工贡献和组织应提供的诱因的主观期望和认知,也就是组织的心理契约,因此可以把这四种员工—组织关系看为组织的心理契约类型,主要有平衡和非平衡两类,每类又分别有两种情况[19](见图 2-2)。

组织对员工贡献的期望

	低	高
组织对给予员工的诱因的认知　低	准交易契约型	投资不足型
组织对给予员工的诱因的认知　高	过度投资型	相互投资型

图 2-2　Tsui 等（1997）的心理契约分类

资料来源：Tsui，A. S.，Pearce，J. L.，Porter，L. W，Tripoli，A. M. Alternative approaches to the employee-organization relationship：Does investment in the employees pay off? [J]. Academy of Management Journal，1997，40（5）：1089－1120.

平衡型的第一种相当于单纯的经济交换关系。组织提供短期的、纯经济诱因，不需要保障员工长期工作稳定，员工只需承担明确具体的责任，回报组织给予的经济报酬。这种被称为"准交易契约（quasi spot contract）"的交换关系是短期的、封闭式的，适合于那些可以清晰界定和衡量绩效的工作。

平衡型的第二种是经济交换和社会交换相结合的交换关系。社会交换与经济交换最根本的区别在于前者涉及无明确界定的、广泛的、开放式的责任[8]。在社会交换关系中，组织不仅仅给予员工短期的经济回报，还关心员工福祉（well-being），愿意投资于员工的职业发展。作为回报，员工除了履行明确规定的工作职责外，还要关心组织利益，愿意承担超越事前约定的责任，如，承担额外的工作责任、帮助年轻的同事、在必要的时候接受工作调遣安排、愿意学习掌握具有高度专用性（firm-specific skills）的技能。这种平衡的贡献与回报体现了双方在一定程度上的开放式的、长期的投资，因而被称为相互投资型（mutual investment），适用于高度不确定和迅速变化的市场环境，特别是那些高度复杂而又无法外包的工作。

非平衡型的关系也有两种。在第一种关系中，组织希望员工承担广泛的、开放式的责任，却只愿意给予短期的、具体的经济回报，不愿承诺长期的关系或投资于员工发展。这表现为组织的投资不足（under investment）。比如，在许多竞争性行业中，组织既希望获得员工的充分承诺，却又保持着随意解雇员工的自由和灵活。

另一种非平衡关系表现为，员工只需承担具体的与工作相关的责任，而组织的回报却是开放和广泛的，这是一种组织的过度投资类型（over investment)。在那些受工会合约保护的组织或是政府部门,存在着过度投资的现象。

　　Tsui 等(1997)的研究结果显示,平衡型的比例远远高于非平衡型。相互投资型无论是对绩效还是对员工态度,都产生了最好的结果(除了在情感承诺上排名第二外),结果最差的是组织投资不足型[19]。由此可见,组织承担更低的责任虽然能降低成本,但长期而言,容易造成员工绩效降低、组织公民行为缺失、情感承诺程度低等负面影响。

　　Tsui 等(1997)指出这一分类的局限在于"仅从组织的视角讨论员工—组织关系"[19],这就启发后续的研究可以从员工的视角讨论其对雇佣关系的认知。Shore 和 Barksdale(1998)正是从员工视角关注员工责任与组织责任之间的相互关系,他们根据员工感知到的员工与组织应该履行的责任程度(level of obligation)与双方责任的平衡程度(balance of obilgation)两维度把雇佣关系划分为四种类型(如图 2-3 所示)[20]。"相互高型"(mutual high obligations relationship)意味着员工认为双方应该相互履行高程度的责任,双方保持着很强的社会交换关系。"相互低型"(mutual low obligations relationship)是指员工认为双方应该相互承担的责任为中低程度,员工只需付出维持雇佣关系所需的最低程度的努力,仅期望从组织获得有限的回报。相互高型和相互低型都体现了员工责任与组织责任的平衡,区别在于责任程度的高低。员工高责任型和员工低责任型则是两种非平衡关系。当员工由于组织给予的良好待遇而感到亏欠于组织,希望回报组织以恢复平衡时,员工感到自己承担的责任程度应该高于组织责任,交换关系体现为"员工高责任型"(employee over-obligation relationship)。反之,"员工低责任型"(employee under-obligation relationship)是指员工认为自己只需承担低程度的责任,而组织应该承担高程度责任,这反映了员工感知到组织尚未回报自己已履行的责任。研究结果也显示了平衡型比例大大高于非平衡型,再一次体现了社会交换和互惠原则。研究还发现相互高型在员工的职业发展、情感承诺和感知到的组织支持方面显著高于其他三组,在离职意向上显著低于其他三组,而员工低责任型在积极行为态度方面均表现出最低的水平,这主要是由于员工感知到组织没有兑现承诺,双方责任履行不平衡,产生了失望、不满等情绪,并以减少积极行为恢复平衡[20]。

	组织责任	
	高	中到低
员工责任 高	相互责任高型	员工高责任型
员工责任 中到低	员工低责任型	相互责任低型

图 2-3 Shore 和 Barksdale(1998)的心理契约分类

资料来源:Shore,L. M.,Barksdale,K. Examining degree of balance and level of obligation in the employment relationship:A social exchange approach[J]. Journal of organizational Behavior,1998,19:731—744.

从分类方法和研究结果看,Tsui 等(1997)[19]与 Shore 和 Barksdale(1998)[20]的研究非常相似。两个研究中雇佣关系类型都划分为平衡和不平衡两大类,平衡型的比例均远远高于不平衡型,平衡型都可进一步划分为相互责任高型和相互责任低型,不平衡的两类因为研究视角不同,在名称上有所区别,但实质内涵是一致的。组织视角的投资不足型对应着员工视角的员工低责任型,组织投资不足意味着组织提供的诱因低于员工的贡献,从员工看来,这意味着组织尚未对自己作出的贡献进行回报,因此,员工只需承担低程度的责任即可。同样,组织视角的过度投资型相当于员工视角的员工高责任型。在考察这些类型对员工工作行为态度的影响时发现,相互责任高型的影响最为积极,而组织视角的投资不足型,即员工视角的员工低责任型在相关行为和态度上的得分最低。

Tsui 等(1997)[19]、Shore 和 Barksdale(1998)[20]虽然都认为自己研究的不是心理契约,而是从组织或员工视角研究雇佣关系类型,但其类型划分依据的实质是组织、员工双方对相互责任履行程度的感知,这正是心理契约研究的核心内容,所以还是可以把两个研究中的类型看成心理契约类型[21;22]。

余琛(2004)和李原(2006)采用 Shore 和 Barksdale(1998)[20]的框架用中国员工样本进行验证,发现在组织公民行为、对高层管理者的信任、工作满意感、组织满意感和情感承诺上,高—高型或共同投资高型的员工得分最高,在离职意向上得分最低;而低—低型或共同投资低型员工在相应变量上的表现最差[21;22]。

五、心理契约的结果变量

前已述及,心理契约内容主要涉及相互责任的维度构成,心理契约类型关注相互责任履行的关系,心理契约状态是指心理契约的履行、破裂与违背。心理契约的结果变量集中体现为员工工作态度与行为变量。心理契约内容、类型或状态都会对员工态度行为产生影响。

常见的工作态度变量有信任、满意感、留职或离职意向、承诺、公平感、组织支持感等,其中研究结果最丰富的是组织承诺和满意感。

组织承诺是指个体认同(identification)并卷入(involvement)组织的强度[73]。大量的实证研究支持了心理契约履行增强员工的组织承诺,心理契约破裂则降低组织承诺[49;50;55;74;75;76;77]。Raja、Johns 和 Ntalianis(2004)[56]、Suazo、Turnley 和 Mai-Dalton(2005)[14]、Chen、Tsui 和 Zhong(2008)[15]分别以巴基斯坦员工、非裔和西班牙裔美国员工、中国员工为被试者,支持了心理契约破裂与员工的情感承诺负相关,用不同文化背景的样本丰富了该领域的研究成果。Tsui 等(1997)[19]、Shore 和 Barksdale(1998)[20]则分别关注了组织和员工视角的心理契约类型对情感承诺的影响,都支持了相互投资型或相互高型心理契约对员工情感承诺的积极影响。

满意感分为工作满意感和组织满意感。Raja、Johns 和 Ntalianis(2004)研究了心理契约内容与工作满意感的关系,发现关系责任与工作满意感正相关,交易责任与工作满意感负相关[56]。心理契约破裂、违背与工作满意感或组织满意感的负相关关系得到大量实证研究支持[56;63;78;79]。Porter 等(1998)发现在控制了工作满意感后,员工和以高层管理者为代理人的组织对组织提供的诱因的感知差异与员工的组织满意感负相关,即感知差异越大,员工的组织满意感越低。

受心理契约影响的行为变量主要有员工实际的离职/留职、工作绩效或角色内行为以及组织公民行为。

心理契约破裂与工作绩效的负相关关系得到了许多实证支持[12;14;58;59;80],但其中大部分研究的数据都是从员工获得的,这容易产生同源方差问题。Lester 等(2002)同时从员工、主管获取员工绩效的数据,发现员工感知到的心理契约破裂与主管评价的员工绩效负相关,而与员工自我评价的绩效不相关[50]。Turnley 等(2003)也支持了员工感知到的心理契约履行与主管评价的员工角色内行为正相关[81]。为了更有效地避免同源方差,Chen、Tsui 和 Zhong(2008)同时从员工、主管以及人力资源部门获取关于员工绩效的主客观评价,证实了员工感知到的诱因破裂(perceived inducement breach, PIB)与员工的工作绩效负相关[15]。上述研究都只关注员工视角的心理契约破裂,Tekleab 和 Taylor(2003)不仅仅从管理者获取员工绩效的数据,还衡量了管理者视角的心理契约违背,发现管理者感知到的员工造成的心理契约违背与管理者报告的员工绩效负相关,这说明管理者对员工违背承诺的感知影响了管理者对员工贡献的评价[51]。

第二节 组织公民行为研究述评

一、组织公民行为概念的形成与发展

组织公民行为概念的来源可以追溯到社会系统学派代表人物 Barnard 在 1938 年提出的"合作的意愿"(willingness to cooperate),他强调对组织系统而言,个体的合作意愿不可或缺,否则正式结构就成了一个空壳[35]。Katz 和 Kahn(1966)指出,组织的有效运作,有赖于三类员工行为:员工乐于留在组织,称为"维持行为";员工必须完成分内工作,称为"顺从行为";员工主动地为组织承担一些创造性、自发性的活动,称为"主动行为"[82]。Bateman 和 Organ(1983)将第三种行为称为公民行为(citizenship behavior),并把它定义为组织工作说明书未涉及,但却是组织需要的行为[83]。Smith、Organ 和 Near (1983)、Organ(1988)正式提出了组织公民行为(organizational citizenship behavior,以下简称 OCB)的概念[84;85]。Organ(1988)将 OCB 定义如下:由员工自由意志决定的个体行为,虽没有得到组织正式的报酬体系直接或明确的确认,但就整体而言有益于提高组织效能[85]。所谓自由意志决定,即指工作角色要求和工作说明书中未强制规定、雇用合同条款中未明确涉及、纯属个人选择的行为,即使不表现此种行为,也不会受到惩罚。这个定义的内涵主要体现为以下几方面:第一,OCB 是个人自觉行为,它不是由工作描述强制性要求的,不作出这样的行为也不会受到惩罚。第二,OCB 在组织正式的报酬体系中没有得到明确或直接的承认。组织成员长期稳定地表现某些 OCB 会影响其留给上司或同事的印象,从而会影响加薪或晋升等报酬决策,但是这种回报没有得到正式的合同、政策、制度等保证,从本质上讲是一种具有可能性的、不确定的回报。第三,OCB 从整体上提升了组织效能。单独一次的 OCB 的作用可能微乎其微,但是个体跨时间的积累或者多个个体的 OCB 的积累将会对组织的整体绩效产生较大的影响[85]。Organ(1988)的这个定义后来受到了一些学者的质疑。比如,Morrison(1994)发现角色内外行为难以明确区分,因为

不同管理者有不同要求,不同员工对此的理解也不尽相同[86]。又有一些学者发现,OCB 不可避免地会影响员工的绩效考核结果和晋升、培训、奖金分配等管理决策,因为管理者在进行相关决策时,常会有意无意地考虑到 OCB[87;88;89;90]。面对这些质疑,Organ(1997)对 OCB 进行重新定义,认为它类似于 Borman 和 Motowidlo(1993)[91]提出的关系绩效概念,能够对组织的社会和心理环境提供维持和增强作用[92],从而把 OCB 和关系绩效的内涵统一起来。

二、组织公民行为维度研究

Podsakoff 等(2000)在其元分析中提到现有文献中已被确认的 OCB 种类有三十多种,相互之间存在着不少概念重叠,因此可以将它们归纳为七个主要维度:助人行为(helping behavior)、运动员精神(sportsmanship)、组织忠诚(organizational loyalty)、组织遵从(organizational compliance)、个人主动性(individual initiative)、公民道德(civic virtue)和自我发展(self development)[1]。

助人行为是几乎所有 OCB 文献都会提到的一个维度,是指自愿帮助同事预防和解决工作相关问题的行为。其中,帮助同事解决工作相关问题与利他行为、善意调解、鼓舞士气[85]、人际帮助[93]、指向个人的 OCB[94](OCB-I)、人际促进[95]和帮助他人[96;97]含义相当;而帮助同事避免工作相关问题则相当于 Organ(1988,1990)提出的事先知会(courtesy)概念[85;98]。

对运动员精神的研究相对少得多,它由 Organ(1990)首次提出,是指任劳任怨地忍耐工作中不可避免的麻烦的行为[98]。Podsakoff 等(2000)在此基础上扩展了这个界定,认为运动员精神还应该包括:当事情不如愿时,仍然保持积极的态度;为了团体的利益甘愿牺牲一些个人的利益;不会因自己的意见建议不被采纳而感到生气[1]。

组织忠诚包括 Graham(1989)的忠诚拥护[93]、George 和 Brief(1992)、George 和 Jones(1997)的传播良好意愿(spreading goodwill)和保护公司[96;97]、Borman 和 Motowidlo(1993,1997)的认可、支持和维护组织发展目标[91;99]。Podsakoff 等(2000)认为该维度是指对外树立组织良好形象,保护组织免受外来威胁,即使在逆境中仍然坚守对组织的承诺[1]。

组织遵从包括 Smith、Organ 和 Near(1983)的一般性服从[84]、Graham(1991)的组织服从[100]、Williams 和 Anderson(1991)的指向组织的公民行为(OCB-O)[94]、Borman 和 Motowidlo(1993,1997)的遵守组织制度程序[91;99]。

组织遵从是指个体接受和内化组织的规章制度和程序,并严格认真地遵守,即使在没有他人在场的情况下也是如此。严格服从规章制度本是组织的强制要求,但是实际上鲜有员工能够完全做到,因此在没有他人监督的情况下,仍严格地遵守所有规章制度的员工可以称作是个好公民,这类行为也被认为是OCB的一种表现[1]。

个人主动性是由Graham(1989)提出的一种角色外行为,它是指个人自愿并创造性地从事与工作相关且超出了组织要求的行为,包括以极大热情和努力持续工作,愿意承担额外的工作责任,同时鼓励组织中的其他人也这么做[93]。这种行为与Organ(1988)的责任意识[85]、Moorman和Blakely(1995)的个人勤勉和主动性[101]、George和Brief(1992)与George和Jones(1997)的建设性建议[96;97]、Borman和Motowidlo(1993,1997)的热情坚持工作、自愿承担工作任务[91;99]含义相近。这类行为与角色内行为没有明显的界线,两者只有程度上的区别。

Graham(1991)提出公民道德行为与员工作为组织中的一个"公民"所应承担的责任有关,包括积极参与管理(如参加会议、参与政策讨论、表达自己对组织发展战略的看法等)、监控组织外部环境中的威胁和机会(如关注可能影响组织的行业变化并努力适应这种变化)、保护组织利益(如报告火警或可疑情况、注意锁门等等),甚至为了组织利益宁愿牺牲个人利益[100]。这个维度包括Organ(1988)的公民道德[85]、Graham(1989)的组织参与[93]、George和Brief(1992)的保护组织[96]等。

自我发展这个概念最初是由Katz(1964)提出来的,他使用的是自我培训一词[5]。George和Brief(1992)将其视为OCB的一个重要维度,是指员工主动利用业余时间,积极寻求各种培训机会,提升知识和技能,学习新的技能,以便对组织发展作出更大贡献[96]。

可以看到,上述所有的维度都与Katz(1964)提出的"创造性和自发性"活动[5]有着本质的关联。以上七个维度是以OCB的具体内容为划分依据的,事实上还可以以行为受益对象为标准对OCB维度进行分类。OCB的受益对象总体而言可以分为个人与组织,由此相应地划分出两个主要的OCB维度:面向个人(OCB-I)和面向组织的OCB(OCB-O)[94],或帮助个人的行为和帮助组织的行为[102],或人际促进和工作奉献[95]等等,命名虽不同,实质内容是相同的。

以上主要是西方学者对OCB维度的研究。George和Jones(1997)认为,OCB是由背景因素决定的[97],Organ和Ryan(1995)也考察了行业、技术、工作内容等背景因素对OCB的影响[103]。从这个角度来说,与社会文化和经济制度体系相关的背景因素应该也会对OCB产生重大影响[104]。对中国文化情境下的OCB研究作出开创性贡献的是樊景立(Farh,Jiing-Lih)教授。Farh、Earley和Lin(1997)发现中国台湾员工的OCB由五个维度构成：组织认同、利他行为、敬业精神、人际和谐及保护公司资源[105]。他认为组织认同、利他行为和敬业精神三个维度与西方OCB维度中的公民道德、利他及责任意识具有相同的意义，而人际和谐、保护公司资源是华人特有的OCB维度[105]。Farh、Zhong和Organ(2004)在北京、上海、深圳等地调查了包括国有、集体、合资、私营等类型在内的75家企业，归纳出中国组织情境下的OCB的10个维度，其中积极主动、帮助同事、进谏、参与群体活动、提升企业形象等5项在西方研究中出现过，而自我培训①、参与公益活动、保护和节约公司资源、保持工作场所整洁、人际和睦等5项是中国组织特有的[106]。他们以行为背景作为分类标准，把这些维度分为自我、群体、组织、社会四个层面。自我层面是指那种可以通过个人意志力自主完成的行为，包括自我培训、积极主动、保持工作场所整洁；群体层面指那些离不开与同事互动的行为，包括人际和睦、帮助同事；组织层面是指那些与组织的某些属性(如公司资源、工作流程、技术等)有关的行为，包括保护和节约公司资源、进谏和群体活动参与；社会层面是指那些超越组织边界与组织外部环境中的利益相关者相互作用的行为，包括参与社会公益活动和提升企业形象[106]。其他中国学者也在Farh、Earley和Lin(1997)[105]、Farh、Zhong和Organ(2004)[106]的研究基础上，或使用其量表或借鉴后自行编制量表，研究中国员工的OCB维度，得出的结论比较相似，并没有产生Farh等人的研究以外的新的维度。

三、学校组织公民行为

Organ(1988)和Karambayya(1989)指出："结合具体特性的组织公民行为的测量是必需的，因为在一类组织中适用的组织公民行为，在另外一种类型的组织中并不一定适用"[85;107]。许多和张小林(2007)也认为未来中国OCB研究的一个发展方向是扩展研究外延，特别是非营利组织情境中(如政府公共服务机构、事业单位等)的员工自主行为[108]。学校组织是典型的非营利组织。研究学校中的组织公民行为就是结合学校组织情境和教师职业特点来具体分

---

① 自我培训维度实质上与George和Brief(1992)提出的自我发展维度[96]相似，但在西方文献中得到的关注较少，属于被忽视的一类组织公民行为[1]。

析教师OCB的独特性。

"学校组织公民行为"(school organizational citizenship behaviors,简称SOCB)的概念是由DiPaola、Tarter和Hoy(2005)首先提出并加以定义的,主要指教师在从事本职工作时所表现的一种超越角色要求的自愿帮助学生或同事的行为[109]。台湾学者郭维哲和方聪安(2005)将教师OCB界定为学校教师以超越正式规定的期望标准,自发性地表现出的有利于学校、同事与学生的美德行为,包括了组织公益行为、人际利他行为及教学公益行为三部分。组织公益行为指教师表现出超越学校正式规定,额外付出的有利于学校的公民行为;人际利他行为是教师在学校人际互动中表现出的对同事的利他行为;教学公益行为指教师展现高超的责任感,在教学工作上为学生额外付出[110]。

学校OCB维度的研究成果有单维度和多维度之分。DiPaola等学者在学校层面而不是个体层面测量教师整体OCB,他们分别选取了高中、初中和小学学校样本,都得到一致结论,即学校教师OCB可以用单一维度表示[111;112]。多维度划分仍然可以以受益对象和行为内容为划分标准。由于教师OCB的受益对象比较明确,一般涉及学校组织、同事和学生三方,所以以此为划分标准的研究结果比较一致,主要分为面向学校(组织公益行为)、面向同事(人际利他行为)和面向学生(教学公益行为)三维度[110;113;114;115]。也有一些研究者认为不是所有的教师OCB都指向这三方,有些行为,如自我发展的受益对象比较复杂,不能一概而论。苏红(2007)用内容分析法得到中国中小学教师的OCB的九个维度,并进而将之按对象划分为四类,分别是:指向学生,如生活关心、课外学习指导;指向同事,如团队学习、教学指导;指向学校(组织),如环境保护、资源节约、声誉维护;没有固定指向[116]。她认为自我发展是指教师不断学习,以提高自己的教学水平和能力。教师能力的提高,直接受益的既可能是学生,也可能是学校或同事;教师的榜样作用既可以作用于同事也可以作用于学生,因此,她将自我发展和榜样树立归入没有固定指向的类别[116]。周国华和黎光明(2009)采用自编的大学教师组织公民行为问卷对664名中国大学教师进行调查,也发现自我发展独立为一个维度,并且该维度的得分高于热爱学校和帮助同事维度[117]。这一结论重视了大学教师强烈的事业追求和个人成长需求,但却忽略了大学教师在教书育人方面的贡献,而教书育人不仅是大学教师职业角色的重要组成部分,也是其OCB集中表现领域。郑耀男(2004)以台湾公立国民中小学1 138名教师为调查对象,将其OCB维度按内容划分为助人行为、尊重学校体制、工作自我要求、关怀学校效益与敬业行为等五个维度[118]。Rego(2003)则结合高校组织的特征,对Organ提出的组织公民行为五维度进行修正,提出了由主动参与、实践导向、责任意识和礼貌周到等四个维度构成的学校组织公民行为[119]。曹科岩和龙君伟(2007)采用自编的教师组织公民行为问卷对广州市796名中小学教师进行调查,得到学校认同、利他行为、责任意识、人际和谐和资源保护等五个维度[120]。

总体而言,与学校OCB相关的研究成果并不丰富,且基本上以迁移性研究为主,缺乏对学校组织的公益性、教师职业特征和劳动特点等特殊性进行深入探讨。这种前提性的缺失,给研究结果的可靠性打上了问号。另外,当前对学校组织OCB的研究主要以中小学教师为研究对象,而比较缺乏对大学教师的探讨。

四、组织公民行为动机

社会交换动机是OCB产生的主要动机,OCB是社会交换关系下的产物,这个认识已获得研究者的广泛共识。社会交换动机的理论基础主要是Blau(1964)的社会交换理论[8]和Adams(1965)的公平理论[37]。社会交换的核心在于互惠原则(reciprocity),即付出一定会有回报。当组织中的成员认为该组织或组织中的其他成员(如主管或同事)有利或有义于他时,员工会以正面行为加以回报(如主动协助主管、帮助同事等)。同时,处在社会交换关系中的员工随时处于一种社会性比较的状态,将自己所获得的回报与投入比率,与他人相比,如果比较之后认为有所不同,则会产生不公平认知和相应的行为反应。Organ(1988)指出员工对组织公平的认知会影响员工OCB[85]。作为职责要求之外的自愿行为,OCB比角色内行为更可能成为员工应对组织公平与否的砝码。如果组织的回报大于自己的投入,就多从事OCB予以补偿;如果组织回报少于应该得到的,就减少OCB恢复公平。

Farh、Earley和Lin(1997)提出,社会交换关系对OCB的预测作用可能会受到不同文化所特有的价值观因素的制约[105],Paine和Organ(2000)认为不同文化中的价值观本身就可能预测OCB产生[121]。郭晓薇(2006)对个人主义者和集体主义者的OCB动因进行了区分[104]。她认为社会交换理论在个人主义价值观为主导的文化背景下对OCB动因有较强的解释作用,但它在解释集体主义者的行为时失灵了。在以集体主义价值观为主导的文化中,有些员工即使感到不公平,也会顾全大局,在一定程度上保持合作行为,这主要是集体主义价值观在起作用。换句话说,在强调集体主义的文化情境中,集体主义价值观比社会交换动机更能解释员工OCB的产生。只有在个人主义的文化中,OCB才是交换物,以之来交换组织的公平待遇。个人主义较强的员工如果感到组织对自己不薄,会表现出积极主动的工作状态;一旦感到组织对不起自己,就会立即中止或者大幅度减少OCB。可以说,集体主义者的OCB主要出于集体主义价值观,个人主义者的OCB主要出于社会交换动机[104]。

除了社会交换动机和价值观动机,OCB的产生还可能是出于印象管理动机[122]。印象管理是指个体通过一定的方式,影响或控制别人形成对己印象的过程。Bolino(1999)的研究表明,有些个体表现OCB并非出自回报组织的愿望,而只是为了给别人留下好印象,进而实现个人的某种意图。用他的原话说,"我们所认为的好战士,可能只是一个好演员而已"[122]。

五、组织公民行为的前因变量

Podsakoff等(2000)把影响组织公民行为的因素归纳为四个方面:个体特征、工作任务特征、组织特征和领导行为[1]。

个体特征变量具体包括员工态度、人格特质(dispositional factors)、员工的角色感知和人口特征变量等几方面。工作满意感、组织承诺、组织公平感等员工态度变量对OCB的影响构成了OCB前因变量研究的主流之一,与此相关的研究成果将在下一段详细回顾。就人格特质而言,Organ和Ryan(1995)曾考察了大五人格中的责任感和宜人性,以及积极情感(positive affectivity)和消极情感(negative affectivity)对OCB不同维度的影响,发现责任感、宜人性和利他以及一般性顺从,积极情感和利他存在显著的正相关关系,但这些直接影响可能是由同源方差(common method variance)带来的,如果排除自我评价的OCB数据,这些直接影响要么影响程度大大降低,要么不再显著[103]。这样的结果使Organ和Ryan(1995)认为人格特质主要是通过影响员工态度进而间接地影响OCB[103]。在角色知觉方面,Podsakoff等(2000)的元分析表明个体感知到的角色冲突、角色模糊与利他、事先知会、运动员精神等维度显著负相关,与责任感和公民道德没有相关,他们同时也指出由于角色冲突和角色模糊与工作满意感相关,因此这些角色知觉变量与OCB某些维度的相关性至少在一定程度上受到工作满意感的中介作用[1]。另外,他们还发现人口特征变量(如工作年限和性别等)与OCB的关系并没有得到已有实证研究的支持,因此还需要更多实证验证而不能轻易定论[1]。

如前所述,研究者关注的影响OCB的态度变量主要包括工作满意感、组织承诺、组织公平感、信任、组织支持感等变量,而这些变量又都体现了员工对自己与组织间的社会交换关系质量的评价。组织行为学中的多数实证研究并没有支持工作满意感与绩效之间的显著相关,Organ(1977)认为这可能是由于这些研究对绩效的界定和测量仅限于任务绩效,如果拓展绩效的概念,使之包含 OCB 或关系绩效,工作满意感应该具有预测作用[123]。这一观点得到了不少实证支持[83;84;118;124;125;126]。O'Reilly 和 Chatman(1986)[127]、Morrison(1994)[86]、Becker(1992)[128]、Shore 和 Wayne(1993)[129]、苏方国和赵曙明(2005)[130]等研究支持了组织承诺,尤其是情感承诺与 OCB 之间的显著相关关系。Dittrich 和 Carroll(1979)[131]、Scholl、Cooper 和 Mckenna(1987)[132]等人的研究支持了公平感与 OCB 的显著相关。Moorman(1991)发现程序公平与 OCB 显著相关,而分配公平与 OCB 所有维度都不存在显著相关[133]。Lind 和 Tyler(1988)对此结论的解释是,程序公平涉及员工对组织系统、机构和权威层泛化的评价,因而比分配公平更能解释 OCB[134]。这一结论也得到了学校组织样本的验证。王蕾(2008)以 856 名中国中小学教师为样本,支持了学校组织中的程序公平与教师 OCB 显著相关[135]。

尽管工作满意感、组织承诺和组织公平对 OCB 的预测作用得到了广泛的实证支持,也有学者对此提出了质疑,认为这些态度变量之间中高度相关,实证研究在考察一个变量与 OCB 的相关时,并没有控制其他变量的影响,这就难以确定这个变量是否会独立影响 OCB。William 和 Anderson(1991)对组织承诺和工作满意感对 OCB 的独立影响进行了验证,发现在控制了工作满意感后,组织承诺与 OCB 之间的关系不再显著;反之,在控制了组织承诺后,工作满意感与 OCB 的关系依然显著。这说明组织承诺与 OCB 之间的相关是由它与工作满意感之间的相关引起的,工作满意感比组织承诺对 OCB 有更强的预测力[94]。Moorman(1991)同时考察了组织公平感和工作满意感对 OCB 的影响,Moorman(1993)在此基础上又增加了组织承诺作为 OCB 的前因变量,发现在控制了程序公平后,工作满意感或组织承诺与 OCB 之间的关系不再显著,这说明了程序公平对 OCB 的预测作用最强[133;136]。但郭维哲和方聪安(2005)以中国台湾国民小学教师为被试者的研究却得出不同结论。该研究发现学校组织公平、信任与承诺都是教师 OCB 重要的影响变量,而且在直接效果上以承诺变量最具影响力;在间接效果上,对教师 OCB 的影响是通过学校教师对学校组织公平性的感知,由信任的心理状态与承诺行为作为中介变量,影响角色外的组织公民行为[110]。信任是社会交换关系的基础,社会交换关系强调非即时性回报,对方有无回报以及回报的内容、形式和时间都充满了不确定性。社会交换关系中的双方只有相互信任,所谓"先付出后回报"的行为才有可能发生。相信组织和管理者,员工才有可能有意愿从事 OCB,相信组织会在适当的时机给予回报[110;137]。Konovsky 和 Pugh(1994)以美国医院的员工和主管为调查对象的研究也支持了员工对主管的信任是程序公平和员工 OCB 的中介变量[138]。万涛(2009)则关注信任对 OCB 的主效应,并引入心理授权作为影响信任和 OCB 关系的调节变量,证实了在高心理授权、高意义和高自我决策的条件下,信任对 OCB 的影响更为显著[137]。除此之外,也有不少实证研究支持了组织支持感与 OCB 的显著相关[96;129;139;140]。

任务反馈、任务常规性与任务的内在满足性是已有研究主要涉及的工作特征前因变量。研究表明,任务反馈与任务的内在满足性与 OCB 各维度显著正相关,任务常规性则与 OCB 显著负相关[141;142;143;144]。Van Dyne、Graham 和 Dienesch(1994)指出当工作自主性程度高时,工作成果的好坏取决于自己的努力、创新及决策能力,因此员工对其工作成果的成败必然会有强烈的责任感,这会增强员工 OCB;此外,如果员工在工作中能充分感受到同事依赖自己的程度或自己必须依靠工作伙伴完成工作任务时,员工便会因此增加对他人工作的责任感。更何况相依性高的工作,为了协调,经常出现自发性的相互调整,于是员工之间会逐渐养成合作、协助的社会规范,这将成为员工 OCB 的潜在来源[145]。目前与 OCB 的工作特征前因变量相关的研究较少,是否还存在其他影响变量还有待更多探索。

与 OCB 的组织特征前因变量相关的研究也很少。Podsakoff 等(2000)的元分析发现组织正规化、组织僵化性、咨询参谋人员支持(advisory/staff support)、空间距离等组织特征变量都与 OCB 不相关,仅有群体凝聚力与 OCB 各个维度都有显著正相关[1]。

Podsakoff 等(2000)的元分析表明领导行为是影响 OCB 的一个关键变量[1]。几乎所有的领导行为都与 OCB 显著相关——变革型领导行为与 OCB 各维度显著正相关,这是由于变革型领导的界定本身就包含着领导鼓励下属为了组织利益而超越个人利益和绩效期望的含义,换句话说,OCB 正是变革型领导鼓励和希望在下属身上看到的行为;交易型领导行为中的权变性奖励行为与 OCB 各维度显著正相关,非权变性惩罚行为与 OCB 各维度显著负相关;支持性领导行为与 OCB 各维度显著正相关,领导的角色明确行为与利他、事先知会、责任感和运动员精神正相关[1]。李超平(2006)首先在中国文化情境下考察变革型领导对 OCB 的影响,研究结果不仅支持两者显著正相关,还发现能解释的变异量明显高于国外同类研究[146]。吴志明和武欣(2007)沿用了 Chen 和 Farh(1999)[147] 的关系导向和任务导向的变革型领导行为分类,并在其与 OCB 的关系中引入了心理授权作为中介变量,他们调查了中国 12 家高科技组织的 282 名员工和领导后发现,变革型领导行为通过心理授权作为中介变量对下属员工的 OCB 产生显著影响;关系导向和任务导向的变革型领导行为都通过心理授权中的意义性维度对 OCB 中的工作奉献维度产生影响,关系导向的变革型领导行为还通过心理授权中的自我效能维度对 OCB 中的人际促进和组织责任感维度产生影响[148]。丁琳和席酉民(2007)认为仅有心理授权,缺乏实质的授权行为,不足以产生 OCB。她(他)们构建并验证了变革型领导行为影响员工 OCB 的完整过程,即变革型领导通过授权行为,使下属产生心理授权,进而表现出 OCB[149]。领导成员交换体现了员工与领导,尤其是与直接领导个人之间的社会交换关系。实证研究表明高质量的领导成员交换与 OCB 显著相关[150;151]。Wang 等(2005)对中国企业的研究发现领导成员交换在变革型领导与员工 OCB 之间充当了完全中介变量[152]。

继 Podsakoff 等(2000)的元分析[1]后,研究者又陆续发现了一些该元分析中没有涉及的前因变量。个人—组织契合度是其中之一,它从个人与组织互动的角度预测个人在组织中的行为,弥补了传统的工作态度变量对双方互动的重视不足。研究表明员工与组织在价值观或目标上的一致性,会对员工的工作满足感、工作参与和工作绩效等态度、行为产生影响[2;3]。赵红梅(2009)以南京地区不同行业的 9 家企业员工为样本,发现个人—组织契合度越高,越容易表现出组织公民行为[4]。但郑耀男(2004)在整合社会交换(包括工作支持和情感交换构念)、组织公平(包括奖励公平和程序公平构念)和个人与组织匹配(包括价值匹配和工作匹配构念)理论的基础上,提出了学校 OCB 前因变量的综合模型,但实证结果却没有支持价值观匹配与工作匹配对 OCB 的影响[118]。两个研究的结论不一致可能是研究背景不一致造成的,也可能是由于个人—组织契合与 OCB 的关系中存在一些调节变量,影响着两者相关与否与强弱。未来的研究可以尝试用更多不同性质的样本进行验证或引入新的调节变量,界定个人—组织契合与 OCB 相关关系存在的条件。早在 1991 年,Pierce 在提出心理所有权及其作用模型时就认为心理所有权将影响员工行为[153]。Pendleton、Wilson 和 Wright(1998)也认为员工对所有权的认知(即心理所有权)和员工行为的转变是高度相关的[154]。Vandewalle、Van Dyne 和 Kostova(1995)对非营利组织的研究发现,心理所有权将促进员工的角色外行为,它们之间的正相关关系甚至强于员工满意感与角色外行为的正相关关系[155]。Van Dyne 和 Pierce(2004)的研究也验证了心理所有权比员工满意感、组织承诺更能预测 OCB[156]。吕福新和顾姗姗(2007)以浙江民营企业员工为被试者,验证了员工心理所有权的存在及其与员工 OCB 的显著相关,并且发现情感承诺在二者关系中起完全中介作用,规范承诺起部分中介作用[157]。

个人—组织契合和心理所有权仍然是社会交换相关变量。前已述及,文化价值观与印象管理也被研究者认为是 OCB 形成的动因。在价值观方面,Moorman 和 Blakely(1995)以某金融服务机构的 155 名员工为被试者,发现在控制了组织公平感后,集体主义价值观和规范意识对解释员工自评的 OCB 的变异有独立贡献[101]。中国文化和组织情境下的 OCB 研究不仅关注了价值观变量对行为的主效用,也探索了这类变量在态度变量与行为之间的调节作用,得到了不少有益的结论[108]。Farh、Earley 和 Lin(1997)用中国台湾员工样本验证了个体传统性/现代性价值观在组织公平与 OCB 之间起调节作用[105]。Sun(2001)以来自中国北部和美国东南部的跨文化样本再次支持了 Moorman 和 Brakely(1995)[101]的结论[158]。Hui(1999)对一家大型国有企业的研究也表明价值观对 OCB 存在主效用,具有非传统价值观的中国员工比传统的中国员工表现出更多的 OCB,同时价值观还在领导员工交换和 OCB 之间起调节作用[159]。郭晓薇(2006)以中国企业员工为研究对象,发现在控制了公平感后,集体主义/个人主义价值观与主管、同事评价的 OCB 显著相关,并且对程序公平与同事评价的 OCB 关系具有缓冲作用。也就是说,当集体主义价值观较强时,程序公平与 OCB 之间的相关较弱[104]。郭晓薇(2006)同时还关注了员工的权力距离观念的调节作用,发现权力距离感正向调节程序公平与 OCB 的相关程度,在权力距离感大的人群中,程序公平与 OCB 之间的相关程度更高[104]。

在对印象管理动因的验证上,Hui、Lam 和 Law(2000)的现场准实验研究支持了 Bolino(1999)的观点[122]。他们以某跨国银行的 293 名出纳员为研究对象,先调查其对 OCB 的工具性价值的看法,然后在员工晋升前后各三个月评价其 OCB 水平,结果发现:(1)在晋升决策之前,OCB 越多的员工得到晋升的可能性越大;(2)认为 OCB 对晋升有工具性价值的员工,在晋升决策之前的 OCB 比其他人更多;(3)同样是这群员工,得到晋升后,OCB 水平明显减少。该研究显示,员工 OCB 的动机有印象管理的成分,个体之所以表现出 OCB,只是为了给组织留下一个"好员工"的印象[160]。郭晓薇(2006)调查了 9 家企业的 188 名员工及他们的上司和同事,结果发现,在控制了公平感后,印象管理能显著增加主管评价的 OCB 的可解释变异,这说明由于领导者是组织资源的分配者,得到他的好评必然能够带来好处,因而他便成为印象管理的主要对象,重视印象管理的员工就会在他面前表现出更多的OCB[104]。

从对心理契约与组织公民行为的研究回顾不难看出,两个构念各自的研究成果,尤其是心理契约的结果变量、OCB的前因变量的研究成果都十分丰富,但把这两个构念联系起来的研究并不多见。

社会交换动机是OCB产生的主要动机,许多已被实证研究证实的OCB前因变量都是与社会交换相关的变量。而心理契约也体现了员工与组织之间的社会交换关系,如果组织很好地履行了自身责任,并营造了信任的氛围,那么,员工不但会通过履行员工责任予以回报,超越职责要求但有利于组织效能的自愿行为也是员工回报的主要形式。信任互惠的雇佣关系以及对它的感知(即心理契约)甚至能激发员工为了获得组织未来的回报而先行投入。好组织引发好员工是合乎情理的。

第三节 心理契约对组织公民行为影响的研究述评

一、心理契约与组织公民行为的内在逻辑关系

心理契约与OCB的内在逻辑关系可以从OCB的界定基础和行为动机等方面加以归纳。

首先,OCB的界定基础体现了其与心理契约的一致性。对它的界定是相对于正式契约而言的。Organ(1988)把OCB看成是员工自觉自愿表现出来的,不被正式报酬系统所认可,但能够从总体上提高组织效能的个体行为[85]。OCB的自发性和灵活性决定了它是超越书面和正式的显性契约的规定的。显性契约,如雇用合同,可以把雇用双方的责任义务以书面的方式进行具体而明确的规定,主要体现了契约双方的经济交换关系。但是显性契约所能明确规定的责任条目毕竟有限,况且面临着具有高度不确定性和复杂性的市场环境,组织无法预见未来可能面临的所有问题,因而不可能在事前把雇佣关系存续期间所涉及的相互责任都预先考虑到,并包含在显性契约中。心理契约虽然是隐性的、非正式的契约,却是联系员工与组织的心理纽带,体现了员工与组织对相互责任的期望、认知与信念。这些信念对员工工作态度、角色内外行为都会产生深刻影响。正如Schein(1965)所言,虽然它没有写明,却是影响员工对待组织的态度与行为的强有力的决定因素[41]。武欣和吴志明(2005)甚

至认为心理契约中员工对组织的责任有许多本身就表现为OCB[161]。

其次,心理契约强调互惠平等的社会交换关系,这是产生和维持OCB的主要动因之一。社会交换理论认为员工为组织作出贡献,换取组织提供的诱因[35],员工试图在贡献和诱因之间保持平衡。当心理契约所包含的组织责任得以履行,员工回报以有利于组织的行为,以实现诱因和贡献的平衡。反之,若组织没有履行责任或履行程度不高,员工产生不公平感,就会减少或取消有利于组织的行为以恢复平衡[11;49;162]。相对于受到规章制度约束的角色内行为,OCB是一种员工可以自由选择、酌情增减的行为,对心理契约履行与否反应更加敏感。不少研究结果表明,心理契约履行对OCB有正向影响;心理契约破裂或违背降低员工OCB[11;12;14;15;16;81]。可以说,OCB是员工对组织是否履行责任以及责任履行程度的感知在行动上的回报,这种基于互惠规范对已获得利益的回报即反应式回报(reactive reciprocation)[17;18]。

再次,心理契约区别于一般社会交换理论的独特之处在于它既包含了当前诱因,还包含了员工对未来诱因的期待[49]。Gould(1979)指出以互惠原则(norm of reciprocity)为核心的交换理论只围绕着雇佣关系中的当前回报[163],而心理契约所包含的员工对组织履行未来责任的预期对其表现出OCB起到很强的事前激励作用,构成了OCB行为动机的重要组成部分。Coyle-Shapiro(2002)、Coyle-Shapiro和Kessler(2002)认为心理契约中的组织责任包含了组织当前提供的诱因和员工感知到的组织责任(perceived obligations)两部分[17;18]。其中,诱因是指组织当前已经履行的责任,而员工感知到的组织责任是指员工基于双方的交换关系,对组织未来可能履行的责任及其履行程度的预期。相应的,作为回报的OCB也体现为两种形式:反应式回报和对组织履行未来责任的前瞻式回报(proactive reciprocation)。尽管组织履行未来责任的具体形式和程度并不明确,但员工基于信任与期待愿意采取事前主动的回报,履行OCB是回报的一种形式。通过前瞻式回报,员工既表达了维持良好关系的意愿,也增加了组织履行未来责任的可能性。Blau(1964)对这种事前回报也有过论述,他指出个体为了避免在交换关系中产生亏欠感(indebtedness),会先采取行动创造一种有利于组织的正向不平衡(positive imbalance),以增强未来组织给予回报的可能性[8]。Coyle-Shapiro(2002)的纵向调查发现员工感知到的组织责任对OCB的帮助行为等三个维度的方差有独立于组织诱因的贡献[17]。Coyle-Shapiro和Kessler(2002)的纵向调查也支持了员工会通过履行责任增加未来从组织获益的可能性,这是建立在员工信任组织会对员工履行的责任予以回报的基础上[18]。Hui、Lee和

Rousseau(2004)结合中国文化情境对这种事前主动回报进行分析。他们认为中国社会体现出严格的社会等级结构,位于社会层级上层的人比下层的人掌握更大的权力。一旦掌握权力的雇主承诺履行一定的责任,即使在没有完全确定这些责任是否能真正得到履行之前,员工也会以积极的行为回应雇主的这种友好示意[72]。

心理契约和OCB在上述三方面的内在联系说明了可以将二者作为一对前因—结果变量,纳入统一的分析框架中。一些研究者也发现,相对于角色内行为,OCB对心理契约的履行与否更加敏感。这是因为,角色内行为受到雇用合同、规章制度等强制要求,不像OCB那样具有随意性;通过减少OCB作为对心理契约破裂或违背的行为反应,其情境性限制和负面影响要小得多[94;161;164]。

二、心理契约对组织公民行为影响的研究

国内外研究者对心理契约—OCB这对前因—结果变量关系的探讨试图揭示前者对后者的影响机制,即心理契约的内容、状态(如履行、违背、破裂等)或类型如何直接或间接地影响OCB。这个影响机制中可能存在着诸多过程变量,比如,心理契约通过某些内隐的中介变量影响OCB;心理契约与OCB关系的强弱或方向受到某些变量的调节作用等等。

(一)心理契约对组织公民行为的直接影响

现有文献主要从心理契约的状态和内容等方面考察其对OCB的直接影响。

心理契约的状态是指心理契约中所涉及的责任的履行程度,依履行程度高低主要分为心理契约履行、破裂(breach)、违背(violation)等几种情况。其中破裂是员工对组织责任履行程度低的一种认知,而违背则主要与这种认知带来的情感体验相关。如前所述,心理契约的破裂或违背给员工造成不公平的感知,促使其首先减少OCB以恢复交换关系的平衡。理论上而言,心理契约履行与OCB正相关,心理契约破裂或违背与之负相关。

这种逻辑关系得到大多数实证研究的支持。Robinson和Morrison(1995)、Robinson(1996)的纵向调查都证实了员工对组织没有充分履行责任的感知,对一年后的公民道德行为①的减少有很强的解释力,即前一个时点的

---

① 公民道德行为(civil virtue)是指向组织的OCB的一个重要维度。

心理契约违背或破裂与后一个时点的公民道德行为显著负相关[11;12]。Turnley等(2003)用薪酬代表交易维度责任,用营造支持性雇佣关系代表关系维度责任,发现营造支持性雇佣关系这一责任的履行与主管评价的员工OCB显著正相关[81]。Coyle-Shapiro和Kessler(2003)也发现关系契约履行与OCB显著正相关[55]。Suazo、Turnley和Mai-Dalton(2005)以234名非裔、西班牙裔和本土美国人为被试者,发现心理契约破裂与OCB中的帮助行为显著负相关[14]。Chen、Tsui和Zhong(2008)以中国温州一家大型制鞋企业的273对主管—下属配对样本为被试者,通过回归分析证实了员工感知到的诱因破裂(perceived inducement breach, PIB),即员工感知到的组织承诺提供的诱因和自己实际获得之间存在差异,与主管评价的员工指向组织与指向个人的OCB之间存在负相关关系[15]。余琛(2007)以156名中国员工为被试者,得到了工作支持、内部培养、工作稳定和外部推荐等四个心理契约维度和帮助行为、个人主动和公民道德三个OCB维度,并且发现组织责任履行程度越高,员工的OCB履行程度也越高。并且,不同维度的责任履行分别与不同维度的OCB相关。外部推荐和内部培养预测个人主动、帮助行为,工作支持和工作稳定预测公民道德行为[16]。

也有一些研究结果不支持这种关系。Robinson和Morrison(1995)发现交易责任履行与公民道德行为无关[11]。Coyle-Shapiro和Kessler(2003)以英国政府部门员工为样本的研究发现交易契约履行与OCB负相关[55]。作者对此进行了两种解释:其一可能是组织对交易责任的过分强调,会促使员工以功利的态度对待雇佣关系,狭义地理解双方责任,不愿意超越职责履行OCB;也可能是角色内外行为难以区分,一部分员工把OCB界定为应该履行的职责。当员工履行了更多的责任,就容易感知到组织一方的责任履行不够,特别是与外在报酬相关的交易责任履行得不够[55]。Othman等(2005)对马来西亚一家电信企业240名经历了自愿离职(voluntary separation)的员工开展调查,发现心理契约违背所导致的消极情绪反应与员工在新的雇佣关系中从事OCB的意愿呈现显著正相关关系,这说明自愿离职所造成的心理契约违背使员工在新的雇佣关系中更愿意表现出OCB[165]。为了更好地解释这一结论,研究者把OCB拆分为五个维度,发现心理契约违背和事先知会(courtesy)维度相关最强。事先知会是指在问题发生之前有远见地告诫他人,更多地体现为个人对同事的支持而非与组织间的关系。研究者认为这是强调集体主义的文化情境下特有的现象。心理契约违背的经历可能使个人将承诺和忠诚从组织转向同事,员工通过寻求同事间的社会支持来缓解失去工作的负面情绪,并共同应对未来可能的心理契约违背[165]。

除了心理契约状态,心理契约内容也与 OCB 相关。Hui、Lee 和 Rousseau(2004)发现中国员工的交易型心理契约与 OCB 正相关[72]。朱晓妹和王重鸣(2006)运用在中国文化背景下自行开发的心理契约问卷,研究了中国知识员工的心理契约维度构成,并发现其组织责任中的发展机会维度、员工责任中的规范遵循、创业导向维度对 OCB 有较强的预测作用[64]。

(二)心理契约对组织公民行为的间接影响

1. 中介效应

对中介变量的研究,实质上是在探讨心理契约与 OCB 因果关系的内在机制。由于社会交换理论构成了两者共同的理论基础,现有研究中已涉及的中介变量也主要是与社会交换相关的变量,如未满足期望(unmet expectations)、信任、组织支持感等。

如前所述,在社会交换关系中,员工试图与组织保持贡献与收益的平衡。而员工所经历的心理契约违背或破裂直接造成了员工实际经历与期望经历的差异,即 Porter 和 Steers(1973)所界定的未满足期望(unmet expectations)[166]。未满足期望成为研究者早期关注的中介变量。尽管 Robinson(1996)的研究没有支持其在心理契约破裂和公民道德行为的关系中的中介作用[12],Turnley 和 Feldman(2000)的研究证实了它在心理契约违背和 OCB 的关系中起部分中介作用[164]。

当然,心理契约破裂或违背造成的绝不仅是未满足的期望。体现着社会交换关系的心理契约意味着双方对互惠关系开放式的、长期的承诺。即使没有明确的规定和约束,一方也会根据自己的贡献对对方未来给予的回报产生预期。这种预期完全基于信任。因此,心理契约遭到破坏还将危及员工和组织社会交换关系赖以存在的基础——信任。信任成为心理契约与 OCB 关系的关键中介变量之一。Robinson 和 Morrison(1995)以 126 名 MBA 校友为被试者,在为期两年半的纵向研究中选取三个时间点施测,研究结果表明信任对关系维度的心理契约违背和公民道德行为之间的关系起到完全中介作用[11]。在这次研究的基础上,Robinson(1996)采用同样的研究设计,在两年半的时间内调查了 125 名新雇用的管理人员,再一次验证了员工刚刚接受工作时(时点 1)对组织的初始信任对距第一次施测 18 个月后(时点 2)的心理契约破裂与距第一次施测 30 个月后(时点 3)的员工公民道德行为的关系起到完全中介作用[12]。

企业中的社会交换关系包含了两个层次。一层发生在员工与组织之间，可以用组织支持感（perceived organizational support，POS）描述；另一层发生在员工与领导个人之间，特别是和直线主管之间，可以用领导—部属交换（leader-member exchange，LMX）来描述。沈伊默和袁登华（2007）通过对398名中国企业员工的问卷调查，探讨了组织支持感和领导—部属交换在心理契约破坏感对员工工作态度和行为影响中的中介作用。结果表明心理契约破坏感对OCB各维度（利他行为、个人主动性、人际和谐和保护公司资源）不具有直接影响，其影响是通过LMX的完全中介作用来传递的[167]。

有些研究者对OCB总是出于社会交换动机的观点提出质疑，认为它还可能出于印象管理的动机[122；168]。Hui、Lee和Rousseau（2004）采用西方的量表，以中国MBA学生和一家国有钢铁集团公司的员工为被试者，为这种观点提供了实证支持。该研究结果表明交易型心理契约与OCB直接相关，而关系型、平衡型心理契约则通过工具性（instrumentality）的中介作用与OCB相关。这一结论证实了由于中国文化对人际关系的强调，OCB不仅仅是员工对于自身与组织良性关系的一种行为回报，还是员工对组织（以管理者为代理人）进行印象管理的一种渠道，具有工具性的动机[72]。

除了与社会交换相关的变量外，态度变量在心理契约对OCB影响机制中的作用是研究者们关注的另一个焦点。工作满意感是与未满足期望高度相关的态度变量。Turnley和Feldman（2000）在研究未满足期望的同时也探讨了工作不满意感（job dissatisfaction）对心理契约违背和OCB关系的中介作用。他们认为其作用机理可能是心理契约违背带来未满足期望，进而引发工作不满意感，最后影响员工态度和行为。无论是采用分层回归还是结构方程模型的检验方法，都验证了未满足期望和工作不满意感分别对心理契约违背和OCB的关系起部分中介作用，但通过结构方程的模型比较，发现同时含有两个中介变量的模型的拟合优度并不显著强于只含有任何一个中介变量的模型，这也说明了这两个变量之间的高度相关性[164]。

组织承诺，尤其是情感承诺（affective commitment），是引起研究者兴趣的另一个态度中介变量。Holmes（1981）认为情感承诺在雇佣关系中作为一种"宏观动机"刻画了员工对组织的一种情感和信念，为组织和员工互动定下了一个基调，这个基调在心理契约和OCB的关系间起着重要的中介作用[169]。Restubog、Bordia和Tang（2006）基于菲律宾信息技术行业的私营企业中137个员工—主管配对样本，对公民道德行为采用员工自评和主管评价相结合的衡量方法，验证了情感承诺对心理契约破裂和自评、主管评价的公民道德行为之间关系的完全中介作用[162]。

2. 调节效应

Robinson(1996)指出心理契约破裂和违背是在一定的社会和心理情境而非真空中产生的[12]。对影响心理契约与 OCB 关系的调节变量的探索就是试图确立这对变量之间关系成立的具体情境。Turnley 和 Feldman(1999)提出了员工心理契约违背的反应模型,归纳了可能影响到心理契约违背和员工工作态度行为之间关系的三个层面的调节变量:个体差异(individual differences)、组织实践(organizational practices)和外部劳动力市场(labor market forces)[170]。目前有限的实证研究主要集中在个体差异层面。

公平敏感性(equity sensitivity)作为一个个体层面变量,体现了个体面对不公平结果时的反应[63]。Kickul 和 Lester(2001)参照前人研究把员工按照公平敏感程度高低分为三类:无私友善型(benevolents)、公平敏感型(equity sensitives)和自私自利型(entitleds)。无私友善型员工公平敏感性最低,他们重视与组织的关系,只要自己的技能对组织有所贡献,就感到满意;自私自利型员工公平敏感程度最高,总是把个人得失放在第一位,试图改进个人境况,并实现个人收益最大化;公平敏感型员工介于二者之间,既希望保持良好的雇佣关系,也希望个人受益最大化。研究者以美国中西部一所大学的 183 名半脱产 MBA 学生为被试者,通过层级多元回归支持了公平敏感性对以自主权和控制(autonomy and control)维度为代表的内在心理契约破裂与个人勤奋、忠诚拥护等 OCB 维度之间的关系起到调节作用。具体而言,相对于自私自利型员工,内在心理契约破裂造成无私友善型员工更大程度地减少以个人勤奋、忠诚拥护为代表的 OCB[63]。

Coyle-Shapiro(2002)研究了员工对互惠原则的接受程度(acceptance of the norm of reciprocity)、员工对组织的信任在心理契约与 OCB 关系中的调节作用。她以英国东南部 480 名公务人员为被试者,在三年内开展纵向调查。其中,对心理契约的两个方面——员工对组织当前提供的诱因和对组织未来责任的感知;以及员工对组织的信任在时点 1 调查,而对员工自我报告的 OCB 和员工对互惠原则的接受程度则是在时点 1 的三年后施测。结果验证了员工对互惠原则的接受程度调节员工感知到的组织当前诱因与 OCB 中拥护性参与和功能性参与维度的关系,这表明员工对互惠原则的接受程度越高,越可能以 OCB 的形式对组织已履行责任予以回报。结果同时也验证了员工对组织的信任调节员工感知到的组织未来责任与拥护性参与和功能性参与两个 OCB 维度的关系。员工对组织的高度信任表明他们更相信组织未来会履行责任,相应的,他们也更主动地履行 OCB,员工这种事前投入的目的是增加组织未来履行责任的可能性[17]。

对心理契约破裂的归因也是个体差异层面引起研究者兴趣的调节变量。Turnley 等(2003)借鉴前人研究成果,将个人归因分为组织有意造成破裂(reneging)和无意破裂两类,其中无意破裂又包括不可控因素的破坏(disruption)和理解不一致(incongruence)两种情形。研究者基于 134 对员工—主管配对样本,用薪酬代表交易维度,用支持性雇佣关系代表关系维度,探讨员工对心理契约破裂的归因是否对心理契约破裂和主管评价的员工 OCB 之间的关系起到调节作用。由于样本量较小,只有在 0.10 的显著水平下,员工对与薪酬相关的心理契约破裂的归因才成为影响二者关系的调节变量。这说明当员工认为组织有意不履行与薪酬相关的责任,造成员工心理契约破裂时,员工 OCB 减少更多[81]。

Chen、Tsui 和 Zhong(2008)的样本虽然仅来源于中国温州的一家企业,却是在个体差异层面对反映中国文化独特价值观的调节变量的首次探索。该研究基于中国温州一家大型制鞋企业的 273 对主管—下属配对样本,证实了员工感知到的诱因破裂(perceived inducement breach,PIB)与主管评价的指向个人的 OCB(OCB-I)的负相关关系受到了员工个人价值观的调节作用。员工所持有的传统价值观,如对权威的尊重,能降低这种负相关的强度。也就是说,传统价值观较强(high traditionality)的员工对其感知到的组织造成的心理契约破裂敏感度较低,其指向个人的 OCB 减少的程度低于传统价值观较弱(low traditionality)的员工[15]。

以上研究所关注的调节变量,大都体现了个体对自己与组织的社会交换关系的感知。由于个体的心理特点差异造成了不同的感知,如对组织的信任不同,对公平、互惠的接受程度不同,对组织违背心理契约原因的理解不同,这些不同感知又进一步解释了个体在行为上的不同反应。这再一次说明了社会交换理论对理解心理契约和 OCB 的重要作用。同时,任何组织行为都是情境因素与个体因素交互作用的结果。在组织层面、群体层面等也可能存在其他变量,或独立于个体因素或与个体因素交互影响心理契约和 OCB 关系的强弱。

第四节　当前研究存在的不足及本研究切入点

至此,本章已对心理契约、OCB,特别是心理契约对 OCB 的影响三方面研究进展进行了梳理。本节主要聚焦于与本研究直接相关的心理契约对 OCB 的影响研究，从总体研究状况、理论视角、研究方法三方面评论当前研究存在的问题并提出本研究切入点。

一、总体研究

尽管心理契约与 OCB 存在前文述及的内在联系，但总体而言，有关心理契约对 OCB 影响的研究仍不成熟。以中国为例，对心理契约和 OCB 分别进行的研究近几年处于方兴未艾的快速发展阶段。对心理契约的研究主要关注心理契约的结构维度和心理契约违背、破裂等方面，把 OCB 作为结果变量的研究不多；对 OCB 的研究虽然侧重于探讨其前因变量及影响机制，但多关注于个体态度变量或领导行为变量，把心理契约作为 OCB 前因变量的研究也不多见。研究者于 2008 年 3 月在中国期刊全文数据库中分别以心理契约、OCB 为主题在 2000 年至 2008 年的时间段内进行检索，符合条件的文献分别有 1 301 篇和 1 287 篇，但同时以两者作为主题检索到的文献仅有 27 篇。

特别值得一提的是，在国内外文献中，以中国情境为背景的理论和实证研究更是寥寥无几。Farh、Earley 和 Lin(1997)、Farh、Zhong 和 Organ(2004)分别研究了中国台湾和内地员工的 OCB，发现中国文化背景下的员工 OCB 维度既包含了与西方共有的维度，也包含了体现中国文化特点的维度，例如人际和睦维度[105;106]。同样，李原(2006)对中国员工心理契约结构的探索中也发现了人际型责任可以作为一个独立的维度，从西方经典的关系维度中分离出来[22]。这些研究结果都说明了中国文化背景下的心理契约、OCB 具有特殊性。此外，它们之间的关系强度也可能受到文化因素的调节作用。因此，以中国本土化情境为背景的心理契约与 OCB 关系的研究具有重大的理论和实践意义。本土化的考察既应该关注传统文化价值观对组织、员工的心理契约和员工行为的塑造，更应该重视中国所处的社会经济转型期对传统价值观的冲击、对雇佣关系的重塑，以及对心理契约和员工行为的影响。同时，以中国情境为背景的实证研究的不成熟性还体现在测量工具上，目前的测量工具主要是基于西方量表翻译或修改而成的。由于中国人具有一些独特的心理与行为特征，如讲面子、重和谐等，西方量表对中国研究存在着适应性问题。

本研究将在中国本土化背景下探讨心理契约对 OCB 的影响。特别的，本研究将开发与编制能体现中国文化特点、高校组织运行规律和高校教师心理特征和行为规律的中国高校教师心理契约和 OCB 测量量表。

二、理论视角

(一)缺乏对心理契约和组织公民行为内部结构的深入剖析

大多数实证研究都是把心理契约和 OCB 作为整体衡量,在此基础上讨论两者关系。其实,在心理契约和 OCB 各自的研究领域,对内容维度的探讨都是研究者们关注的焦点之一。尽管目前对具体维度构成尚无定论,但它们都是多维构念(multi-dimentional construct)是现有研究已达成的共识。例如,在 Othman 等(2005)的研究中,当使用事先知会这一维度来代替 OCB 整体时,模型的拟合度得以改善[165]。未来的研究可以尝试探讨不同维度的心理契约如何影响不同维度的 OCB。另外,当前研究大多孤立地看待员工责任或组织责任,忽略了二者间的有机联系和动态影响。深入心理契约构念内部还意味着考察员工责任与组织责任履行的相对关系及由此对员工行为态度的影响。

本研究将在讨论高校教师心理契约与 OCB 维度构成的基础上,考察心理契约对 OCB 不同维度的影响。除此之外,本研究还将考察双方责任履行的平衡或不平衡关系,以及由此形成的教师心理契约类型对 OCB 不同维度的影响。总而言之,心理契约和 OCB 作为复杂而动态的心理过程和行为表现,深入其内部结构进行剖析,能够更加全面地揭示其运行机制以及前者对后者的影响机制。

(二)缺乏从员工、组织双向视角研究心理契约及其对组织公民行为的影响

目前大部分实证研究都采用 Rousseau(1989,1995)对心理契约的定义,将之看成员工基于组织所作出的明示或暗示的承诺而形成的有关自己与组织相互责任的主观信念[23;24],只关注员工一方的感知。事实上,心理契约是员工与组织双方达成的。雇用双方根据既定承诺进行投入、维持关系,双方的互动必然会影响心理契约的发展、调整与变化,以及双方的行为与态度。忽略组织的角度,只从员工的角度界定心理契约,实质上忽略了心理契约的相互性(mutuality)和动态性。

相互性(mutuality)描述的是员工和以管理者为代理人的组织对承诺的责任及其履行状况达成共识的程度。雇用双方对于互惠责任的不一致认识(incongruence)容易导致心理契约破裂或违背。例如,管理者和员工对于员

工责任存在不同认知,员工不可能履行管理者感知到但自身没有感知到的责任,其结果是管理者认为员工没有履行责任,管理者心理契约破裂;反之亦然[51]。纳入双方视角,有助于双方加强了解,促进沟通。组织能了解到与员工在哪些方面存在认识偏差,员工也能更充分地了解组织已经履行的责任,或没有履行责任的原因。这对于管理心理契约,降低心理契约破裂和违背的可能性及其对员工态度行为的负面影响有重大意义。关注心理契约的动态性,同样意味着要将员工、组织双重视角纳入心理契约研究。在雇佣关系中,员工履行了对组织的责任,组织有责任回报;反之亦然。一方会根据对方实际履行责任的内容和程度相应地调整自己的行为态度,这种调整又在双方的互动过程中得以传递并影响到对方的行为态度,从而造成双方心理契约的调整与变化。只有纳入员工和组织双重视角,才能准确地把握这种持续不断的相互影响(interplay)。

把握心理契约的相互性和动态性,还有助于我们结合个体和组织层面更深刻地考察OCB的产生和变化。徐长江和时勘(2004)指出以管理者为代表的组织与员工之间的互动,就是可能对OCB产生重大影响的因素之一[171]。Robinson和Morrison(1995)甚至认为心理契约的相互性有助于启发研究者思考OCB的相互性——员工可以作出超越正式契约的贡献,组织也可能超越契约给予员工回报,即履行组织的OCB[11]。这些观点都说明了基于双向视角的研究,既有助于全面把握心理契约的特点,又有助于从深度、广度上加强对OCB的研究。

本研究将从教师与学校双向视角界定心理契约概念,并在实证研究中重点关注教师与学校对学校责任履行的认知差异,及其对员工OCB的影响。

三、研究方法

(一)缺乏针对具体行业进行差异研究

国外有不少实证研究样本来自MBA校友。随着实证研究的不断发展,样本来源也更加多样化,但总体上体现了跨行业、一般性的特点,即样本涉及不同行业、不同员工群体。国内外研究对心理契约对OCB的影响并没有达成一致的结论。Coyle-Shapiro和Kessler(2000)发现心理契约中仅有培训维度的责任履行与员工OCB正相关,交易维度的责任履行甚至与OCB中的公民道德维度负相关[49]。在对此结论的解释中,研究者指出对OCB前因的探索应建立在对角色内外行为的清晰界定和区分的基础上,但不同组织、行业、个人对角色内外行为理解不一。因此在跨行业测量时,有些行为可能被一个行业认定为OCB,而被另一些行业的员工视为角色内行为[49]。Morrison(1994)也指出不同组织对员工有不同要求,角色内外行为难以清晰界定[86]。张爱武和李锡元(2006)发现中国研发人员心理契约中的业绩报酬、生涯发展、工作/生活平衡维度与针对组织的公民行为无关,业绩报酬维度与针对个人的公民行为显著负相关,这与研发组织主要基于个人业绩付酬,易引发员工间竞争和导致员工间合作减少有关[172]。这些实证证据说明从心理契约和OCB特点来看,对一部分群体而言是正确的结论,对其他群体未必如此。另外,目前的研究主要关注营利性组织,而缺乏对政府部门、学校、医院等非营利性组织的关注。未来的研究可以通过差异研究适当扩展研究外延。

本研究聚焦于中国高校组织情境中的教师群体,研究其心理契约维度构成、状态、类型、与学校管理者对学校责任履行的认知差异,及其对OCB不同维度的影响。本研究试图通过这些探讨更准确地了解该群体的心理特点和行为规律,以便对高校组织的心理契约管理提出更具针对性的建议。

(二)量化研究主导,研究方法单一

当前研究几乎毫无例外地单纯使用大规模抽样调查和统计分析的量化研究方法。量化研究虽被普遍被认为更加"科学"、"客观",但它不可避免地存在一些"硬伤",如只能对研究者事先预定的理论假设进行验证;研究结果只能代表抽样总体的平均情况;很难了解当事人的视角与想法;只能对事物的表层、可以量化的部分进行测量,研究不够深入、难以获取动态细节等[28]。鉴于这些局限,有研究者建议可以在同一个研究项目中尝试结合量化研究和质性研究。质性研究恰恰能通过对小样本个案的深入调查,在一定程度上弥补量化研究的不足。

本研究将尝试以量化研究为主、质性研究为辅的研究方法。在质性研究中,将以访谈为主要的研究方法,用访谈结果更深入解读量化分析结果,以同时从宏观与微观、静态与动态等不同角度加深对研究对象的认识和把握。

第三章 中国高校教师心理契约与组织公民行为问卷编制

Tsui(2006)指出在中国设计研究、选择研究现象、发展理论、进行测量甚至决定研究方法时,情境化不仅是有用的,而且是必要的。情境化有四种方法:研究问题的情境化、理论的情境化、测量工具的情境化和方法论的情境化[173]。Farh、Cannella 和 Lee(2006)则针对中国管理研究中测量工具的开发总结了四种常见的思路。第一种是直接翻译取向(translation approach),即在强调文化普遍性(etic)的前提下,直接将西方量表翻译成中文使用。第二种是修改取向(adaptation approach),即在翻译的过程中,修改不适合中国情境的部分,如剔除或增加新的测量指标等等。这两种思路的出发点都是有成熟的量表可以沿用或借鉴。如果缺乏合适的量表,或者现有量表无法满足研究需求,就需要采用另外两种思路用中国的样本开发新量表。第三种思路是去情境化取向(de-contextualization approach),即在中国的文化情境中开发适用于不同文化背景的量表。最后一种思路是情境化取向(contextualization approach),即开发出适合中国管理情境特殊性的量表[174]。

对本研究而言,尽管在心理契约和 OCB 领域已有一些信度和效度都比较可靠的成熟量表,如 Rousseau(1990,2000)开发的心理契约问卷[45;70]以及 Smith、Organ 和 Near(1983)[84]、Podsakoff 等(1990)[175]编制的组织公民行为问卷等,但像心理契约、OCB 这样一些基于心理判断的构念,人们的理解与其所在的社会和文化情境息息相关[173]。对于这样的构念,西方测量工具在跨文化情境中的构念对等性(construct equivalence)是有局限性的。如 Farh、Zhong 和 Organ(2004)应用情境化取向开发出的 OCB 中国本土化量表就发现人际和谐是中国情境下特有的维度,而在西方的理论和测量中并没有出现[106]。

除了文化适用性,样本适用性也是促成本研究自行开发量表的另一个因素。目前国内也有少数中国员工心理契约和 OCB 问卷,如上述 Farh、Zhong 和 Organ(2004)编制的 OCB 中国本土化量表[106]以及陈加洲(2007)[60]、李原

(2006)[22]等编制的中国员工心理契约问卷等。这些问卷都是以企业员工为对象发展测量项目,它们对其他研究对象的适用性也值得商榷。组织类型也是一个重要的情境因素,本研究关注的是高校组织的员工,他们具有独特的职业特征和心理行为规律,企业员工问卷对教师样本的适用性有限。出于文化适用性和样本适用性的考量,本研究决定采取情境化取向开发适合本研究情境的测量工具,并在此基础上探讨中国高校教师的心理契约和组织公民行为的维度构成。

第一节 编制预试问卷

梁建和樊景立(2008)认为要开发一个具备构念效度的量表要遵循的一般步骤包括:构念说明、产生测量项目、内容效度评价、内部结构检验、内部一致性与稳定性评价、聚合效度和区分效度分析、逻辑关联网络建立等步骤[176]。其中,前三步涉及预试问卷编制过程,本章第一节将遵循这三个步骤编制预试问卷。

一、构念说明

清晰、准确、能够阐明研究对象核心特征的构念说明(construct explication)是开发高质量量表的前提条件[176]。要做到这一点,就必须明确所要测量的构念与其他相近构念的差异、其所在的层次、内部结构等。

本研究所涉及的核心构念是教师的心理契约和组织公民行为。前者反映了教师个体对自身与学校相互责任的认知和判断,后者体现了个体行为,二者都是个体层面多维构念。具体而言,教师的心理契约是指在雇佣关系存续期间,教师对教师责任与学校责任的感知和期望。不同于一般意义上的期望,心理契约是一种有现实基础的期望,是教师基于学校明示或暗示、口头或书面的承诺对双方责任的主观感知和预期。所以说,所有的心理契约都是一种期望,但并非所有的期望都构成心理契约。教师的组织公民行为是指教师超越学校正式规定的行为标准,自发性地表现出来的,有利于学校整体效能提高的个人行为。这一界定以OCB通用概念为基础,在具体内容上体现出教师职业群体的特殊性。

二、产生测量项目

在使用 Hinkin(1998)提出的"由下而上"的归纳法(inductive approach)[177]发展量表项目时,可以借助关键事件法(critical incident)、小组面谈法(focus group interview)、个人面谈法(personal interview)、开放式问卷法(open-ended survey)和二手资料法(secondary data)等方法建立测量项目库(item pool)[176]。本研究使用了除小组面谈法以外的多种方法发展出足够多的测量项目。

(一)二手资料法

通过查阅国内外雇佣关系、心理契约、组织公民行为等文献,了解心理契约和组织公民行为的概念和理论,并参考相关问卷收集测量项目。

心理契约问卷编制主要参考 Rousseau(1990,2000)[45;70]、Millward 和 Hopkins(1998)[54]、Lee、Tinsley 和 Chen(2000)[62]、Lester、Claire 和 Kickul(2000)[59]、Guest 和 Conway(2004)[26]、陈加洲(2007)[60]、李原(2006)[22]等学者编制的问卷。

组织公民行为问卷编制主要参考 Smith、Organ 和 Near(1983)[84]、Podsakoff 等(1990)[175]、Williams 和 Anderson(1991)[94]、Niehoff 和 Moorman(1993)[178]、Dyne、Graham 和 Dienesch(1994)[179]、Moorman 和 Blakely(1995)[101]等编制的组织公民行为问卷;Farh、Earley 和 Lin(1997)编制的中国组织公民行为量表(The Chinese Organizational Citizenship Behavior Scale)[105];郭晓薇(2006)编制的组织公民行为综合问卷[104];Somech 和 Drach-Zahavy(2000)编制的教师角色外行为量表[113];Dipaola 和 Hoy(2005)编制的学校组织公民行为量表[112]以及台湾学者郭维哲和方聪安(2005)开发的教师组织公民行为量表[110]。

(二)开放式问卷

为了更有效地收集教师心理契约和组织公民行为的关键事件,本研究通过开放式问卷广泛征求符合构念说明的例子。在开放式问卷(见附录一)中,研究者向填答者提供了清晰的构念定义,要求填答者提供他/她们在日常工作中感知或观察到的心理契约或OCB例子。如,请列举一些您自愿承担的,在本职工作要求之外,但从总体上有利于学校、其他教师或学生的行为。

开放式问卷以电子邮件或纸质文本的形式从 2008 年 4 月初开始向研究者事先联系好的老师、同学、朋友等联络人发放,再由这些联络人以电子邮件或纸质文本的形式向其认识的高校教师发放。问卷填写与回收历时一个月。截至 2008 年 5 月,共收到来自北京、武汉、上海、福州、厦门、广州等六城市不同性质的高校教师所填写的问卷共 106 份,其中有效答卷为 90 份(有 9 份答卷填答项目太少,7 份答卷填答内容出现明显偏差,故将这 16 份问卷视为无效问卷)。

(三)个人面谈

仅仅在调查中实施匿名并不能保证调查信息的质量,因为这有可能导致调查中的不负责任行为[180]。只有通过个体化的接触,获得被调查者信任,研究者才有可能获得他/她们的合作,打消他/她们的顾虑,从而提供关于组织现象的真实信息[181]。因此,在发放开放式问卷的同时,研究者还于 2008 年 4 月就"学校应该对教师承担什么责任?""教师应该对学校承担什么责任?"等问题对厦门、福州、汕头、新疆等地的教师 13 名、系主任 5 名进行半结构化访谈,访谈提纲见附录二。访谈时间每人 40~60 分钟不等,研究者尽量与受访者保持轻松、信任的谈话氛围,以倾听为主,让受访者在自然的情境中讲述个人体会。访谈内容采用纸笔记录,访谈结束后由研究者对访谈笔记进行整理归纳。

访谈的作用主要体现为两个方面。第一,收集构念的关键事件,以发展足够多的测量项目。与此相关的访谈问题有:基于您与学校各种形式的(书面的、口头的、实践惯例中明示或暗示)约定,您认为学校应当对您承担哪些责任?作为学校的一员,您认为应该为学校承担哪些责任?您是否会自愿承担一些本职工作要求之外的,但总体上有利于学校、其他教师或学生的行为?能否举例说明?等等。访谈对象对这些问题的回答提供了相关构念的丰富的关键事件,如在教师组织公民行为方面,收集到如"利用私人时间与学生沟通交流""利用课余时间与同事交流分享教学经验""宣传和维护学校声誉"等诸多关键事件。第二,它提供了研究者可以进行深层次加工和提炼的丰富的信息[176]。陈向明(2000)也指出访谈适合研究者对社会现象进行整体性探究[182]。为此,本研究针对性地设计了访谈问题,以了解受访者对雇佣关系的整体评价、与学校(以各级管理者为代理人)互动过程的感受以及 OCB 的动机等。相关访谈问题将在本研究第六章予以介绍,访谈对象对这些问题的回答为本研究的质性分析提供了丰富的数据,使研究者能更深入地解读量化研究结果,并提出现实性、针对性强的对策建议。

(四)关键事件法

通过上述三种方式,特别是整理开放式问卷和访谈记录后收集到学校责任关键事件134项,教师责任关键事件102项,教师组织公民行为关键事件125项。由于许多关键事件表述重复、内容相似或相同,需要进行合并整理。初步的合并工作由研究者本人和研究者所在的厦门大学管理学院现代管理科学研究所的一名组织管理方向、一名组织行为学方向的博士生共同完成。经过合并整理,形成了含有78项学校责任关键事件,59项教师责任关键事件和52项教师组织公民行为关键事件的项目库。在此基础上,研究者还邀请了两名人力资源方向教师,两名组织行为学方向博士生,两名人力资源方向硕士生组成三人一组的两个评定小组,对这些关键事件进一步筛选整理。整理的标准如下:第一,删除与构念说明无关的事件,如教师责任中有人提到"对学校的归属感与忠诚度",这是一种态度而非责任,态度是无法强制规定的;第二,删除有歧义的事件,如教师责任中有人提到"求真",学校责任中有人提及"创立良性循环的领导机制",这些事件表述过于抽象笼统,具体含义不清;第三,删除只适用于特定情况的事件,如教师组织公民行为中有人提到"培养与帮助青年教师",这仅适用于教龄长、资历老和经验丰富的教师;第四,对同一类事件进行概化,如将学校责任中的"提供进修深造机会""提供培训机会""提供出国机会"等概化为"提供学习培训的机会",又如将"改善工作条件""提供探亲、旅游等额外福利"概化为"提供有竞争力的福利",将教师组织公民行为中的"开展学术讲座""承担校内外的兼职、非正式职务""开展社团活动、学术沙龙"等概化为"为学生社团活动或专业活动提供无偿的专业支持";第五,修改了一些表述不清或过于抽象的事件,如将教师责任中的"修身"具体化为"遵守教师职业道德,为人师表"。研究者与两个评定小组经过反复讨论,最终形成了包含学校责任39项、教师责任30项、教师组织公民行为35项的测量项目。

三、内容效度评价

为了进一步提高测量内容的准确性,研究者还邀请了专家对测量项目进行内容效度(content validity)定性评价。内容效度是指测量项目在多大程度上反映或代表了研究者所要测量的构念[183],而定性评价是指由专家就某个构念的测量是否符合他/她对此构念的认识进行主观判断,一般从几个方面进行评价:第一,检查每个测量项目是否具有代表性,即它们与所界定的内容或行为之间是否适当相关;第二,测量内容是否涵盖了所研究对象的理论边界;测量项目是否与构念定义之间实现一一对应;第三,测量项目的分配比例是否反映了所研究构念中各个成分的重要性,即项目不能太少或太集中于构念的某一个成分[176]。

在内容效度评价环节,研究者邀请了2名组织行为学教授、2名高等教育学教授、1名心理学教授和1名高校人事处处长对各测量项目的适当性、代表性、可读性进行评定,并修改他/她们认为表述不清和容易引发理解歧义的项目。内容效度专家评价表见附录三。比如,有专家指出学校责任中"给予教学和科研同等重视"一项不具代表性,应予以删除,因为不同类别的学校对此要求不同;还有专家建议将学校责任中的"为新入职的教师提供过渡性住房"修改为"为新入职的教师提供住房保障(包括过渡性住房、保障性住房以及优惠租赁房等实物住房或符合市场标准的货币化补贴)"以充分涵盖实际情况。专家评价和修改的结果是形成了包含学校责任28项、教师责任23项、教师组织公民行为29项测量项目的预试问卷。

在内容效度评价的基础上,本研究进一步对这些测量项目进行重要性评定,评分采用李克特5级量表(1表示一点不重要,5表示非常重要)。重要性评定问卷见附录四,问卷于2008年7月发放,发放的方式与开放式问卷一致。截至2008年8月中旬,共回收来自兰州、洛阳、北京、大连、青岛、南京、武汉、成都、上海、长沙、福州、厦门、广州等地不同性质高校的教师答卷92份,其中有效问卷85份。经重要性评价,学校责任中重要性水平最低的项目为"帮助教师解决生活中的实际困难",认为其重要(包括非常重要和比较重要)的比率也达到了62%,认为其不重要(包括不太重要和一点不重要)的比率只有7%;教师责任中重要性水平最低的项目为"参加校院系组织的各项教职工活动",认为其重要的比率也达到了47%,认为其不重要的比率只有7%;教师组织公民行为中重要性水平最低的项目为"我会利用个人资源为学校拓展校校、校企关系",认为其重要的比率达到了39%,认为其不重要的比率达到15%,这一项目可以作删除考虑,但考虑到预测试问卷的题项数可以约为正式问卷题项数的1.5倍[184],所以在这一环节没有删除题目。由此形成了包含学校责任28项、教师责任23项、教师组织公民行为29项的预测试问卷(见附录五)。特别值得一提的是,本研究心理契约构念中的学校责任包含了学校已履行责任和学校未来责任两个子构念,所以预试问卷实际上包含了四个分量表,分别为学校已履行责任分量表,含28个题项;学校未来责任分量表,含28个题项,这两个分量表的题项完全一样,只是在指导语上有所区别①;教师责任分量表,含 23 个题项;教师组织公民行为分量表,含 29 个题项。

第二节 预试与问卷修订

一、预试数据收集

实施预试时,预试对象的性质应与将来正式问卷要抽取的对象性质相同,预试对象人数以问卷中包含最多题项的分量表的题项数的 3~5 倍为原则[184]。本研究预试问卷中包含题项最多的分量表为组织公民行为量表,题项 29 项,故样本数以 150 以上为宜。

本研究在预试样本选择上结合了方便抽样(convenience sampling)②[185]和判断抽样(judgment sampling)③[186]两种非随机抽样方式。

方便抽样中的样本主要通过研究者本人的关系获取。研究者于 2008 年 8、9 月间以同学、同事、朋友为联络人,请他/她们将问卷的电子版或纸质版发放给他/她们所认识的高校教师。截至 2008 年 9 月底,通过这种方式回收问卷 118 份,涉及高校 17 所。

在判断抽样中,本研究考虑到了学校所处地域、隶属情况、教师的人口统计学特征等因素,以增强样本代表性。本研究抽取了南京大学、暨南大学、南昌大学、上海大学、四川大学、广西大学、重庆大学、西安交通大学、深圳大学、兰州大学等 19 所高校;选取的院系包括经济学院、管理学院、理工学院、艺术学院、人文学院、生命科学学院、体育学院、外文学院等等;选择了不同职称、教龄、学科的教师为样本。对这部分样本,本研究主要采用电子邮件方式发放问卷。电子邮件调查方式有利有弊。回收率低和无法实现真正意义的匿名是其最大弊端所在。由于被调查者的邮箱变动,或是附带调查问卷的邮件被当作

---

① 由于这两个量表的题项和题项号完全一致,故在数据报告部分,学校已履行责任量表的题项用题项号加 a 表示,学校未来责任量表的题项则用题项号加 b 表示,以示区别。
② 方便抽样(convenience sampling)是指其样本由一组乐于接受调查的个人组成。
③ 判断抽样(judgment sampling)是根据研究人员的需要或方便,依其主观判断有意抽取研究所需样本。

垃圾邮件阻拦在邮箱之外,无法到达被调查者的收件箱;或是被调查者刚好在调查期间没有上网等等都会导致被调查者没有接收到邮件,从而影响回收率。即使被调查者接收到邮件,问卷填答纯属自愿合作,是否填答,很大程度上取决于被调查者的态度。有可能被调查者收到电子邮件因害怕有病毒而未打开邮件就直接将之删除;或是打开了邮件但对调查内容不感兴趣,或合作精神不够而未予理睬;或有兴趣参与调查但当时不方便填答,事后又忘了此事;还可能是被调查者无法打开电子邮件,从而无法回答问卷。以上种种情况都会影响到问卷的回收率。回复邮件时,被调查者的邮箱地址是可知的,而且有关邮件的进出在系统中都是有记录的,被调查者出于保密、安全方面的考虑而拒绝填答,也是影响回收率的一个重要因素。除此之外,非匿名回答方式也有可能引发填答者的社会称许心理(social desirability),从而影响问卷填答质量。

尽管存在如上弊端,电子邮件调查的优点也是显而易见的。它的一个优点是成本低、反馈快,适合于接触网络较多的人群。本研究的对象——高校教师正是接触网络较多的人群,一般都拥有 E-mail 地址,并且他们的 E-mail 地址一般作为公开信息,可以在各高校各院系的师资力量中查找获取。另一个显著优点在于这种方式涉及的范围广,获取不同地域、不同学校类别、具有不同人口统计学特征的教师的 E-mail 地址是完全可以实现的。综合考虑后,本研究决定采用电子邮件调查方式获取更多的样本并适当加强样本代表性。

研究者于2008年8月—9月间共发送了1 700封邮件,问卷以附件形式发送,被试者的 E-mail 地址均来自于各高校师资队伍的信息,其中有效的 E-mail 地址为1 538个(发送的邮件被退回的E-mail地址视为无效地址)。研究者试图通过两种方式尽可能提高问卷回收率。首先,在电子邮件正文表明研究者身份并简要说明研究目的、内容和具体事宜,以获得被调查者的信任。第二,由于邮件发出时间正值暑假,研究者在第一次邮件发出后第三周,对三周内没有回复的被调查者,第二次发出带有问卷附件的邮件,并在邮件正文予以提醒。截至2008年10月初,通过电子邮件调查方式共回收问卷82份,涉及高校11所,回收率为5.3%。

截至2008年10月初,两种方式共回收问卷200份,涉及高校28所。回收后,研究者对问卷逐份检查,删除数据遗漏过多或关键变量数据缺失的问卷(如学校未来责任部分皆未填答),而对于皆填同一答案者,由研究者根据问卷题项内容与整体填答质量,自行判断是否删除。由此获得有效问卷190份,超过了建议的最低样本150份。样本分布特征如表3-1所示。

表 3-1 预试样本特征分布($N=190$)

特　征		数量	百分比(%)
学校性质	教育部直属	107	56.3
	非教育部直属	78	41.1
	未填答	5	2.6
性　别	男	117	61.6
	女	71	37.3
	未填答	2	1.1
年　龄	50岁以上	18	9.5
	41～50岁	42	22.1
	30～40岁	101	53.1
	30岁以下	27	14.2
	未填答	2	1.1
教　龄	10年以上	58	30.5
	6～10年	37	19.5
	2～5年	73	38.4
	2年以下	19	10.0
	未填答	3	1.6
学　位	博士	144	75.8
	非博士	45	23.7
	未填答	1	0.5
职　称	教授	46	24.2
	副教授	72	37.9
	讲师、助教	71	37.4
	未填答	1	0.5
学　科	人文社会科学	41	21.6
	商科	51	26.8
	理工农医	96	50.5
	未填答	2	1.1

根据吴明隆(2003)[184]的建议,本研究对预试问卷进行项目分析、探索性因素分析和信度分析等步骤(见图 3-1),以形成正式问卷。

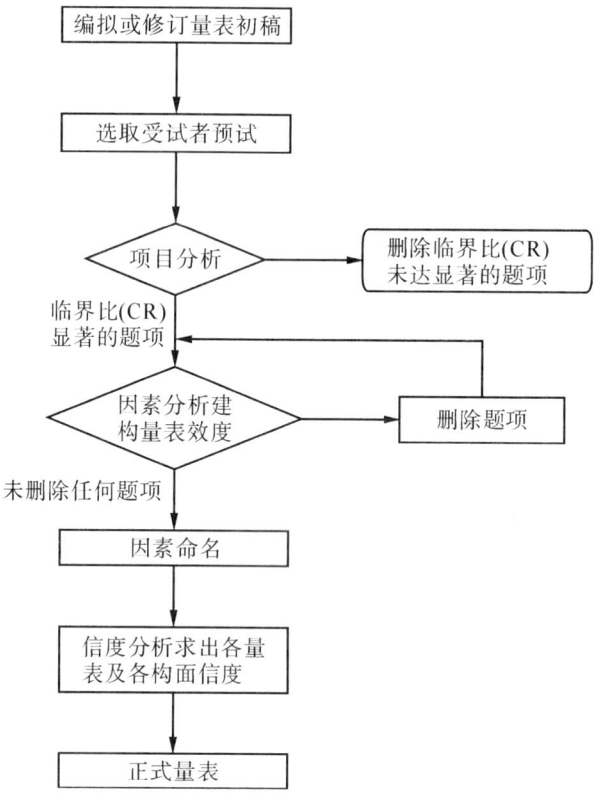

图 3-1　量表编制流程图

资料来源:吴明隆.SPSS统计应用实务:问卷分析与应用统计[M].北京:科学出版社,2003.

二、项目分析

项目分析(item analysis)是量表编制的基本工作,其主要目的是针对预试题项进行适切性评估[187],即检验一个量表个别题项的可靠程度。本研究采用题项鉴别度分析和题项总分相关分析,求得各题项的临界比与总分相关系数作为正式题项的筛选依据。

(一)题项鉴别度分析

这是将预试样本在量表的总分分为高分组(前 27%的受试者)与低分组(后 27%的受试者),求出高低两组受试者在各个题项上的平均数差异的显著性,所得的值称为临界比(critical ratio,简称 CR)。具有鉴别度的题项的高低两组平均数差异应该有显著性。有的学者建议 CR 值至少应达 3.5 以上题项才具有鉴别度。具体操作步骤如下:(1)量表题项的反向计分;(2)求出量表总分;(3)按量表总分进行高低分组;(4)找出高低分组上下 27%处的分数;(5)依据临界分数将观察值在量表的得分分成高低两组;(6)以独立样本 T 检验检验两组在每个题项上的平均数差异;(7)将 T 检验结果未达显著性的题项删除。如果所有题项均达显著,可以根据临界值的某一标准(本研究临界值的标准定为 3.5)作为题项删除的准则[184]。其中,步骤 6 中的平均数差异检验有一个很重要的基本假设——方差齐性。因此在进行 T 检验前,先对两组样本方差是否齐性进行检验。经 Levene 法的 F 检验,若 F 值达 0.05 的显著水平,表明两组样本的方差差异达显著水平,即两组样本的方差不具有齐性,违反基本假设,此时应采用第二列经过校正后的 T 值。若 F 值未达 0.05 显著水平,表明两组方差具齐性,则 T 值采用第一列的结果[188]。如果 T 值显著,则表明此题项具有鉴别度。

本研究各分量表的题项鉴别度分析原始结果见附录六,整理后结果见表 3-2a①、3-2b 和 3-2c。

---

① 出于篇幅考虑,本研究把学校已履行责任分量表和学校未来责任分量表题项鉴别度分析结果并列列在一张表中。

表 3-2a 学校责任量表题项鉴别度分析结果整理

分量表	题项	高分组	低分组	临界比	分量表	题项	高分组	低分组	临界比	备注
学校已履行责任分量表	Item1a	3.20	2.25	6.049		Item1b	3.38	2.52	6.238	所有题项临界比都在0.001的水平上显著
	Item2a	3.27	2.26	5.414		Item2b	3.43	2.27	6.836	
	Item3a	3.65	2.30	9.679		Item3b	3.77	2.43	10.204	
	Item4a	4.14	3.30	4.785		Item4b	4.32	3.27	7.133	
	Item5a	3.39	1.92	10.314		Item5b	3.73	2.29	9.931	
	Item6a	3.49	2.12	9.121		Item6b	3.73	2.31	11.413	
	Item7a	3.55	2.49	9.255		Item7b	3.64	2.50	9.134	
	Item8a	3.86	2.45	8.865		Item8b	3.88	2.61	8.034	
	Item9a	3.73	2.43	8.255		Item9b	3.95	2.67	8.215	
	Item10a	3.33	1.90	9.191		Item10b	3.79	2.15	10.888	
	Item11a	3.76	2.80	6.651		Item11b	3.82	2.83	6.210	
	Item12a	3.47	2.41	6.629		Item12b	3.69	2.55	7.618	
	Item13a	3.16	1.86	8.995	学校未来责任分量表	Item13b	3.41	2.06	10.083	
	Item14a	3.69	2.24	11.285		Item14b	3.79	2.29	11.904	
	Item15a	3.76	2.32	11.708		Item15b	3.71	2.50	9.967	
	Item16a	3.61	2.39	9.669		Item16b	3.88	2.49	10.614	
	Item17a	3.76	2.37	9.145		Item17b	3.86	2.45	10.481	
	Item18a	3.24	1.51	13.148		Item18b	3.52	1.75	12.439	
	Item19a	3.37	1.71	12.908		Item19b	3.68	1.92	14.498	
	Item20a	3.39	1.77	10.370		Item20b	3.62	1.92	12.409	
	Item21a	3.47	2.04	9.780		Item21b	3.82	2.24	11.376	
	Item22a	3.63	2.29	8.802		Item22b	3.95	2.46	9.290	
	Item23a	3.55	2.20	9.076		Item23b	3.84	2.27	11.042	
	Item24a	3.65	2.10	12.344		Item24b	3.93	2.21	13.945	
	Item25a	3.43	1.90	11.775		Item25b	3.71	2.22	10.596	
	Item26a	3.69	2.20	10.485		Item26b	4.07	2.57	11.458	
	Item27a	3.80	2.08	13.177		Item27b	4.11	2.35	13.831	
	Item28a	3.73	2.02	11.601		Item28b	4.00	2.27	12.901	

表 3-2b 教师责任分量表题项鉴别度分析结果整理

分量表	题项	高分组	低分组	临界比	备注
教师责任分量表	Item29	4.61	3.89	7.522	所有题项临界比都在 0.001 的水平上显著
	Item30	4.32	3.35	6.577	
	Item31	4.77	4.02	8.092	
	Item32	4.91	4.13	8.844	
	Item33	4.84	4.13	6.407	
	Item34	4.29	3.04	8.600	
	Item35	4.27	2.89	8.961	
	Item36	4.57	3.43	9.274	
	Item37	4.64	3.63	7.803	
	Item38	4.38	3.19	8.150	
	Item39	4.73	3.79	9.307	
	Item40	4.45	3.78	5.976	
	Item41	4.29	3.28	7.075	
	Item42	4.11	2.87	8.330	
	Item43	4.36	3.28	7.269	
	Item44	4.00	2.96	7.229	
	Item45	4.20	3.09	8.832	
	Item46	4.52	3.69	6.869	
	Item47	4.45	3.15	9.714	
	Item48	4.39	3.37	8.404	
	Item49	4.38	3.45	8.764	
	Item50	4.41	3.40	8.724	
	Item51	3.56	2.57	6.189	

表 3-2c 组织公民行为分量表题项鉴别度分析结果整理

分量表	题项	高分组	低分组	临界比	备注
组织公民行为分量表	Item52	4.73	4.00	6.786	所有题项临界比都在0.001的水平上显著
	Item53	4.48	3.71	5.580	
	Item54	4.56	3.65	6.114	
	Item55	4.24	3.13	7.428	
	Item56	4.21	3.09	8.707	
	Item57	4.35	3.26	7.945	
	Item58	4.13	2.85	9.480	
	Item59	4.52	3.44	7.883	
	Item60	4.45	3.42	7.554	
	Item61	3.89	2.65	7.542	
	Item62	4.44	3.45	6.298	
	Item63	4.05	2.46	10.312	
	Item64	4.47	3.43	9.035	
	Item65	4.21	3.20	7.226	
	Item66	4.39	3.55	7.185	
	Item67	4.45	3.57	7.495	
	Item68	4.42	3.38	8.974	
	Item69	4.40	3.43	8.167	
	Item70	4.45	3.45	7.930	
	Item71	4.29	3.41	7.392	
	Item72	4.02	3.05	7.321	
	Item73	4.35	3.42	6.996	
	Item74	4.64	3.91	6.794	
	Item75	4.36	3.70	5.148	
	Item76	4.13	3.04	7.810	
	Item77	4.24	3.00	9.032	
	Item78	4.48	3.77	5.721	
	Item79	4.48	3.39	7.337	
	Item80	4.60	3.40	8.711	

鉴别度分析结果显示,本问卷四个量表所有题项的临界比均达显著,且值都大于 3.5,都具有鉴别度,所有题项都可保留。

(二)校正后题目和总分相关 CITC

除了以临界比作为项目分析指标外,校正后题目和总分相关 CITC(corrected item-total correlation)也是良好的项目分析指标,它是指某一题目与该题目所属量表其他题目总分的相关。相关系数越大,表示该题越能测量到量表所要测量的属性或构念。CITC 系数小于 0.4 且删除该题后 Cronbach 值会增加的题项,说明该题与量表整体的同质性不高,最好删除[189]。

本研究各分量表题项的校正后题目和总分相关系数结果见表 3-3a①、3-3b 和 3-3c。

表 3-3a　学校责任量表题项的校正后题目和总分相关系数结果

分量表	题项	CITC系数	题项删除后的Cronbach α值	分量表	题项	CITC系数	题项删除后的Cronbach α值	备注
学校已履行责任分量表	Item1a	0.439	0.949	学校未来责任分量表	Item1b	0.426	0.959	学校已履行责任分量表 Cronbach α 值为 0.949,题项 2a、4a CITC 系数小于 0.4,并且删除后量表 Cronbach α 值增加。学校未来责任分量表 Cronbach α 值为 0.958,题项 1b 删除后量表 Cronbach α 值增加,但其 CITC 系数大于 0.4。
	Item2a	0.288	0.951		Item2b	0.497	0.958	
	Item3a	0.659	0.947		Item3b	0.705	0.956	
	Item4a	0.304	0.951		Item4b	0.464	0.958	
	Item5a	0.698	0.947		Item5b	0.668	0.957	
	Item6a	0.649	0.947		Item6b	0.697	0.957	
	Item7a	0.578	0.948		Item7b	0.627	0.957	
	Item8a	0.571	0.948		Item8b	0.585	0.957	
	Item9a	0.528	0.949		Item9b	0.586	0.958	
	Item10a	0.654	0.947		Item10b	0.698	0.956	
	Item11a	0.407	0.950		Item11b	0.459	0.958	
	Item12a	0.531	0.948		Item12b	0.571	0.958	
	Item13a	0.619	0.948		Item13b	0.663	0.957	
	Item14a	0.716	0.947		Item14b	0.743	0.956	
	Item15a	0.743	0.946		Item15b	0.721	0.956	
	Item16a	0.591	0.948		Item16b	0.672	0.957	
	Item17a	0.650	0.947		Item17b	0.698	0.956	
	Item18a	0.713	0.947		Item18b	0.721	0.956	
	Item19a	0.780	0.946		Item19b	0.766	0.956	
	Item20a	0.713	0.947		Item20b	0.733	0.956	
	Item21a	0.732	0.946		Item21b	0.758	0.956	
	Item22a	0.605	0.948		Item22b	0.610	0.957	
	Item23a	0.632	0.947		Item23b	0.681	0.957	
	Item24a	0.711	0.947		Item24b	0.771	0.956	
	Item25a	0.717	0.947		Item25b	0.703	0.956	
	Item26a	0.683	0.947		Item26b	0.706	0.956	
	Item27a	0.702	0.947		Item27b	0.741	0.956	
	Item28a	0.735	0.946		Item28b	0.749	0.956	

---

① 出于篇幅考虑,本研究把学校已履行责任分量表和学校未来责任分量表题项的校正后题目和总分相关系数结果并列列在一张表中。

表 3-3b 教师责任分量表题项的校正后题目和总分相关系数结果

分量表	题项	CITC 系数	题项删除后的 Cronbach α 值	备注
教师责任分量表	Item29	0.445	0.915	教师责任分量表 Cronbach α 值为 0.917，所有题项 CITC 系数都大于0.4，并且删除后量表 Cronbach α 值会减少。
	Item30	0.520	0.914	
	Item31	0.551	0.914	
	Item32	0.553	0.914	
	Item33	0.503	0.914	
	Item34	0.505	0.914	
	Item35	0.588	0.913	
	Item36	0.602	0.912	
	Item37	0.578	0.913	
	Item38	0.605	0.912	
	Item39	0.590	0.913	
	Item40	0.481	0.915	
	Item41	0.452	0.915	
	Item42	0.633	0.911	
	Item43	0.595	0.912	
	Item44	0.548	0.913	
	Item45	0.629	0.912	
	Item46	0.447	0.915	
	Item47	0.623	0.912	
	Item48	0.592	0.912	
	Item49	0.570	0.913	
	Item50	0.582	0.913	
	Item51	0.435	0.916	

表 3-3c 组织公民行为分量表题项的校正后题目和总分相关系数结果

分量表	题项	CITC 系数	题项删除后的 Cronbach α 值	备注
组织公民行为分量表	Item52	0.472	0.942	组织公民行为分量表 Cronbach α 值为 0.943，题项 53 CITC 系数小于 0.4，并且删除该题后量表 Cronbach α 值增加。
	Item53	0.337	0.944	
	Item54	0.491	0.942	
	Item55	0.488	0.942	
	Item56	0.617	0.941	
	Item57	0.575	0.941	
	Item58	0.605	0.941	
	Item59	0.615	0.941	
	Item60	0.596	0.941	
	Item61	0.575	0.941	
	Item62	0.513	0.942	
	Item63	0.664	0.940	
	Item64	0.716	0.940	
	Item65	0.656	0.940	
	Item66	0.698	0.940	
	Item67	0.674	0.940	
	Item68	0.684	0.940	
	Item69	0.743	0.940	
	Item70	0.674	0.940	
	Item71	0.665	0.940	
	Item72	0.628	0.941	
	Item73	0.650	0.940	
	Item74	0.519	0.942	
	Item75	0.382	0.943	
	Item76	0.518	0.942	
	Item77	0.609	0.941	
	Item78	0.529	0.942	
	Item79	0.609	0.941	
	Item80	0.607	0.941	

从表3-3a、3-3b和3-3c显示的结果来看,CITC系数小于0.4且删除该题后量表Cronbach α值会增加的题项为题项2a、4a和53。

本研究四个量表80个项目经过临界比、校正后题目与总分相关系数、题项删除后Cronbach α值改变等指标判断,第2题、第4题和第53题存在不达标状况。McDonald和Ho(2002)指出在进行统计决策时,不应该完全受统计结果操纵,应该兼顾理论合理性[190]。本研究结合项目重要性评价结果对题项取舍进行综合评判。表3-4显示,题项4在学校已履行责任分量表中CITC系数小于0.4、删除该题后量表Cronbach α值增加、并且在其所属量表的28个题项中重要性排序为第23位,故将其删除。

表3-4 项目分析摘要表

量表名称	题项	题项鉴别度		校正后题目和总分相关系数				在所属量表中的重要性排序		综合评判
		临界比	临界比是否显著且大于3.5	CITC系数	CITC系数是否大于0.4	题项删除后Cronbach α值改变	删除该题后Cronbach α值是否不会增加	排序	在本量表中是否排序在2/3之前	任一题项四项指标中有三项以上(含)指标不合格,则删除该题项
学校已履行责任分量表	Item2a	5.414***	√	0.288	×	增加	×	2/28	√	保留
	Item4a	4.785***	√	0.304	×	增加	×	23/28	×	删除
组织公民行为量表	Item53	5.580***	√	0.337	×	增加	×	3/29	√	保留

三、探索性因素分析与因素命名

经过项目分析删除题项4后,本研究对由剩余题项构成的预试问卷进行探索性因素分析。因素分析的目的在于检验量表的建构效度(construct validity)。所谓建构效度是指"测验能够测量到理论上的建构心理特质的程度"[188]。

本研究运用统计软件SPSS 16.0进行分析,计算变量间方差矩阵,以KMO(kaiser-meyer-olkin)值和Bartlett球状检验来判断因素分析的适切性,以主成分分析法(principal components analysis)抽取共同因素,选取特征值(eigen-value)大于1.0的共同因素,再以方差极大法(varimax solution)进行共同因素正交转轴处理,使转轴后的每一个共同因素内题项变量的因素负荷量大小相差尽量达到最大,以利于共同因素的辨认与命名,并以因素负荷量为标准,对题项进行进一步纯化。

当 KMO 值越大时,表示变量间的共同因素越多,越适合进行因素分析。根据 Kaiser 和 Rice(1974)的观点,KMO 在 0.9 以上非常适合;0.8~0.9 很适合;0.7~0.8 适合;0.6~0.7 不太适合;0.5~0.6 很勉强;0.5 以下不适合进行因素分析[191]。Bartlett 球形检验的统计值显著性概率小于等于显著性水平时,代表母群体的相关矩阵间有共同因素存在,适合进行因素分析。如表3-5a、3-5b、3-5c、3-d 所示,四个分量表的 KMO 值与 Barlett 检验结果均显示适合进行因素分析。

表 3-5a 学校已履行责任分量表 KMO 值与 Barlett 检验结果
KMO and Bartlett's Test

Kaiser-Meyer-Olkin Measure of Sampling Adequacy.		.935
Bartlett's Test of Sphericity	Approx. Chi-Square	2 900.151
	Df	351
	Sig.	.000

表 3-5b 学校未来责任分量表 KMO 值与 Barlett 检验结果
KMO andBartlett's Test

Kaiser-Meyer-Olkin Measure of Sampling Adequacy.		.942
Bartlett's Test of Sphericity	Approx. Chi-Square	2 667.389
	Df	253
	Sig.	.000

表 3-5c 教师责任分量表 KMO 值与 Barlett 检验结果
KMO andBartlett's Test

Kaiser-Meyer-Olkin Measure of Sampling Adequacy.		.871
Bartlett's Test of Sphericity	Approx. Chi-Square	1 878.437
	Df	253
	Sig.	.000

表 3-5d　教师组织公民行为分量表 KMO 值与 Barlett 检验结果

KMO andBartlett's Test

Kaiser-Meyer-Olkin Measure of Sampling Adequacy.		.899
Bartlett's Test of Sphericity	Approx. Chi-Square	3 105.132
	Df	406
	Sig.	.000

吴明隆(2009)指出在探索性因素分析过程中,往往会出现有的量表共同因素过多、共同因素所包含的题项过于分歧、共同因素无法命名的情形,所以要进行多次探索性因素分析,逐一删除不适切的题项,以求出最佳的建构效度[192]。

根据其建议,本研究保留共同因素的原则如下:(1)kaiser 准则,选取特征值大于 1 的因素;(2)Cattell(1966)所倡导的特征值图形的陡坡检验(scree test),又称碎石图,根据最初抽取因素所能解释的变异量高低绘制而成。一般以第一个拐点来判断,处于陡坡图底端的因素不具重要性,可以舍弃不用。

因素分析过程中删除题项的标准如下:(1)在所有因素上的负荷量都低于 0.4 的项目;(2)结构复杂的项目(即同时在几个共同因素上的负荷均大于 0.4 的项目)。

因素命名的原则有三:(1)以因素负荷量高的项目优先考虑;(2)所决定的名称至少能涵盖该因素三分之二项目的解释力;(3)不同因素的命名应具互斥性,层面不重叠。

在因素分析过程中,由于题项删除后因素结构也会随之改变,因此只能逐一删除因素载荷较小或多重负载的题项,每次都对剩余题项进行一次因素分析。经过不断探索,直至获取一个简单结构(simple structure),即一个因素能很清楚地被一组题项变量所界定,每一个题项变量能归属于一个明确的主因素(home factor)[193]。

在项目分析删除题项 4 后,学校责任量表共有题项 27 项。学校已履行责任分量表经过 5 次探索性因素分析,依次删除了因素载荷过小或有多重负载的题项 15、17、14、12,剩余的 23 个题项共萃取五个共同因素,表 3-6a 为学校已履行责任分量表因素分析结果。因素一 F1 包含 6 个题项,主要是关于学校为教师创造、提供学习发展的机会,命名为成长发展 a[①];因素二 F2 包含 4

---

① 同题项区分方法一致,在因素命名上,学校已履行责任量表的因素用因素名加 a 表示,学校未来责任量表的因素用因素名加 b 表示,以示区别。

个题项,都是关于学校有责任畅通上情下达的渠道,鼓励教师参与重大决策,故命名为沟通参与a;因素三F3包含6个题项,主要是关于学校在制度建设方面的责任,学校有责任建设一个公平公正的制度环境,为教师教学科研工作提供支持,故命名为制度支持a;因素四F4包含4个题项,主要是关于学校为教师提供工作所需资源,改善工作条件,故命名为资源支持a;因素五F5包含3个题项,与薪资、福利、住房、解决生活困难相关,是指学校应该履行的基本物质和生活保障责任,故命名为生存保障a。

表3-6a 学校已履行责任分量表因素分析结果(N=190)

题项	方差极大法正交转轴后的因素载荷量					
	F1	F2	F3	F4	F5	共同度
Item23a 提供成长性的工作机会	0.818					0.780
Item22a 提供学习培训的机会	0.758					0.645
Item26a 注重人才梯队建设	0.704					0.659
Item28a 建设良好的专业(教学、科研)互动平台	0.651					0.689
Item27a 为科研提供政策制度支持	0.639					0.651
Item25a 支持教师职业生涯规划	0.625					0.624
Item20a 尊重教师知情权		0.810				0.788
Item18a 让教师参与与自身利益相关的重大决策		0.729				0.722
Item19a 重视教师的合理化意见和建议		0.722				0.783
Item21a 保证信息沟通渠道畅通		0.647				0.662
Item3a 制定合理的规章制度			0.706			0.681
Item6a 奖惩公平			0.685			0.654
Item5a 提高行政管理水平和能力			0.683			0.704
Item7a 合理安排工作任务			0.557			0.463
Item16a 提供对教师工作绩效的反馈机制			0.430			0.472
Item24a 制定公平、公正的考核晋升机制			0.425			0.559

续表

题　项	方差极大法正交转轴后的因素载荷量					
	F1	F2	F3	F4	F5	共同度
Item9a 提供良好的教学办公条件				0.780		0.739
Item11a 保障长期稳定的工作				0.656		0.653
Item8a 尊重教师在教学中的自主权				0.558		0.612
Item10a 配备充分的科研资源				0.506		0.570
Item2a 为新入职的教师提供住房保障（包括过渡性住房、保障性住房以及优惠租赁房等实物住房或符合市场标准的货币化补贴）					0.780	0.686
Item1a 提供具有区域、行业竞争力的薪资、福利					0.651	0.646
Item13a 帮助教师解决生活中的实际困难					0.431	0.605
特征值	4.201	3.715	3.441	2.161	1.528	
转轴后方差解释量	18.263	16.150	14.961	9.394	6.643	
累积方差解释量	18.263	34.413	49.374	58.769	65.412	

五个因素累积方差解释量达到65.412%。根据Hair(1998)等人的观点，在社会科学领域，所萃取的共同因素累积方差解释量达到60%以上，就表示共同因素是可靠的；在50%以上，结果也是可以接受的[194]。从陡坡图3-2a亦可看出，从第5个因素以后，陡坡线开始趋于平坦，因而保留5个因素比较合适。

需要指出的是，无论是在共同因素的数量决定上，还是在题项的筛选上，本研究都同时兼顾了统计上的考量与实际意义，这样才不致失去因素分析的真正意义。例如，个别多重负载(multiple loadings)的题项，在两个因素上的负荷量都不小，但因其重要性评价高，本研究还是决定保留。在归类时如发现因素负荷最大的因素与该题的解释不同，就将它归类到概念相关的因素上，以单纯化解释[188;195]。例如，题项13就是在因素二和因素五上具有多重负载，且在因素二上的负荷量大于在因素五上的负荷量，但因其与因素五的其他题目具有更高的同质性，因而将它归类到因素五上。

为了和学校已履行责任分量表的题项和因素结构保持一致，学校未来责

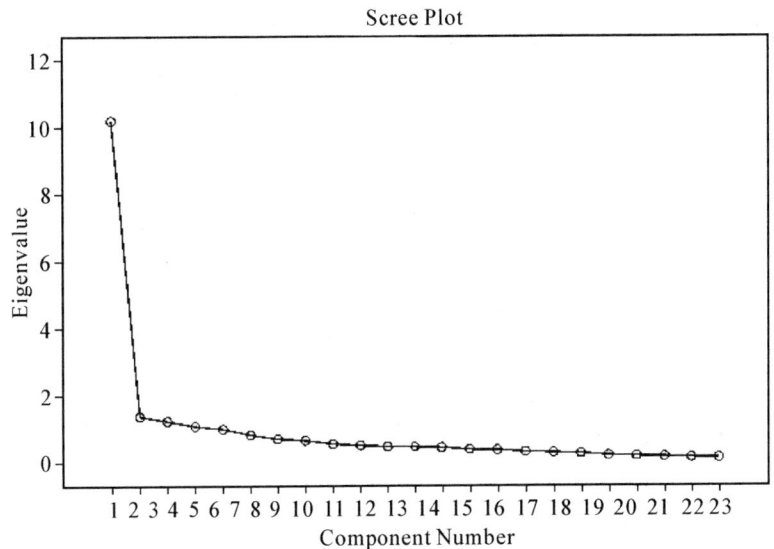

图 3-2a 学校已履行责任分量表因素陡坡图

任分量表在项目分析删除题项 4 的基础上,直接删除题项 15、17、14、12,剩余的 23 个题项强行萃取五个共同因素,以比较两个量表因素分析结果。表 3-6b 为学校未来责任分量表因素分析结果。结果显示只有两个题项出现变化——题项 13 只负荷在因素二上,在因素五的负荷量没有超过 0.40;题项 8 在学校已履行责任量表中负荷在因素三上,而在本量表中负荷在因素二上,其余题项的归属、因素结构和内涵都基本相同,这也说明了学校责任量表具有良好、稳定的建构效度。因素命名也保持一致,只是在每个因素名称后加上 b 以示与已履行责任的区别。

表 3-6b 学校未来责任分量表因素分析结果(N=190)

题 项	方差极大法正交转轴后的因素载荷量					
	F1	F2	F3	F4	F5	共同度
Item23b 提供成长性的工作机会	0.810					0.761
Item22b 提供学习培训的机会	0.762					0.674
Item26b 注重人才梯队建设	0.734					0.699
Item28b 建设良好的专业(教学、科研)互动平台	0.697					0.722

续表

题项	方差极大法正交转轴后的因素载荷量					
	F1	F2	F3	F4	F5	共同度
Item25b 支持教师职业生涯规划	0.693					0.644
Item27b 为科研提供政策制度支持	0.678					0.715
Item20b 尊重教师知情权		0.803				0.832
Item18b 让教师参与与自身利益相关的重大决策		0.715				0.750
Item19b 重视教师的合理化意见和建议		0.707				0.771
Item21b 保证信息沟通渠道畅通		0.664				0.739
Item13b 帮助教师解决生活中的实际困难		0.588				0.576
Item7b 合理安排工作任务			0.709			0.614
Item8b 尊重教师在教学中的自主权			0.679			0.646
Item3b 制定合理的规章制度			0.635			0.670
Item5b 提高行政管理水平和能力			0.634			0.665
Item6b 奖惩公平			0.586			0.642
Item24b 制定公平、公正的考核晋升机制			0.505			0.677
Item16b 提供对教师工作绩效的反馈机制			0.439			0.511
Item9b 提供良好的教学办公条件				0.773		0.773
Item11b 保障长期稳定的工作				0.664		0.701
Item10b 配备充分的科研资源				0.581		0.707
Item1b 提供具有区域、行业竞争力的薪资、福利					0.773	0.689
Item2b 为新入职的教师提供住房保障(包括过渡性住房、保障性住房以及优惠租赁房等实物住房或符合市场标准的货币化补贴)					0.704	0.636

续表

题项	方差极大法正交转轴后的因素载荷量					共同度
	F1	F2	F3	F4	F5	
特征值	4.850	3.612	3.580	1.953	1.820	
转轴后方差解释量	21.088	15.706	15.564	8.493	7.913	
累积方差解释量	21.088	36.794	52.358	60.851	68.764	

五个因素累积方差解释量达到68.764%,超过了60%的标准,表示共同因素是可靠的。从陡坡图3-2b中亦可看出,从第5个因素以后,陡坡线开始趋于平坦,因而保留5个因素比较合适。

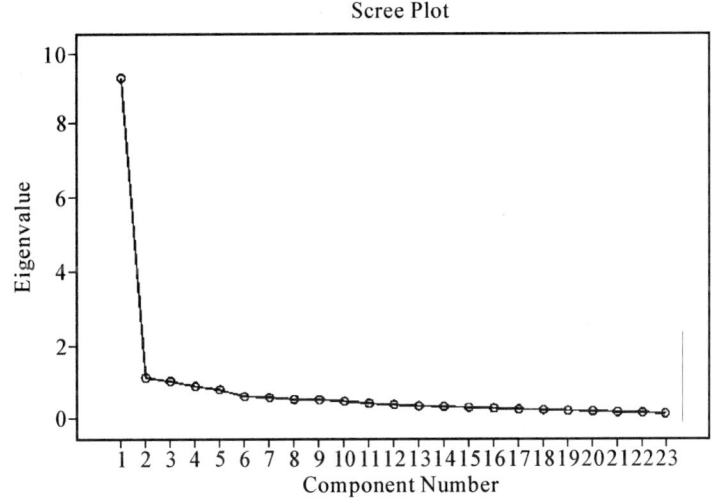

图3-2b 学校未来责任分量表因素陡坡图

教师责任分量表23个题项经过5次探索性因素分析,依次删除了因素载荷过小或有多重负载的题项34、39、49、44,剩余19个题项共萃取五个共同因素,表3-6c为教师责任分量表因素分析结果。因素一F1包含5个题项,都与教师从事科研、学术活动相关,命名为科研投入;因素二F2包含4个题项,都是关于教师对学生应履行的责任,故命名为关怀学生;因素三F3包含4个题项,是指教师应遵守学校规章制度,完成本职任务,故命名为敬业守规;因素四F4包含3个题项,是指教师对内参与决策和文化建设,对外维护学校声誉,故命名为认同支持;因素五F5包含3个题项,是指教师有责任参与一些必要的学校活动,并维护人际关系的和谐,故命名为活动参与。

表 3-6c 教师责任分量表因素分析结果(N=190)

题 项	方差极大法正交转轴后的因素载荷量					
	1	2	3	4	5	共同度
Item47 参与科研团队建设	0.768					0.696
Item46 加强学术研究能力,完善知识结构	0.720					0.636
Item48 配合校院系进行学科建设	0.696					0.623
Item43 参加学术交流活动	0.680					0.598
Item30 完成科研任务	0.664					0.605
Item35 指导学生课外实践		0.783				0.703
Item36 培养学生对学科的兴趣		0.763				0.702
Item38 关心学生身心健康		0.724				0.684
Item37 与学生建立、保持良好师生关系		0.720				0.638
Item32 遵守教师职业道德,为人师表			0.826			0.763
Item33 爱护学校公共财产			0.807			0.725
Item31 遵守学校规章制度			0.679			0.614
Item29 保质保量完成教学工作任务			0.571			0.578
Item51 关心学校发展,参与学校决策				0.717		0.576
Item45 创造并维护良好的校园文化				0.709		0.670
Item50 维护和提升学校声誉				0.518		0.482
Item41 参加校院系组织的各项教职工活动					0.811	0.743
Item40 与领导、同事和睦相处					0.676	0.576
Item42 参加教学交流活动					0.489	0.580
特征值	2.991	2.824	2.556	2.023	1.798	
转轴后方差解释量	15.742	14.863	13.455	10.645	9.463	
累积方差解释量	15.742	30.605	44.059	54.704	64.168	

五个因素累积方差解释量达到 64.168%,超过了 60% 的标准,表示萃取的共同因素建构效度良好。从陡坡图 3-2c 亦可看出,从第 5 个因素以后,陡坡线开始趋于平坦,因而保留 5 个因素比较合适。

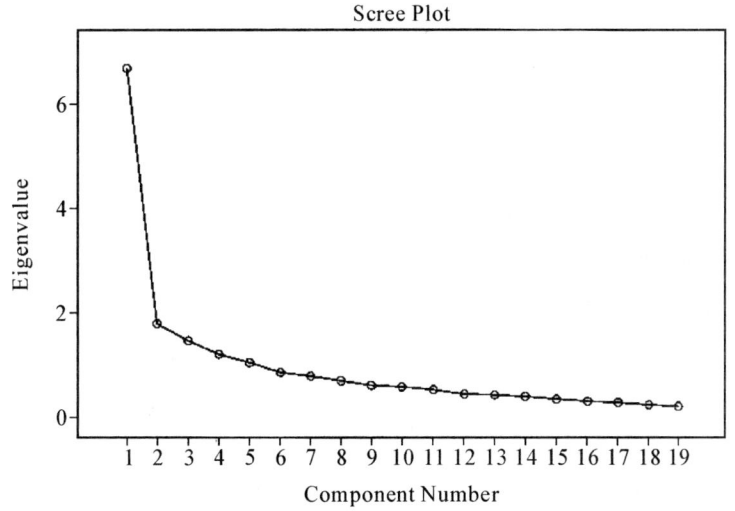

图 3-2c　教师责任分量表因素陡坡图

教师组织公民行为分量表 29 个题项经过 7 次探索性因素分析,依次删除了因素载荷过小或有多重负载的题项 55、53、52、72、76、54,剩余 23 个题项共萃取三个共同因素,表 3-6d 为教师组织公民行为分量表因素分析结果。因素一 F1 包含 9 个题项,都是教师在与同事人际互动中表现出的利他行为,故命名为同事公益;因素二 F2 包含 8 个题项,都是教师为了学校的发展和目标实现而在正式责任之外自愿承担的额外努力,故命名为学校公益;因素三 F3 包含 6 个题项,是指教师表现出高度的责任感,对学生在专业学习和个人成长等各方面付出的关心,故命名为学生公益。其中,题项 80 在因素二和因素三上具有轻微的多重负载,且在因素二上的负荷量略大于在因素三上的负荷量,但与因素三的其他题目具有更高同质性,故将之归类到因素三上。

三个因素累积方差解释量达到 58.629%,也接近 60% 以上的标准,表示萃取的共同因素的建构效度是可以接受的。从陡坡图 3-2d 亦可看出,从第 3 个因素以后,陡坡线开始趋于平坦,因而保留 3 个因素比较合适。

表 3-6d 教师组织公民行为分量表因素分析结果（N=190）

题 项	方差极大法正交转轴后的因素载荷量			
	1	2	3	共同度
Item66 我会帮助同事解决工作中的相关问题	0.795			0.702
Item67 在需要的时候,我会分担同事的工作任务	0.795			0.698
Item68 我会利用自己的特长帮助同事	0.781			0.694
Item73 在同事情绪低落的时候,我会加以鼓励	0.773			0.654
Item64 我会主动帮助新同事适应工作环境	0.760			0.694
Item69 我会协调和同事的关系并与之交流	0.753			0.698
Item70 我会和同事分享个人教学科研方面的经验和心得体会	0.730			0.633
Item65 我会帮助同事解决生活中的实际困难	0.727			0.614
Item71 为了维护人际和谐,我不计较与同事间的过节	0.568			0.503
Item57 我会主动对外宣传学校的优点或澄清他人对学校的误会		0.758		0.594
Item58 我关心学校发展,积极提出合理有效建议		0.753		0.602
Item63 我与学校荣辱与共,愿意为其牺牲个人利益		0.726		0.613
Item59 我积极维护所在学科的声誉		0.716		0.576
Item56 我会参与那些非强制要求,但能帮助树立学校形象的活动		0.671		0.534
Item61 我会利用个人资源为学校拓展校校、校企关系		0.659		0.501
Item60 我关注所在学科的建设,并积极献言献策		0.638		0.489
Item62 我会为适应学校发展而努力自我提升		0.589		0.430
Item74 我会利用私人时间,解答学生学习或生活相关问题			0.754	0.621
Item75 我会利用各种方式(如电子邮件、电话等)主动与学生加强沟通			0.711	0.530
Item79 只要学生有需要,我愿意参与学生组织的社团活动或专业活动,并为之提供无偿的专业支持			0.623	0.542
Item78 我会经常思考改进教学方法,并付诸实施			0.619	0.495

续表

题 项	方差极大法正交转轴后的因素载荷量			
	1	2	3	共同度
Item77 我会主动帮助心理上有困扰的学生			0.618	0.551
Item80 我会利用个人资源为学生拓展实习或就业渠道			0.437	0.517
特征值	5.700	4.841	2.944	
转轴后方差解释量	24.783	21.047	12.799	
累积方差解释量	24.783	45.831	58.629	

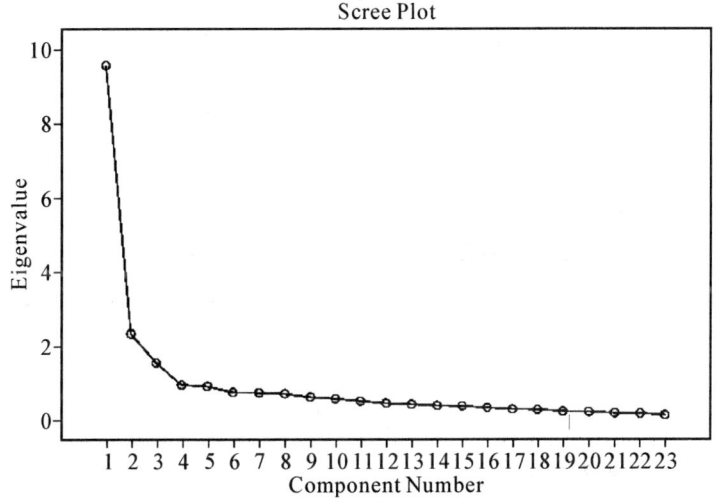

图 3-2d 教师组织公民行为分量表因素陡坡图

综上所述,本研究通过对预试数据的探索性因素分析,得到了学校已履行责任五因素模型、学校未来责任五因素模型、教师责任五因素模型,累积方差解释量分别达到 65.412%、68.764%、64.168%;教师组织公民行为三因素模型,累积方差解释量达到 58.629%,所有项目在相应因素上的因素负荷均大于 0.40,并且各因素结构清晰,可解释性强,均可合理命名,因此可以判定本研究开发的高校教师心理契约与组织公民行为量表体现了良好的建构效度。

四、信度分析

根据因素分析结果,本研究进行量表各层面与总量表的信度分析。所谓信度,是指量表所测结果的稳定性(stability)与一致性(consistency)[192]。本研究采用 Cronbach α 系数作为信度检验指标,其判断标准如表 3-7 所示,四个分量表及各个层面的信度系数结果见表 3-8a、3-8b、3-8c。

表 3-7 内部一致性信度系数指标判断标准

信度系数值	层　面	整个量表
α 系数<0.50	不理想,舍弃不用	非常不理想,舍弃不用
0.50≤α 系数<0.60	可以接受,增列题项或修改语句	不理想,重新编制或修订
0.60≤α 系数<0.70	尚佳	勉强接受,最好增列题项或修改语句
0.70≤α 系数<0.80	佳(信度高)	可以接受
0.80≤α 系数<0.90	理想(甚佳,信度很高)	佳(信度高)
α 系数≥0.90	非常理想(信度非常高)	非常理想(甚佳,信度很高)

资料来源:吴明隆.SPSS 操作与应用——问卷统计分析实务[M].台北:五南图书出版公司,2009.

表 3-8a 学校责任量表内部一致性信度系数

学校已履行责任量表及各层面	Cronbach α 系数	题项数目	内部一致性程度判断	学校未来责任量表及各层面	Cronbach α 系数	题项数目	内部一致性程度判断
成长发展 a	0.893	6	理想	成长发展 b	0.911	6	非常理想
沟通参与 a	0.901	4	非常理想	沟通参与 b	0.903	5	非常理想
制度支持 a	0.860	6	理想	制度支持 b	0.885	7	理想
资源支持 a	0.719	4	佳	资源支持 b	0.732	3	佳
生存保障 a	0.594	3	可以接受,增列题项或修改语句	生存保障 b	0.542	2	可以接受,增列题项或修改语句
总量表	0.942	23	非常理想	总量表	0.953	23	非常理想

表 3-8b　教师责任量表内部一致性信度系数

教师责任量表及各层面	Cronbach α 系数	题项数目	内部一致性程度判断
科研投入	0.811	5	理想
关怀学生	0.832	4	理想
敬业守规	0.787	4	佳
认同支持	0.672	3	尚佳
活动参与	0.671	3	尚佳
总量表	0.898	19	佳

表 3-8c　教师组织公民行为量表内部一致性信度系数

教师组织公民行为量表及各层面	Cronbach α 系数	题项数目	内部一致性程度判断
同事公益	0.932	9	非常理想
学校公益	0.879	8	理想
学生公益	0.798	6	佳
总量表	0.937	23	非常理想

如表 3-8a 显示,学校已履行责任和学校未来责任量表中,总量表和大部分分层面信度系数都比较理想,具有较好的内部一致性。存在的问题有:(1)生存保障层面题项数较少,信度系数只达到可以接受的程度,需要增加题项或修改语句;(2)个别题项,如题项 11 在两个量表中都负荷在资源支持因素上、题项 13 在学校未来责任量表中负荷在制度支持因素上,因素负荷还比较高,但在信度分析中显示,若删除这两个题项,其所在分层面的整体信度系数比删除前有所提高,说明它们与因素中其余题项的同质性不高,需要进行调整。

如表 3-8b、3-8c 所示,教师责任量表和教师组织公民行为量表中,总量表和各分层面信度系数都十分理想,表明两个量表都具有很好的内部一致性。

五、形成正式问卷

经上述项目分析、因素分析与信度分析删除了不适当的题项后,本问卷各量表均具有良好的信度和建构效度。

就内容效度而言,当题项是从一个大量而且适合的项目集合中随机选出来的一个子集时,一个量表就有了内容效度[196]。本研究的题项是经过充分的实地调查和访谈得到的,并且在题项形成后邀请了相关领域专家对题项的合理性与代表性等进行了详尽的评定和修改,确保了较高的内容效度。

鉴于预测问卷结果中存在的个别问题,对预测问卷的修正如下:

(1)将题项1的薪资、福利分成两题,这一方面增加了生存保障层面的题量,另一方面避免了传达两个意思的双筒枪(double-barrel)题项。

(2)对题项顺序进行调整,将意义相近的题项放在一起。例如,题项11、13从意义上判断为生存保障责任,故将之与生存保障题项放在一起。

(3)修改个别题项的表述,使之更为简洁或准确。如将题项5"提高行政管理水平和能力"改为"提高行政管理水平";将题项18"让教师参与重大决策"改为"让教师参与与自身利益相关的重大决策";将题项79"只要学生有需要,我愿意参与学生组织的社团活动或专业活动,并为之提供无偿的专业支持"改为"我愿意为有益的学生社团活动提供专业指导"。

(4)调整问卷版面,使其更加美观。

修订后的正式问卷由学校已履行责任、学校未来责任、教师责任和教师组织公民行为四个量表构成。学校已履行责任、学校未来责任量表包含24个相同题项,教师责任量表包含19个题项,教师组织公民行为量表包含23个题项。

高校教师心理契约与组织公民行为正式调查问卷见附录七。本研究对学校心理契约的研究只涉及学校责任部分,高校心理契约调查问卷见附录八。

第三节 正式测试数据收集

一、教师数据收集

正式测试的抽样方式与预测试相同,分方便抽样和判断抽样两种方式进行。方便抽样中的样本主要通过研究者本人的关系获取,这部分问卷发放于2008年12月—2009年1月间,以研究者的同学、同事、朋友为问卷发放联络人,以电子版或纸质版形式发放给他/她们所认识的高校教师。截至2009年2月底,这种方式共回收问卷181份,涉及被调查高校7所。

本研究在判断抽样时考虑到了学校所处地域、隶属情况、教师的人口统计学特征等因素。样本学校包括了哈尔滨工业大学、郑州大学、西安电子科技大学、中国人民大学、上海财经大学、安徽大学、中南财经政法大学、西南交通大学、昆明理工大学、汕头大学等45所高校,涉及的学科院系包括了教育部12个学科门类,样本涉及各职称和年龄段。对这部分样本,仍采用电子邮件方式发放问卷。研究者于2008年12月—2009年1月间共发送1 817封邮件,问卷以邮件附件形式发送,被试者的E-mail地址均来自各高校师资队伍的信息,其中有效E-mail地址为1 559个①。研究者使用两种方式提高问卷回收率。首先,在邮件正文表明研究者身份并简要说明研究目的、内容和具体事宜,以获得被调查者的信任。第二,在第一次邮件发出两周后,对没有回复的被调查者,第二次发出带有问卷附件的邮件,并在邮件正文予以提醒。截至2009年2月底,通过电子邮件方式共回收问卷198份,回收率为12.7%。截至2009年2月底,两种方式共回收问卷379份。发放的问卷与样本涉及的高校的分布情况如表3-9所示。样本涉及的具体高校及其地区分布情况见附录九。

表3-9 问卷发放与样本涉及高校的分布情况

单位:所

涉及高校	分布情况	地区分布情况②			隶属情况	
		东部	中部	西部	教育部直属	非教育部直属
问卷发放涉及的高校	52	34	9	9	25	27
样本涉及的高校	46	30	9	7	23	23

回收后,研究者对问卷逐份检查,删除数据遗漏过多或关键变量数据缺失的问卷(如学校未来责任皆未填答者),而对于皆填同一答案者,由研究者根据问卷题项内容与整体填答质量,自行判断是否删除。由此获得有效问卷332份,有效率为88%,再逐个剔除(listwise)控制变量数据缺失的样本,剩下有效问卷318份。表3-10描述了有效样本的基本分布特征。

---

① 发送的邮件被退回的E-mail地址视为无效地址。
② 根据国务院有关机构的研究和西部大开发战略的文件划定,本研究所指的东部地区包括北京、天津、河北、辽宁、山东、江苏、上海、浙江、福建、广东、海南等11个省、直辖市;西部地区包括重庆、四川、贵州、云南、西藏、陕西、甘肃、青海、宁夏、新疆、广西和内蒙古12个省、自治区、直辖市;中部地区包括山西、吉林、黑龙江、安徽、江西、河南、湖北和湖南8个省。根据各高校办学区域分别将其划入相应地区。

表 3-10　有效样本基本特征分布(N=318)

特征		数量	百分比(%)
学校隶属	教育部直属	212	66.7
	非教育部直属	106	33.3
性别	男	202	63.5
	女	116	36.5
年龄	50 岁以上	33	10.4
	41~50 岁	93	29.2
	30~40 岁	160	50.3
	30 岁以下	32	10.1
教龄	15 年以上	81	25.5
	6~15 年	119	37.4
	5 年及以下	118	37.1
学位	博士	206	64.8
	非博士	112	35.2
职称	教授	94	29.6
	副教授	115	36.2
	讲师助教	109	34.3
学科	人文社会科学	78	24.5
	商科	100	31.4
	理工农医	140	44.0

二、管理者数据收集

研究三涉及对学校(以管理者为代理人)与教师员工对学校责任履行情况的认知进行比较,故还需收集学校各级管理者对学校已履行责任的评价数据。受时间、成本等各方面资源限制,本研究将调查取样集中在一个高校内进行。选取样本中某高校的员工样本作为员工组织双视角研究中的员工样本(N=111),联系该校的各院系领导,发放高校心理契约调查问卷78份,回收72份,回收率为92.3%。回收后对问卷进行逐份检查,删除数据遗漏过多或关键变量数据缺失的问卷;对于皆填同一答案者,由研究者根据问卷题项内容与整体填答质量,自行判断是否删除。由此获得有效领导问卷65份,有效率为90.3%。表3-11描述了双视角研究中员工与领导样本基本特征。

表3-11 双视角研究样本基本特征(N=176)

员工组样本特征 (N=111)		数量	百分比 (%)	领导组样本特征 (N=65)		数量	百分比 (%)
性别	男	69	62.2	性别	男	48	73.8
	女	42	37.8		女	16	24.7
	未填答	0	0		未填答	1	1.5
年龄	50岁以上	5	4.5	年龄	50岁以上	15	23.1
	41~50岁	24	21.6		41~50岁	39	60.0
	30~40岁	69	62.2		30~40岁	11	16.9
	30岁以下	13	11.7		30岁以下	0	0
学位	博士	78	70.3	学位	博士	51	78.5
	非博士	30	27		非博士	14	21.5
	未填答	3	2.7		未填答	0	0
职称	教授	13	11.7	职称	教授	46	70.8
	副教授	48	43.3		副教授	17	26.2
	讲师助教	50	45		讲师	1	1.5
	未填答	0	0		未填答	1	1.5
教龄	15年以上	13	11.7	教龄	15年以上	32	49.2
	6~15年	47	42.4		6~15年	27	41.6
	5年及以下	49	44.1		5年及以下	6	9.2
	未填答	2	1.8		未填答	0	0
	/			担任现职务年限	4年以上	13	20
					1~4年	43	66.2
					1年以下	8	12.3
					未填答	1	1.5

第四节　教师心理契约与组织公民行为结构验证

经过探索性因素分析,本研究得到了学校已履行责任五因素模型、学校未来责任五因素模型、教师责任五因素模型和教师组织公民行为三因素模型。为了验证这些模型的合理性,本研究利用 Amos 7.0 统计软件作为分析工具,进行验证性因素分析。

一、模型拟合度检验指标

本研究从模型整体拟合度和模型内在结构拟合度两方面来考察模型与实际数据的拟合程度。整体拟合度检验是模型外在品质的评估,内在结构拟合度检验则是对测量模型信度与效度的检验,是模型内在品质的检验[197]。

(一)模型整体拟合度检验指标

Bagozzi 和 Yi(1988)将模型整体拟合度指标分为三类:绝对拟合指标(absolute fit indices)、相对拟合指标(relative fit indices)和省俭度拟合指标(parsimonious fit indices)[198]。多数学者认为在进行模型拟合度检验时,最好能同时考量到这三类指标,以便对模型的可接受性或拒绝产生共识的结果。同时,应对模型整体拟合度指标作整体判断,即当多数拟合度指标值达到接受标准,才能对模型作出适配佳的判断[197]。本研究采用这三类指标中的 9 个指标综合判断模型整体拟合度。

第一类——绝对拟合指标。残差均方根 RMR(root mean square residual)代表未标准化假设模型整体残差,其值越小越好,值在 0.05 以下是可以接受的模型。标准化残差均方根 SRMR(standardized root mean square residual)代表标准化假设模型整体残差,其值越小越好,值在 0.08 以下是可以接受的模型。近似均方根误差 RMSEA(root mean square error of approximation)比较理论模型与饱和模型的差距,其值越小,表示模型拟合度越好,小于 0.05 表示模型拟合度佳;小于 0.08 表示有合理的近似误差存在,模型拟合度尚可;介于 0.08 至 0.10 时,模型拟合度普通;大于 0.10 表示模型拟合度不理想。拟合优度指数 GFI(goodness of fit index)代表假设模型可以解释观察数据的比例,其值在 0~1 之间,越接近于 1,模型拟合度越好,其值大于 0.90,表示拟合度良好;介于 0.80 与 0.90 之间,表示模型可以接受。

第二类——相对拟合指标。增量拟合指数 IFI(incremental fit index)、不规范拟合指数 TLI(Tacker-Lewis index,即 NNFI,non-normed fit index)、比较拟合指数 CFI(comparative fit index),值大多介于 0~1 之间,越接近于 1,模型拟合度越好,值大于 0.90,表示拟合度良好;介于 0.80 与 0.90 之间,表示模型可以接受。

第三类——省俭度拟合指标。简约拟合优度指数 PGFI(parsimony goodness-of-fit index)、简约调整规范拟合指数 PNFI(parsimony-adjusted NFI)代表模型简约性,其值在 0~1 之间,值越大,表示模型拟合度越好,模型越简约,大于 0.50,表示模型可以接受。卡方自由度比值(normed chi-square, NC),卡方值容易受样本数大小影响,样本观察值越大,模型卡方值也会变大,此时显著性概率值 p 会变得很小,容易形成拒绝虚无假设的结论。因此,采用卡方自由度比值,即考虑模型复杂度后的卡方值,其值若介于 1 至 3 之间表示模型拟合良好,若是大于 5 表示模型拟合不佳。

(二)模型内在结构拟合度检验指标

模型内在结构拟合度关注潜在因素与测量指标之间的关系,这种关系就是测量的效度和信度问题。本研究采用以下五个指标判断模型内在结构拟合度。

1. 测量指标的因素负荷量(factor loading)——项目效度

测量指标的因素负荷量即标准化回归系数,一方面反映了测量误差的影响,另一方面代表了测量指标能够用来反映潜在变量的程度。因素负荷量介于 0.50 与 0.95 之间,且达显著($p<0.05$,t 的绝对值大于 1.96),表示模型的基本配适度良好。因素负荷值越大,表示测量残差越小,测量指标越能有效反映其所测潜在变量的构念特质,说明该指标具有良好的效度。

2. 测量指标的信度系数(individual item reliability)——项目信度

测量指标的信度系数是指测量指标被潜在因素解释的变异量,信度系数越高,表示潜在因素解释测量指标的变异量越大。

虽然有学者认为,因素负荷量大于 0.71,信度系数则大于 0.50,表示潜在因素能解释该测量指标 50% 的变异量,为非常理想的状况[198;199]。但邱皓政和林碧芳(2009)也指出,一般社会科学研究者所编制的量表受限于测量本质的特性、外在干扰与测量误差的影响,因素负荷量都不会太高[200],因此,建议采用 Tabachnick 和 Fidell(2007)所建议的标准,因素负荷量大于 0.63,信度系数则大于 0.40,为非常好的状况;因素负荷量大于 0.55,信度系数则大于

0.30,为好的状况;因素负荷量大于 0.45,信度系数则大于 0.20,为可以接受的状况[201]。

3. 潜在因素的组合信度(composite reliability)

根据各测量指标的因素负荷量可以算出潜在因素的组合信度,组合信度也即潜在因素的建构信度(construct reliability)系数。组合信度越高,表示测量指标间具有高度的内在关联,Bagozzi 和 Yi(1988)建议组合信度在 0.60 以上,表示潜在因素的信度良好[198]。

4. 潜在因素的平均变异量抽取值(average variance extracted)

这是反映一个潜在因素被一组测量指标有效估计的聚合程度(convergent validity)指标,即潜在因素的各测量指标的因素负荷平方的平均值。一般的判别标准是大于 0.50,其数值越大,表示测量指标越能有效反映其共同因素构念的潜在特质[197]。

5. 区别效度(discriminant validity)

区别效度的检验可以使用竞争模型法,利用两个 CFA 模型进行比较。一个 CFA 模型令两个潜在因素之间的相关自由估计(效度模型),另一个 CFA 模型则将相关设为 1.00(完全相关模型),完全相关模型由于少一个待估参数,自由度多 1,模型的拟合度也会降低。进行两个模型卡方值差异比较,卡方值差异越大,且达到显著水平($p<0.05$),表示两个模型有显著不同,两个潜在因素间有高的区别效度。效度模型的卡方值越小,说明潜在因素间相关性越低,其区别效度越高[202;203]。

二、教师心理契约结构验证

(一)学校责任五因素模型结构验证

根据前人研究成果和相关理论,本研究用于和学校责任五因素模型进行结构比较的是两因素和三因素模型。

五因素模型:本研究根据探索性因素分析确定的五因素结构。

两因素模型:尽管责任名称和所包含的具体内容可能有所区别,但交易、关系两维度却是由心理契约经典文献提出并得到众多实证研究支持的责任维度划分[11;20;44;45;49;55;56;58;60]。二者的区别在于交易维度责任主要基于物质经济基础,责任界定清晰,短期导向;关系维度责任主要基于社会情感基础,责任界定模糊,长期导向。根据两者特点,本研究把生存保障、制度支持和资源支持维度的测量指标合并为交易责任指标,把沟通参与、成长发展维度的指标合并为关系责任指标。

三因素模型:中国研究者李原(2006)从契约内容本身、中国文化传统和中国企业实践三方面论证了中国员工心理契约中雇用双方彼此的"人际支持与社会联系"责任可以从西方经典二维结构的关系维度中分离出来,形成一个独立的人际维度。她以中国员工为样本验证了规范型责任、人际型责任和发展型责任的员工心理契约三维度结构[22]。根据这三个维度的特点,本研究把生存保障、制度支持和资源支持维度的测量指标作为规范责任指标,把沟通参与维度的测量指标作为人际责任指标,把成长发展维度的测量指标作为发展责任指标。

表3-12至表3-17显示了学校已履行责任五因素模型和学校未来责任五因素模型整体拟合及模型比较结果、内在结构拟合结果和区别效度判断结果。

表3-12显示学校已履行责任五因素模型的各项拟合指标都达到良好或可以接受的程度,并且在各项拟合指标上都显著优于三因素和两因素模型。因此,可以断定学校已履行责任五因素结构是较为理想的模型。

表3-12 学校已履行责任五因素模型整体拟合及模型比较结果

统计检验量	拟合的标准或临界值	五因素模型	三因素模型	两因素模型
绝对拟合指标				
RMR值	<0.05	0.043	0.054	0.061
RMSEA值	<0.05优良,<0.08良好	0.066	0.086	0.107
GFI值	>0.90良好,>0.80可以接受	0.863	0.800	0.711
相对拟合指标				
IFI值	>0.90良好,>0.80可以接受	0.917	0.858	0.775
TLI值	>0.90良好,>0.80可以接受	0.905	0.842	0.751
CFI值	>0.90良好,>0.80可以接受	0.917	0.857	0.774
省俭度拟合指标				
PGFI值	>0.50以上	0.697	0.664	0.595
PNFI值	>0.50以上	0.759	0.729	0.664
卡方自由度之比	1.00<NC<3.00良好 3.00<NC<5.00接受	2.394	3.324	4.645

表 3-13 显示,学校已履行责任模型中,24 个测量指标中仅有 1 个指标的因素负荷量小于 0.50,因素负荷量落在 0.71 与 0.95 区间的指标有 13 个;相应的,这 13 个指标的信度系数都在 0.50 以上,达到了非常理想的程度。题项 5 的信度系数最低为 0.213,但按照 Tabachnick 和 Fidell(2007)所建议的标准[201],也达到了可以接受的水平;5 个潜在因素的组合信度都在 0.60 以上;其中 2 个潜在因素的平均变异量抽取值在 0.50 以上,其余 3 个也都接近 0.50,综合这些指标可以判断该模型的内在品质理想。

表 3-13　学校已履行责任五因素模型内在结构拟合结果

潜在因素	测量指标	因素负荷量	信度系数	组合信度	平均变异量抽取值
生存保障 a	Item1a	0.721	0.520		
	Item2a	0.831	0.691		
	Item3a	0.651	0.424		
	Item4a	0.776	0.602		
	Item5a	0.462	0.213		
				0.8228	0.49
制度支持 a	Item6a	0.712	0.506		
	Item7a	0.765	0.585		
	Item8a	0.706	0.498		
	Item9a	0.652	0.425		
	Item10a	0.690	0.476		
	Item11a	0.685	0.470		
				0.8536	0.4935
资源支持 a	Item12a	0.606	0.368		
	Item13a	0.557	0.310		
	Item14a	0.751	0.564		
				0.6757	0.4138

续表

潜在因素	测量指标	因素负荷量	信度系数	组合信度	平均变异量抽取值
沟通参与a	Item15a	0.817	0.667		
	Item16a	0.845	0.713		
	Item17a	0.902	0.814		
	Item18a	0.825	0.680		
				0.9108	0.7189
成长发展a	Item19a	0.692	0.479		
	Item20a	0.821	0.675		
	Item21a	0.768	0.590		
	Item22a	0.685	0.469		
	Item23a	0.686	0.470		
	Item24a	0.723	0.523		
				0.8726	0.5342

区别效度方面,学校已履行责任模型共有5个潜在因素,两两配对共有10对,每对都进行效度模型与完全相关模型卡方值比较。如表3-14显示,效度模型的卡方值都显著小于完全相关模型,说明各潜在因素之间的区别效度理想。

表3-14 学校已履行责任五因素模型区别效度判断结果

	比较的潜在因素		效度模型	完全相关模型	χ^2 差异
1	生存保障a	制度支持a	$\chi^2(43)=187.802$	$\chi^2(44)=264.276$	$\Delta\chi^2(1)=76.474$, $p=0.000$
2	制度支持a	资源支持a	$\chi^2(26)=115.837$	$\chi^2(27)=193.833$	$\Delta\chi^2(1)=77.997$, $p=0.000$
3	资源支持a	沟通参与a	$\chi^2(13)=35.846$	$\chi^2(14)=108.912$	$\Delta\chi^2(1)=73.067$, $p=0.000$
4	沟通参与a	成长发展a	$\chi^2(34)=107.369$	$\chi^2(35)=192.809$	$\Delta\chi^2(1)=85.440$, $p=0.000$
5	生存保障a	资源支持a	$\chi^2(19)=47.001$	$\chi^2(20)=119.852$	$\Delta\chi^2(1)=72.851$, $p=0.000$
6	生存保障a	沟通参与a	$\chi^2(26)=70.125$	$\chi^2(27)=145.058$	$\Delta\chi^2(1)=74.933$, $p=0.000$

续表

	比较的潜在因素		效度模型	完全相关模型	χ^2 差异
7	生存保障 a	成长发展 a	$\chi^2(43)=133.174$	$\chi^2(44)=218.910$	$\Delta\chi^2(1)=85.735$, $p=0.000$
8	制度支持 a	沟通参与 a	$\chi^2(34)=171.889$	$\chi^2(35)=247.335$	$\Delta\chi^2(1)=75.446$, $p=0.000$
9	制度支持 a	成长发展 a	$\chi^2(53)=240.792$	$\chi^2(54)=343.240$	$\Delta\chi^2(1)=102.448$, $p=0.000$
10	资源支持 a	成长发展 a	$\chi^2(26)=79.028$	$\chi^2(27)=159.876$	$\Delta\chi^2(1)=80.848$, $p=0.000$

表3-15显示学校未来责任五因素模型的各项拟合指标都达到良好或可以接受的程度,并且在各项拟合指标上都显著优于三因素和两因素模型。因此,可以断定学校未来责任五因素结构是较为理想的模型。

表3-16 学校未来责任五因素模型整体拟合及模型比较结果

统计检验量	适配的标准或临界值	五因素模型	三因素模型	两因素模型
绝对适配度指数				
RMR 值	<0.05	0.039	0.051	0.057
RMSEA 值	<0.05 优良,<0.08 良好	0.071	0.092	0.115
GFI 值	>0.90 良好,>0.80 可以接受	0.854	0.787	0.688
增值适配度指数				
IFI 值	>0.90 良好,>0.80 可以接受	0.925	0.869	0.795
TLI 值	>0.90 良好,>0.80 可以接受	0.914	0.854	0.774
CFI 值	>0.90 良好,>0.80 可以接受	0.924	0.869	0.794
简约适配度指数				
PGFI 值	>0.50 以上	0.689	0.653	0.575
PNFI 值	>0.50 以上	0.775	0.748	0.690
卡方自由度之比	1.00<NC<3.00 良好 3.00<NC<5.00 接受	2.602	3.706	5.208

表3-16显示,学校未来责任模型中,24个测量指标中仅有1个指标的因素负荷量小于0.50,因素负荷量落在0.71与0.95区间的指标有22个;相应

的,这 22 个指标的信度系数都在 0.50 以上,达到了非常理想的程度。题项 5 的信度系数最低为 0.245,但按照 Tabachnick 和 Fidell(2007)所建议的标准[201],也达到了可以接受的水平;5 个潜在因素的组合信度都在 0.60 以上;平均变异量抽取值也都在 0.50 以上,综合这些指标可以判断该模型的内在品质非常理想。

表 3-16 学校未来责任五因素模型内在结构拟合结果

潜在因素	测量指标	因素负荷量	信度系数	组合信度	平均变异量抽取值
生存保障 b	Item1b	0.725	0.526		
	Item2b	0.836	0.699		
	Item3b	0.740	0.547		
	Item4b	0.801	0.641		
	Item5b	0.495	0.245		
				0.8468	0.5317
制度支持 b	Item6b	0.794	0.630		
	Item7b	0.823	0.677		
	Item8b	0.735	0.540		
	Item9b	0.752	0.565		
	Item10b	0.744	0.554		
	Item11b	0.742	0.551		
				0.8946	0.5863
资源支持 b	Item12b	0.715	0.511		
	Item13b	0.695	0.482		
	Item14b	0.781	0.610		
				0.7747	0.5347
沟通参与 b	Item15b	0.833	0.695		
	Item16b	0.875	0.765		
	Item17b	0.918	0.842		
	Item18b	0.835	0.697		
				0.9299	0.7499

续表

潜在因素	测量指标	因素负荷量	信度系数	组合信度	平均变异量抽取值
成长发展 b	Item19b	0.747	0.558		
	Item20b	0.855	0.731		
	Item21b	0.837	0.701		
	Item22b	0.770	0.593		
	Item23b	0.729	0.532		
	Item24b	0.736	0.542		
				0.9031	0.6093

区别效度方面,学校未来责任模型共有 5 个潜在因素,两两配对共有 10 对,每对都进行效度模型与完全相关模型卡方值比较。表 3-17 显示,效度模型的卡方值都显著小于完全相关模型,说明各潜在因素间的区别效度理想。

表 3-17 学校未来责任五因素模型区别效度判断结果

	比较的潜在因素		效度模型	完全相关模型	χ^2 差异
1	生存保障 b	制度支持 b	$\chi^2(43)=196.689$	$\chi^2(44)=261.670$	$\Delta\chi^2(1)=64.981$, $p=0.000$
2	制度支持 b	资源支持 b	$\chi^2(26)=139.543$	$\chi^2(27)=207.460$	$\Delta\chi^2(1)=67.917$, $p=0.000$
3	资源支持 b	沟通参与 b	$\chi^2(13)=46.603$	$\chi^2(14)=100.800$	$\Delta\chi^2(1)=54.197$, $p=0.000$
4	沟通参与 b	成长发展 b	$\chi^2(34)=132.588$	$\chi^2(35)=189.634$	$\Delta\chi^2(1)=57.046$, $p=0.000$
5	生存保障 b	资源支持 b	$\chi^2(19)=37.484$	$\chi^2(20)=99.371$	$\Delta\chi^2(1)=61.887$, $p=0.000$
6	生存保障 b	沟通参与 b	$\chi^2(26)=91.752$	$\chi^2(27)=151.021$	$\Delta\chi^2(1)=59.269$, $p=0.000$
7	生存保障 b	成长发展 b	$\chi^2(43)=176.329$	$\chi^2(44)=242.984$	$\Delta\chi^2(1)=66.654$, $p=0.000$
8	制度支持 b	沟通参与 b	$\chi^2(34)=193.799$	$\chi^2(35)=253.675$	$\Delta\chi^2(1)=59.876$, $p=0.000$
9	制度支持 b	成长发展 b	$\chi^2(53)=270.429$	$\chi^2(54)=347.497$	$\Delta\chi^2(1)=77.068$, $p=0.000$
10	资源支持 b	成长发展 b	$\chi^2(26)=91.489$	$\chi^2(27)=149.387$	$\Delta\chi^2(1)=57.898$, $p=0.000$

(二)教师责任五因素模型结构验证

根据前人研究成果和相关理论,本研究分别构建三因素和两因素结构模型用于和教师责任五因素模型进行比较。

五因素模型:本研究根据探索性因素分析所确定的五因素结构。

三因素模型:根据规范型、人际型和发展型责任的特点,本研究把敬业守规、关心学生和科研投入维度的测量指标作为规范责任指标,把活动参与的测量指标作为人际责任指标,认同支持的测量指标作为发展责任指标。

两因素模型:根据交易、关系维度的特点,把敬业守规、关心学生和科研投入维度的测量指标作为交易责任指标,把活动参与、认同支持维度的测量指标作为关系责任指标。

教师责任五因素模型整体拟合及模型比较结果、内在结构拟合结果和区别效度判断结果如表 3-18 至 3-20 所示。

表 3-18 显示教师责任五因素模型的各项拟合指标都达到良好或可以接受的程度,并且在各项拟合指标上都显著优于三因素和两因素模型,因此可以断定教师责任五因素结构是较为理想的模型。

表 3-18 教师责任五因素模型整体拟合及模型比较结果

统计检验量	适配的标准或临界值	五因素模型	三因素模型	两因素模型
绝对适配度指数				
RMR 值	<0.05	0.043	0.056	0.056
RMSEA 值	<0.05 优良,<0.08 良好	0.073	0.122	0.124
GFI 值	>0.90 良好,>0.80 可以接受	0.882	0.715	0.710
增值适配度指数				
IFI 值	>0.90 良好,>0.80 可以接受	0.897	0.698	0.683
TLI 值	>0.90 良好,>0.80 可以接受	0.874	0.650	0.638
CFI 值	>0.90 良好,>0.80 可以接受	0.895	0.695	0.680
简约适配度指数				
PGFI 值	>0.50 以上	0.659	0.561	0.565
PNFI 值	>0.50 以上	0.702	0.571	0.566
卡方自由度之比	1.00<NC<3.00 良好 3.00<NC<5.00 接受	2.692	5.708	5.867

表 3-19 显示，在教师责任五因素模型中，所有 19 个测量指标的因素负荷量都介于 0.50 与 0.95 之间，其中，因素负荷量大于 0.70 的测量指标有 10 个；相应的，这 10 个指标的信度系数都在 0.50 以上，达到了非常理想的程度。题项 43 的信度系数最低为 0.345，但按照 Tabachnick 和 Fidell(2007)所建议的标准[201]，也达到了好的程度；5 个潜在因素的组合信度都在 0.60 以上；其中 3 个潜在因素的平均变异量抽取值在 0.50 以上，其余 2 个也都接近 0.50，综合这些指标可以判断该模型的内在品质理想。

表 3-19　教师责任五因素模型内在结构拟合结果

潜在因素	测量指标	因素负荷量	信度系数	组合信度	平均变异量抽取值
敬业守规	Item25	0.597	0.357		
	Item26	0.743	0.552		
	Item27	0.801	0.642		
	Item28	0.736	0.541		
				0.8126	0.5229
关心学生	Item29	0.598	0.357		
	Item30	0.680	0.463		
	Item31	0.714	0.510		
	Item32	0.614	0.377		
				0.7476	0.4267
科研投入	Item33	0.697	0.485		
	Item34	0.709	0.503		
	Item35	0.787	0.619		
	Item36	0.783	0.613		
	Item37	0.595	0.353		
				0.8402	0.515
认同支持	Item38	0.641	0.411		
	Item39	0.799	0.638		
	Item40	0.758	0.575		
				0.7783	0.5413

续表

潜在因素	测量指标	因素负荷量	信度系数	组合信度	平均变异量抽取值
活动参与	Item41	0.659	0.435		
	Item42	0.721	0.520		
	Item43	0.587	0.345		
				0.6946	0.4329

区别效度方面,教师责任模型共有 5 个潜在因素,两两配对共有 10 对,每对都进行效度模型与完全相关模型的卡方值比较。表 3-20 显示,效度模型的卡方值都显著小于完全相关模型,说明各潜在因素之间的区别效度理想。

表 3-20 教师责任五因素模型区别效度判断结果

	比较的潜在因素		效度模型	完全相关模型	χ^2 差异
1	敬业守规	关心学生	$\chi^2(19)=91.941$	$\chi^2(20)=297.697$	$\Delta\chi^2(1)=205.756$, $p=0.000$
2	敬业守规	科研投入	$\chi^2(26)=78.448$	$\chi^2(27)=319.199$	$\Delta\chi^2(1)=240.751$, $p=0.000$
3	敬业守规	认同支持	$\chi^2(13)=14.147$	$\chi^2(14)=212.281$	$\Delta\chi^2(1)=198.135$, $p=0.000$
4	敬业守规	活动参与	$\chi^2(13)=50.347$	$\chi^2(14)=247.888$	$\Delta\chi^2(1)=197.541$, $p=0.000$
5	关心学生	科研投入	$\chi^2(26)=91.421$	$\chi^2(27)=228.129$	$\Delta\chi^2(1)=136.708$, $p=0.000$
6	关心学生	认同支持	$\chi^2(13)=42.983$	$\chi^2(14)=172.610$	$\Delta\chi^2(1)=129.627$, $p=0.000$
7	关心学生	活动参与	$\chi^2(13)=48.626$	$\chi^2(14)=184.814$	$\Delta\chi^2(1)=136.188$, $p=0.000$
8	科研投入	认同支持	$\chi^2(19)=108.637$	$\chi^2(20)=225.015$	$\Delta\chi^2(1)=116.378$, $p=0.000$
9	科研投入	活动参与	$\chi^2(19)=87.399$	$\chi^2(20)=232.878$	$\Delta\chi^2(1)=145.479$, $p=0.000$
10	认同支持	活动参与	$\chi^2(8)=40.269$	$\chi^2(9)=133.764$	$\Delta\chi^2(1)=93.495$, $p=0.000$

(三)教师心理契约结构比较与讨论

基于中国文化情境,针对高校教师这一特定群体,开发心理契约量表并探讨其结构维度十分有意义。西方学者首先开发量表并采用西方企业或公共部门员工或 MBA 学生作为被试者探索员工心理契约结构,但由于社会经济环境、文化因素、心理特征的差异,这些结论在中国文化情境中的适用性有待探讨。近几年来,中国学者也在积极探索中国员工心理契约结构,也得到了一些有意义的发现,但针对某个特定行业或员工群体的探讨尚不多见。一般意义上的研究结论普适性强,但针对性不足。

本研究遵循科学的量表开发程序,开发出适用于中国高校教师群体的心理契约量表。通过严谨的数据分析,发现中国高校教师的心理契约由五个维度构成。学校责任包括了生存保障、制度支持、资源支持、沟通参与、成长发展维度;教师责任包括了敬业守规、关心学生、科研投入、认同支持、活动参与维度。各维度具体阐释详见表 3-21。

表 3-21 中国高校教师心理契约各维度释义

学校责任	具体含义	教师责任	具体含义
生存保障	学校为教师提供明确、具体的物质激励和保障,如薪资、福利、住房保障等。	敬业守规	教师应遵守学校基本的制度和行为规范,如完成教学任务、遵守规章制度等。
制度支持	学校提高管理水平,为教师工作提供良好的制度环境,如制定考核晋升机制、工作绩效反馈机制、奖惩机制等。	关心学生	教师应给予学生必要的专业指导并维持良好的师生关系,如关心学生身心健康、培养学生对学科的兴趣、指导学生课外实践等。
资源支持	学校为教师工作提供具体的物质支持,如提供教学办公条件、科研资源等。	科研投入	教师应致力于学术研究,开展科研活动和发展学术能力,如完成科研任务、完善知识结构、参与科研团队建设等。
沟通参与	学校为教师提供畅通的沟通渠道和参与决策机会,如重视合理化建议、保证沟通渠道畅通等。	认同支持	教师应该在心理和行动上认同支持学校的目标和发展,如关心学校发展,参与决策、建设校园文化等。
成长发展	学校为教师的专业发展提供广阔的平台和充足的机会,如学习培训机会、职业生涯规划、教学科研平台建设等。	活动参与	教师应当参与学校组织的各项活动,努力建设良好的人际环境,如参加各项教职工活动、与领导、同事和睦相处等。

学校责任中的生存保障责任包括薪资、福利、住房等物质待遇和保障。学校通过履行生存保障责任,以利益留人,提高教师的薪酬满意度,满足教师的

生理和安全需要。

制度支持责任是指学校提高行政管理水平，为教师工作提供公平公正的制度环境。学校通过履行制度支持责任，可以创造出一个能激励教师持续贡献知识、智慧和才能的制度平台。

资源支持责任指学校有责任改善物质环境，为教师工作提供充分的资源保障，如良好的教学办公条件、科研资源等。

制度支持和资源支持分别从制度和物质环境两方面体现了学校致力于营造支持性的工作环境，以环境留人，带来教师社会需要和尊重需要的极大满足。

沟通参与责任体现了学校努力营造教师参与学校管理和尊重知识、尊重人才的氛围以及建设人际关系融洽的人文环境，以情感留人，学校的人文关怀同样带来教师社会需要和尊重需要的满足。

成长发展责任是指学校为教师的职业发展和自我实现提供广阔的空间，激发教师的成就动机与自我价值最大限度地实现。高校教师是典型的知识群体，个人发展和自我实现是其最主要的价值取向与最高层次的内在需求。学校履行成长发展责任，以事业留人，满足了教师尊重和自我实现的需要。

学校责任的五个维度关注了教师多层次的需要，平衡兼顾了物质效用和精神效用的满足。

教师责任中的敬业守规是指教师应遵守学校基本的制度和教师行为规范，其中关键在于保质保量地完成教学任务，这是教师作为知识传播者所承担的最基本的角色职责。

关心学生指对人的教化，是教师通过与被教育者互动过程中的言传身教塑造健康积极的心灵和头脑，这是教师作为教育者的基本职责。

科研投入是指教师应致力于开展学术研究和科研活动，发展学术能力，主动地向科学知识链的上游角色拓展乃至成为创立学派的"真理发现者"，这是高校教师胜任知识人的社会角色的客观需要[204]。

认同支持是指教师通过维护学校声誉，参与决策等行动表现和心理认同支持学校工作和发展，这是教师对学校忠诚的体现，也是学校对教师更高层次的期望。

活动参与是指教师有责任参与学校组织的各项活动，与领导、同事和睦相处，建设良好的人际环境。

教师责任的五个维度既体现了教书、育人和研究的基本职责，也反映了教师在建设高凝聚力的校园文化中应该承担的责任。

与企业员工相比,高校教师的心理契约结构既有相似之处,又体现出自身特点。西方经典的二维责任认为交易维度关注物质经济需求的满足,关系维度关注社会情感需求的满足。本研究发现的学校责任五维度也体现了二者区别:生存保障、制度支持、资源支持责任表现为具体明确的物质支持,属于交易维度;沟通参与、成长发展责任则更加动态、开放,长期导向,满足了尊重和自我实现的需求,属于关系维度。但进一步探究发现,沟通参与主要指向人际关系,成长发展主要指向工作。学校履行沟通参与责任,是关怀与尊重教师,与教师建立积极情感纽带的具体行动表现;学校履行成长发展责任则是为教师的职业发展提供广阔的空间,激发教师的潜能,使教师得到工作的成就感和满足感。二者虽然都体现了学校致力于与教师建立长期良性的雇佣关系而给予的人文关怀,但关注的分别是"情感留人"和"事业留人"的不同方面,因此独立为两个不同的维度。从教师责任看,敬业守规、关心学生、科研投入是学校明确规定的工作要求和岗位职责,属于交易维度范畴。认同支持和活动参与着眼于建设有凝聚力的校园文化,范围更广泛,更强调双方长期的社会情感互动,属于关系维度范畴。但同样,认同支持和活动参与独立为两个维度是因为它们分别指向工作和人际关系。前者主要表现为教师对学校各项工作和未来发展的行动支持;后者指教师积极参与学校组织的各项活动,建设和谐的人际环境。

李原(2006)对中国企业员工进行调查后发现,员工心理契约由规范责任、人际责任和发展责任构成[22]。与三维责任比较,本研究学校责任中的生存保障、制度支持、资源支持责任主要涉及物质待遇和工作环境的明确具体条件,相当于规范责任;成长发展与发展责任内涵相同。与企业要承担的人际责任不同的是,教师作为知识分子精英,怀有强烈的参与学校管理的意愿,相应的,学校给予的尊重和人文关怀集中体现为沟通参与责任,即为教师的参与决策意愿提供畅通的沟通渠道和实现机会,这既是尊重和信任教师的根本体现,也是创造和谐的学校教师关系的必要条件。本研究教师责任中的敬业守规、关心学生、科研投入相当于规范责任,活动参与与人际责任内容相似,但认同支持与李原研究中的发展维度大相径庭。李原(2006)将发展维度定义为"员工付出额外的工作努力,自觉承担角色外的工作任务,促进组织事业的发展与成功"[22]。不同于李原把发展维度界定为"组织公民行为"的思路,本研究把认同支持看成教师对学校发展应尽的支持责任。

最后,学校责任中的生存保障、制度支持、资源支持虽然和两维度中的交易维度、三维度中的规范维度含义相同,但它们分别指向物质待遇、制度环境和物质环境,因此它们独立为三个维度。同样,教师责任中的敬业守规、关心学生和科研投入虽然和两维度中的交易维度、三维度中的规范维度含义相同,但它们分别对应于教学、育人和科研,这三个方面概括了中国高校教师工作的核心内容,因此,它们独立为三个维度是符合客观现实的。

三、教师组织公民行为结构验证

(一)教师组织公民行为三因素模型结构验证

根据前人研究成果和相关理论,本研究构建了两因素结构模型,用于和教师组织公民行为三因素模型比较。

三因素模型:本研究根据探索性因素分析所确定的三因素结构。

两因素模型:Williams 和 Anderson(1981)建议将组织公民行为分为指向个体(OCB-I)和指向组织(OCB-O)两大类[94]。类似的,McNeedly 和 Meglino(1994)也提出将组织公民行为划分为帮助个人的行为和帮助组织的行为[102]。Van Scotter 和 Motowidlo(1996)认为可以将关系绩效分为人际促进和工作奉献[95]。尽管名称不同,但这些研究均表明可以以行为受益者为划分标准构建两因素结构,受益者分别指向组织和个人,分别关注组织发展和人际和谐。本研究在两因素模型构建中将学校公益测量指标作为指向组织的指标,将同事公益、学生公益指标作为指向个人的指标。

教师组织公民行为三因素模型整体拟合及模型比较结果、内在结构拟合结果和区别效度判断结果如表 3-22 至 3-24 所示。

表 3-22 显示教师组织公民行为三因素模型各项拟合指标中除 RMSEA 值接近临界门槛外,其余均达到良好或可接受的程度,并且在各项拟合指标上都显著优于两因素模型。因此可以断定教师组织公民行为三因素结构模型是可接受的。

表 3-22 组织公民行为三因素模型整体拟合及模型比较结果

统计检验量	适配的标准或临界值	三因素模型	两因素模型
绝对适配度指数			
RMR 值	<0.05	0.035	0.050
RMSEA 值	<0.05 优良,<0.08 良好	0.081	0.105
GFI 值	>0.90 良好,>0.80 可以接受	0.833	0.739

续表

统计检验量	适配的标准或临界值	三因素模型	两因素模型
增值适配度指数			
IFI 值	>0.90 良好,>0.80 可以接受	0.877	0.792
TLI 值	>0.90 良好,>0.80 可以接受	0.862	0.769
CFI 值	>0.90 良好,>0.80 可以接受	0.876	0.791
简约适配度指数			
PGFI 值	>0.50 以上	0.685	0.613
PNFI 值	>0.50 以上	0.743	0.677
卡方自由度之比	1.00<NC<3.00 良好 3.00<NC<5.00 接受	3.088	4.501

表 3-23 显示,教师组织公民行为三因素模型中,所有 23 个测量指标的因素负荷量都介于 0.50 与 0.95 区间,其中,因素负荷量大于 0.71 的测量指标有 11 个;相应的,这 11 个指标的信度系数都在 0.50 以上,达到了非常理想的程度。题项 61 的信度系数最低为 0.363,但按照 Tabachnick 和 Fidell(2007)所建议的标准[201],也达到了好的程度;3 个潜在因素的组合信度都在 0.60 以上;其中 1 个潜在因素的平均变异量抽取值在 0.50 以上,其余 2 个也都接近 0.50,综合这些指标可以判断该模型的内在品质理想。

表 3-23 组织公民行为三因素模型内在结构拟合结果

潜在因素	测量指标	因素负荷量	信度系数	组合信度	平均变异量抽取值
学校公益	Item44	0.650	0.423		
	Item45	0.722	0.521		
	Item46	0.705	0.497		
	Item47	0.608	0.369		
	Item48	0.620	0.384		
	Item49	0.728	0.530		
	Item50	0.697	0.486		
	Item51	0.702	0.492		
				0.8729	0.4629

续表

潜在因素	测量指标	因素负荷量	信度系数	组合信度	平均变异量抽取值
同事公益	Item52	0.729	0.531		
	Item53	0.765	0.585		
	Item54	0.798	0.636		
	Item55	0.723	0.522		
	Item56	0.826	0.682		
	Item57	0.720	0.518		
	Item58	0.671	0.450		
	Item59	0.677	0.459		
	Item60	0.665	0.442		
				0.912	0.5364
学生公益	Item61	0.603	0.363		
	Item62	0.748	0.559		
	Item63	0.724	0.524		
	Item64	0.766	0.587		
	Item65	0.685	0.470		
	Item66	0.676	0.457		
				0.8531	0.4934

区别效度方面,组织公民行为模型共有3个潜在因素,两两配对共有3对,每对都进行效度模型与完全相关模型的卡方值比较。表3-24显示,效度模型的卡方值都显著小于完全相关模型,说明各潜在因素之间的区别效度理想。

表3-24 组织公民行为三因素模型区别效度判断结果

	比较的潜在因素		效度模型	完全相关模型	χ^2 差异
1	学校公益	同事公益	$\chi^2(118)=422.008$	$\chi^2(119)=563.272$	$\Delta\chi^2(1)=141.264$, $p=0.000$
2	学校公益	学生公益	$\chi^2(76)=316.469$	$\chi^2(77)=415.831$	$\Delta\chi^2(1)=99.361$, $p=0.000$
3	同事公益	学生公益	$\chi^2(89)=325.176$	$\chi^2(90)=497.952$	$\Delta\chi^2(1)=172.776$, $p=0.000$

(二)教师组织公民行为结构比较与讨论

本研究经过科学的量表开发程序,开发出针对中国高校教师的OCB量表,在进行严谨的数据分析后,发现中国高校教师OCB由三个维度构成:学校公益、同事公益、学生公益。各维度具体阐释详见表3-25。

表3-25 中国高校教师组织公民行为维度释义

教师组织公民行为	具 体 含 义
学校公益	教师超越学校正式规定,自发性地表现出的有利于学校的行为,如提升学校形象、忠诚、进谏、积极主动、自我发展等行为。
同事公益	教师在与同事的人际互动中表现出的利他行为,如帮助同事、促进人际和睦等行为。
学生公益	教师在教学育人方面的额外付出和敬业行为,如利用个人资源主动帮助学生等行为。

纵观OCB研究文献,OCB维度划分依据两类标准:内容和受益对象。Smith、Organ和Near(1983)[84]、Organ(1988)[85],Van Dyne、Graham和Dienesch(1994)[145],Moorman和Blakely(1995)[101]等学者就根据OCB内容提出了不同维度的模型,Podsakoff等(2000)对这些模型进行归纳,概括出了OCB的七个维度:助人行为、运动员精神、组织忠诚、组织遵从、个人主动性、公民道德和自我发展[1]。Farh、Earley和Lin(1997)发现中国台湾文化背景下的OCB五个维度:组织认同、利他行为、敬业精神、人际和谐和保护公司资源等,其中组织认同、利他行为和敬业精神对应着Organ(1988)的公民道德、利他和责任维度[85],人际和谐和保护公司资源则是基于中国台湾文化背景的独特发现[105]。Farh、Zhong和Organ(2004)又发现了中国内地的十个OCB维度,其中与西方共有的维度有:积极主动、帮助同事、进谏、参与群体活动、提升企业形象;中国特有的维度有:自我培训、参与公益活动、保护和节约公司资源、保持工作场所整洁、人际和睦等[106]。由上述研究结果可见,以内容为划分标准的OCB维度区分细致,但难免存在很多交叉重叠;另外,内容维度的划分容易因量表和被试者的不同而产生较大差异,难以达成共识。依据受益对象界定OCB维度则更为清晰简单。William和Anderson(1991)将OCB分为指向个体的OCB(OCB-I)和指向组织的OCB(OCB-O)[94]。类似的,McNeedly和Meglino(1994)也提出帮助个人的行为和帮助组织的行为[102],Van Scotter和Motowidlo(1996)也将关系绩效定义为人际促进和工作奉献两维

度[95]，名称不同，实质上与 OCB-I 和 OCB-O 一致。Smith、Organ 和 Near(1983)，William 和 Anderson(1991)还把指向个体的 OCB 进一步细分为指向同事和指向主管的 OCB[84;94]。

　　本研究得出的中国高校教师 OCB 三维度也是以受益对象为划分依据。学校公益行为指向学校组织，相当于 OCB-O；同事公益行为是面向同事的利他和人际促进行为；与企业员工不同的是，高校组织中的等级关系相对松散，高校教师无须对主管（直接领导）负责，所以没有出现指向主管的 OCB 维度。同时，学生是高校教师教学育人和服务的主要对象，与学生的互动交往构成了教师工作的主要内容，在教学育人中的额外付出直接促进学校效能提升，所以以学生为受益对象的学生公益行为是高校教师 OCB 的独特之处。本研究的三个维度与中国台湾学者郭维哲和方聪安(2005)得到的台湾小学教师 OCB 三维度——组织公益行为、人际利他行为、教学公益行为基本一致[110]，只是由于高校教师和小学教师样本的差异，在维度的具体内容上略有差别。比如小学教师与学生的交往以教学为主，而大学教师的教学既包括课堂教学，还包括课外的专业指导。除教学外，大学教师还担负着引导成长的作用，因此本研究中的学生公益行为包括了教学和育人两方面。周周华和黎光明(2009)的研究也采用了自编问卷对中国高校教师进行调查，结果得到热爱学校、帮助同事和自我发展三个维度，并认为自我发展是中国高校教师 OCB 最重要的一个维度[117]。该研究的学校和同事维度和本研究一致，但却忽略了大学教师在教书育人方面的贡献。虽然本研究并未将自我发展独立成一个维度，但其具体行为表现分别体现在学校公益行为和学生公益行为中，如学校公益行为中的"为适应学校发展而努力自我提升"，学生公益行为中的"经常思考改进教学方法，并付诸实施"。需要特别指出的是，早期研究者认为自我发展是员工主动积极地寻求自我知识完善和技能提升，从而为组织作出更大贡献的行为。但在今天，自我发展的动机比较复杂，为自己的成分可能大于为学校（组织）的成分，对职业的忠诚可能大于对学校（组织）的忠诚，也就是说，自我发展的主观动机不一定是或不主要是为学校（组织）发展作出贡献，但即便如此，在客观上，每位教师注重自身知识积累和技能发展，产生的累加效应还是能使学生受益并促进学校发展的。

第四章 研究框架与实证研究设计

第一章提出了本研究的四个研究主题。其中,第一个问题探讨中国高校教师心理契约和组织公民行为的维度构成,这已经在第三章形成结论。本章将其他三个问题分为三个子研究,结合相关理论阐述变量间逻辑关系,提出研究假设,并形成本研究总体理论框架。此外,本章还对研究涉及的变量进行了概念化界定和操作化说明。

第一节 研究假设与理论框架

一、研究假设

(一)研究一:教师心理契约状态对组织公民行为的影响

总体而言,心理契约状态分为履行(fulfillment)与破裂(breach)或违背(violation)。社会交换理论认为个人为组织作出贡献(contribution),换取组织提供的诱因(inducement)[35],个人试图在贡献和诱因之间保持平衡。当心理契约履行时,员工感知到二者的平衡,就回报以有利于组织的行为。反之,心理契约的破裂或违背给员工造成不公平感知,他们就会减少或取消有利于组织的行为以恢复平衡感。相对于受到规章制度、岗位职责等强制约束的角色内行为,OCB是一种员工可以自由选择、酌情增减的行为,对心理契约的履行与否反应更加敏感。可以说,OCB是员工对于组织是否履行责任的感知在行动上的回报,心理契约履行与OCB正相关,心理契约的破裂或违背与之负相关。

这种逻辑关系已得到不少实证支持。Robinson(1995,1996)的纵向调查支持了前一个时点的员工心理契约违背或破裂与后一个时点的公民道德行为①显著负相关[11;12]。Turnley 等（2003）发现心理契约履行与主管评价的 OCB 显著正相关[81]。Suazo、Turnley 和 Mai-Dalton（2005）以 234 名非裔、西班牙裔和本土美国人为被试者，发现心理契约破裂与 OCB 中的帮助行为负相关[14]。Chen、Tsui 和 Zhong（2008）以中国温州一家大型制鞋企业的 273 对主管—下属配对样本为被试者，证实了员工感知到的诱因破裂（perceived inducement breach，PIB），即员工感知到的组织承诺的诱因和自己实际获得之间的差异，与主管评价的员工指向组织与指向个人的 OCB 之间负相关[15]。余琛（2007）以 156 名中国员工为被试者，发现组织对员工的心理契约履行程度越高，员工的 OCB 履行程度也越高。并且，不同维度的心理契约履行分别与不同维度的 OCB 相关。外部推荐和内部培养的心理契约维度与 OCB 中的个人主动、帮助行为正相关，工作支持和工作稳定的心理契约维度与 OCB 中公民道德行为正相关[16]。

基于上述理论阐述和实证依据，本研究认为若教师感知到学校履行了承诺的责任，将表现出更多的 OCB 作为对学校兑现承诺、履行责任的回报，这体现了社会交换中的互惠原则；反之，若教师认为学校没有履行相应责任，即感知到契约的破裂和违背，教师将减少或撤销 OCB。

上述假设的理论基础是社会交换理论，但 Coyle-Shapiro 和 Kessler（2000）指出一般社会交换理论只关注目前实现的诱因，而心理契约不但包含了当前诱因，还包含了员工对未来诱因的期待，后者对员工表现出 OCB 起到很强的事前激励作用[49]。Coyle-Shapiro（2002）、Coyle-Shapiro 和 Kessler（2002）将员工心理契约中的组织责任分为两个部分：诱因（inducement），即组织当前已履行的责任和员工感知到的组织责任（perceived organizational obligations）；员工对组织未来责任履行程度的预期[17;18]。相应的，作为回报的 OCB 也体现为两个方面：员工对组织已履行责任的反应式回报（reactive reciprocation）和员工对组织未来责任履行的前瞻式回报（proactive reciprocation）。反应式回报是基于互惠规范对已获得利益的回报，前瞻式回报则是基于员工对组织未来责任履行的信任和期待。尽管未来责任履行的程度和具体形式并不明确，但这种信任与期待足以成为激发员工前瞻式回报的有力动机，OCB 是回报的一种形式。通过前瞻式回报，员工表达了维持良好雇佣关系的意愿，相应地也增加了组织一方未来责任履行的压力和意愿。

---

① 公民道德行为（civil virtue）是指向组织的 OCB 的一个重要维度。

为此,本研究将教师视角的学校责任分为教师感知到的学校已履行责任和学校未来责任。就心理契约状态而言,前者涉及教师对学校已履行责任程度的主观评价。后者关系到教师对学校未来责任履行程度的感知和预期,它是教师基于对双方关系的判断,和其感受到的学校传达的各种信号的基础上,对学校未来投资于雇佣关系的意愿的主观判断。对未来回报的预期(anticipation of future benefits)直接激发教师表现出更多的OCB,以增强学校未来履行承诺的责任的可能性。由此,本研究提出如下假设。

假设1:教师感知到的学校已履行责任与教师组织公民行为履行存在显著正相关关系,即教师感知到的学校已履行责任的程度越高,组织公民行为履行的程度也越高。

假设1a:教师感知到的学校已履行责任与教师学校公益行为履行存在显著正相关关系。

假设1b:教师感知到的学校已履行责任与教师同事公益行为履行存在显著正相关关系。

假设1c:教师感知到的学校已履行责任与教师学生公益行为履行存在显著正相关关系。

假设2:教师感知到的学校未来责任履行与教师组织公民行为履行存在显著正相关关系,即教师感知到的学校未来责任履行的程度越高,组织公民行为履行的程度也越高。

假设2a:教师感知到的学校未来责任履行与教师学校公益行为履行存在显著正相关关系。

假设2b:教师感知到的学校未来责任履行与教师同事公益行为履行存在显著正相关关系。

假设2c:教师感知到的学校未来责任履行与教师学生公益行为履行存在显著正相关关系。

研究一模型如图4-1所示。

(二)研究二:教师心理契约类型对组织公民行为的影响

研究员工视角的责任维度构成和责任履行是对心理契约内容和状态的静态分析,而对员工责任与组织责任履行的平衡/不平衡关系的剖析则是从动态的视角理解心理契约的特点。员工责任与组织责任并不是孤立存在的。组织责任履行的程度无疑会影响员工责任的履行,员工在听到、看到或体会到组织提供的诱因后,会相应地调整自己的责任履行以保持双方贡献与回报的平衡。

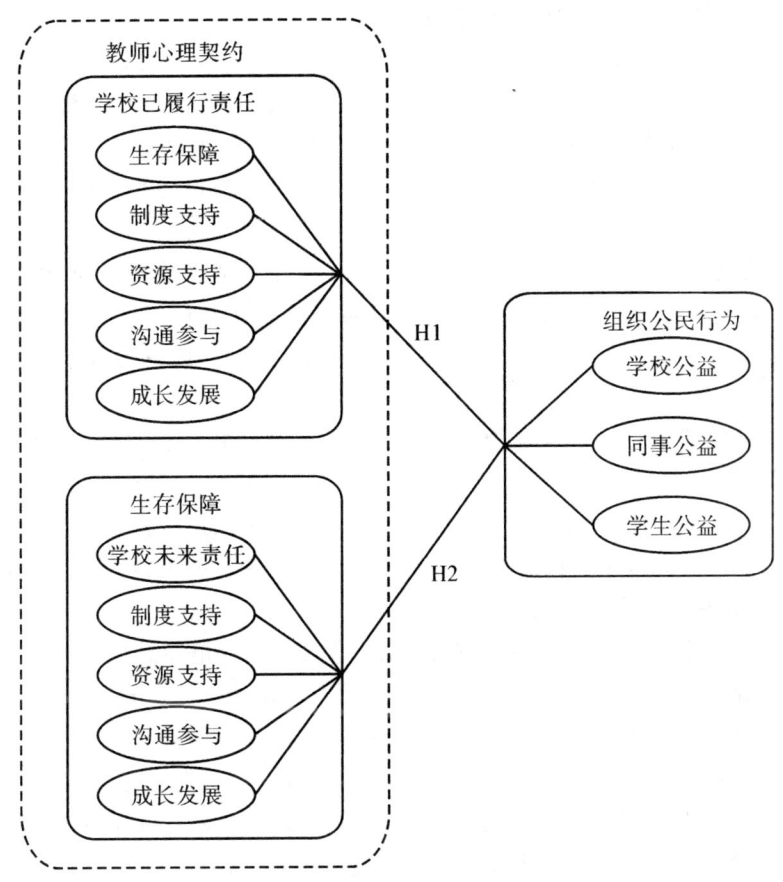

图 4-1　教师心理契约状态对组织公民行为的影响模型

从短期看,组织责任的履行具有一定的稳定性,员工责任履行则更具灵活性,可以随时调整。但从中长期来看,组织责任的履行也会因竞争环境、政策规定、经营绩效、管理政策等内外部因素而相应变化,而其中的内部因素或多或少地受到员工责任履行程度的影响。所以,就长期而言,员工责任履行与组织责任履行是相互影响、动态交互的。基于操作可行性的考量,本研究选择在一个时点上考察员工责任与组织责任的相互关系。这是员工在与组织的社会交换过程中感知到的双方投入与回报的平衡或不平衡关系,对这种关系的认知形成了员工的心理契约类型,这同样涉及员工对社会交换关系公平与否的感知。Blau(1964)认为责任履行不平衡容易造成消极后果[8]。所谓平衡,是指员工认为员工和组织承担了相似程度的责任。在社会交换关系中,当一方对另一方施惠时,施惠方的行动使受惠方产生回报的责任,尽管何时以何种形式进行回报并不清晰,得到回报是施惠方期望,也是社会交换关系得以延续的保证。互惠行为循环往复,形成了双方相互履行责任的良性循环。相互履行责任的程度越高,社会交换关系就越强,员工组织双方就越可能延续这种交换关系,也越可能从中受益。例如,员工表现出有利组织的行为和态度,组织增加对员工的投入等。

现有绝大多数心理契约研究仅关注责任内容和结构维度,对心理契约影响 OCB 的探讨也仅局限于组织责任履行如何影响员工 OCB。对员工心理契约类型及其对员工态度行为影响的研究尚在摸索阶段,仅有为数不多的实证支持。

Tsui 等(1997)从组织视角区分了四类员工—组织关系,相当于组织视角的心理契约类型:准交易契约(quasi spot contract)、相互投资型(mutual investment)、组织投资不足型(under investment)和组织过度投资(over investment)。结果表明,相互投资型不论是在绩效还是在态度上,都产生了最好的结果,结果最差的是组织投资不足型[19]。Shore 和 Barksdale(1998)以 MBA 学生为被试者关注了员工视角的四类心理契约类型:相互高型(mutual high obligations relationship)、相互低型(mutual low obligations relationship)、员工高责任型(employee over-obligation relationship)①、员工低责任型(employee under-obligation relationship)②。研究结果显示拥有相互高型心理契约的员工在职业发展、对组织的情感承诺、组织支持感知上的得分显著高于其他三组,离职意向显著低于其他三组;拥有员工低责任型心理契约的员工在积极态度方面均表现出最低的水平[20]。余琛(2004)沿用 Shore 和 Barksdale(1998)的框架用中国 17 家企业的 269 名员工样本进行验证,结果再一次证实,拥有高/高型心理契约类型的员工在组织公民行为、对高层管理者的信任上得分最高,在离职意向上得分最低;结果最不理想的是拥有低/低型心理契约的员工,而不是员工低责任型[21]。李原(2006)的研究结果也与此一致,共同投资型的员工在工作满意感、组织满意感和情感承诺方面的得分均显著高于其他三组,在离职意向上显著低于其他三组;共同投资低型的员工在工作满

---

① 员工高责任型即员工感知到自己应该承担高程度的责任,相当于 Tsui 等(1997)研究中的组织过度投资型。

② 员工低责任型即员工感知到自己只需承担低程度的责任,相当于 Tsui 等(1997)研究中的组织投资不足型。

意感、组织满意感、情感承诺三方面的得分最低,离职意向最高[22]。

本研究关注的是教师视角的心理契约类型及其对教师组织公民行为的影响。本研究将教师心理契约类型定义为教师感知到的教师责任履行程度和学校责任履行程度的平衡/不平衡关系,由此形成四种心理契约类型:共同投资低型、教师投资过度型、教师投资不足型和共同投资高型。

共同投资低型意味着教师和学校双方履行责任的程度都低。在这种关系中,教师认为学校没有履行应尽职责、投资不足,自己对学校的贡献也低于平均水平。虽然这种关系体现了贡献与回报的平衡,但双方的贡献与回报都只停留在维持雇佣关系所需的最基本水平,这种低水平的平衡反映了员工对双方交换关系的消极认知。角色内的职责履行尚在低水平,角色外的额外付出就更加不可能,消极认知又进一步强化了这种不可能性。

教师过度投资型意味着教师责任履行的程度高而学校责任履行的程度低。在这种关系中,教师感知到自己对学校的贡献多于学校给自己的回报,这种认知极易使教师产生不公平和不信任感,工作满意度下降,在行为上通过减少或撤消有利于学校的角色外行为,重新获得平衡感。

教师投资不足型意味着教师责任履行的程度低而学校责任履行的程度高。学校责任履行程度高于教师责任履行是一种有利于教师的不平衡,这种不平衡可能被教师合理化[19]并试图继续维持,而更不可能激发教师提高自身责任履行程度。一般而言,角色内职责都未充分履行的个体也不太可能会积极主动地履行角色外行为。

共同投资高型意味着教师和学校双方履行责任的程度都高。教师认为自己已经尽职尽责,为学校作出了充分的贡献,学校也给予了自己相应程度的回报。共同投资高型反映了一种互惠互利的积极的心理契约关系,能激发教师形成对雇佣关系的积极认知,支持和强化教师的积极行为,包括有利于组织的角色外行为。

由此,本研究形成如下假设。

假设3:不同教师心理契约类型的组织公民行为存在显著差异。共同投资高型在组织公民行为上得分最高,共同投资低型在组织公民行为上得分最低。

假设3a:不同教师心理契约类型的学校公益行为存在显著差异。共同投资高型在学校公益行为上得分最高,共同投资低型在学校公益行为上得分最低。

假设 3b：不同教师心理契约类型的同事公益行为存在显著差异。共同投资高型在同事公益行为上得分最高，共同投资低型在同事公益行为上得分最低。

假设 3c：不同教师心理契约类型的学生公益行为存在显著差异。共同投资高型在学生公益行为上得分最高，共同投资低型在学生公益行为上得分最低。

研究二模型如图 4-2 所示。

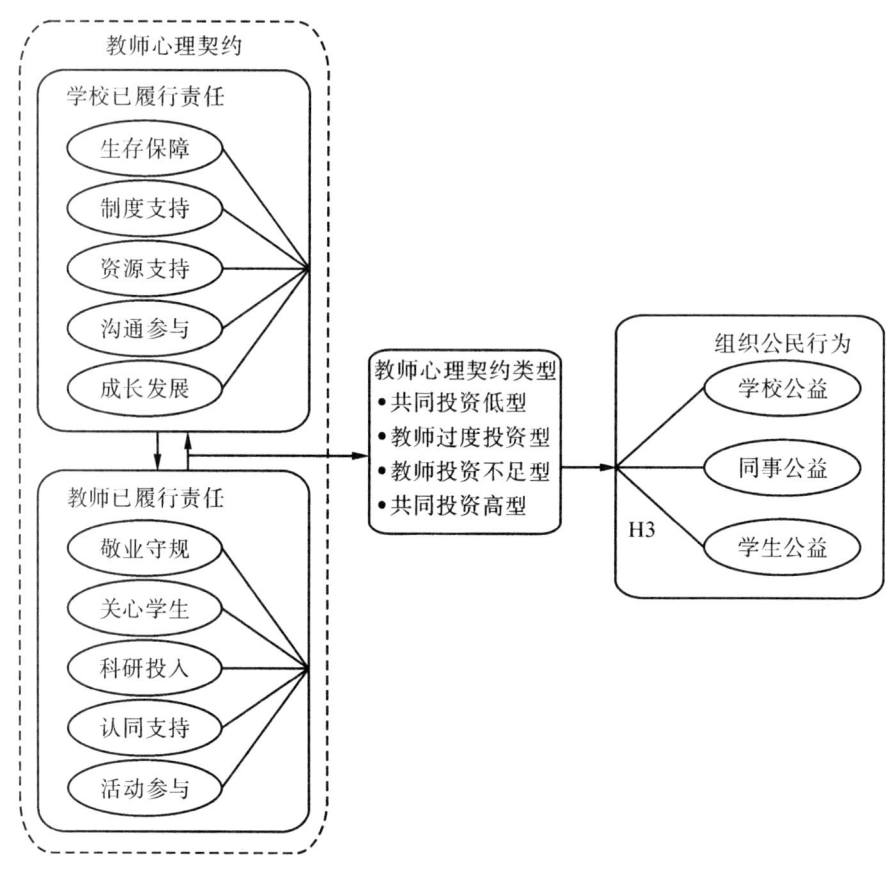

图 4-2　教师心理契约类型对组织公民行为的影响模型

(三)研究三：教师与学校对学校责任履行的认知差异及其对教师责任和组织公民行为的影响

尽管心理契约有赖于个人感知,具有很强的主观性,但雇用双方对雇佣关系的具体内容(terms of employment)取得一定程度的共识,对于实现共同目标意义重大。Dabos 和 Rousseau(2004)指出应该关注心理契约的相互性(mutuality),即雇用双方对互惠责任内容和履行情况的认知的一致程度[52]。如果雇用双方——员工与组织(以各级管理人员为代理人)对互惠责任存在不一致认识(incongruence)或不同理解,比如,可能组织并没有感知到某项责任存在,而员工不但感知到它的存在,还认为组织没有履行该责任;或者,管理者和员工对员工责任存在不同认知,员工不可能履行管理者感知到但自身没有感知到的责任,其结果是导致心理契约破裂或违背。李原(2006)还指出心理契约既然是组织与员工双方达成的,作为一种相互关系,契约双方的互动必然会影响到契约内容的发展、调整与变化,这关系到心理契约的动态性[22]。关注相互性和动态性,意味着有必要将组织视角纳入心理契约研究。狭义的心理契约只从员工视角进行界定,体现了员工对互惠责任的感知,但组织未必认可员工一方的主观理解,毕竟组织是以管理者对互惠责任的认知为基础,制定各项政策和制度的。员工、组织双方对于相互责任理解上的差异(虽然可能并非客观实际的差异),会影响到员工对组织的态度,并进一步使员工进行相应的行为调整[22];同时,对双方认知差异的研究也有助于组织了解双方认识不一致的具体情况,其中哪些方面需要加强沟通,使员工充分了解组织已履行的责任,或没有履行的原因;哪些方面又是员工寄望甚高,组织需要加大投资,在未来更充分地履行的。由此可见,了解双方的认知差异对于管理心理契约、降低契约破裂和违背的可能性有重大意义。

关注员工、组织对相互责任认知差异的实证研究数量不多。Herriot 和 Pemberton(1995)以中高层管理者作为组织代理人,采用关键事件技术和分层取样法,对英国各行业的员工与组织的心理契约内容进行调查,发现 12 项组织责任中有 6 项,7 项员工责任中有 3 项,员工与组织提到的频次差异显著[25]。Coyle-Shapiro 和 Kessler(2000)对英国地方政府的一个公共部门的雇员进行调查,结果发现相对于员工,管理者对组织履行承诺与责任的评价更为积极[49]。Lester 等(2002)的研究也表明员工比主管更可能感知到组织没有完全履行组织责任,特别是提供薪酬、晋升机会和建立良好雇佣关系方面。主管普遍认为组织在履行责任方面比员工做得更好。进一步分析双方对心理契约破裂的归因差异时发现,员工对组织没有履行责任的主要归因是组织有意不履行,主管则主要归因为不可控因素,这再一次说明加强双方沟通的重要性[50]。由此,本研究提出如下假设:

假设4:教师与学校对学校已履行责任存在认知差异。

假设5:教师与学校对学校未来责任履行存在认知差异。

Porter等(1998)[48]和李原(2006)[22]不仅关注了双方的认知差异,还考察了其对员工态度的影响。Porter等(1998)考察的是以高层管理者为代理人的组织与员工的心理契约的一致程度,发现在控制了工作满意度和员工工作绩效后,员工和组织对组织提供的诱因的感知差异(gap on organization inducements),即对心理契约中组织责任的认知差异,与员工对组织的满意度负相关。感知差异越大,员工满意度越低[48]。李原(2006)的研究也发现了组织视角和员工视角对组织责任的认知存在显著差异,并且认知差距对员工责任、工作满意度、情感承诺等有负向预测力[22]。表面上看,这两个研究的结论是一致的。如果深究其中就会发现,这两个研究对认知差异的衡量是相反的。Porter等(1998)对双方在组织诱因上的认知差异的衡量是以员工对组织诱因的感知得分减去高层管理人员对组织诱因的感知的平均得分(以此代表组织感知得分),负分代表员工比高层管理者感知到更低程度的组织诱因提供[48]。而李原(2006)对组织责任的认知差距的操作性定义则是将组织角度的"组织责任"得分减去员工角度的"组织责任"得分,负分代表员工角度对组织责任履行程度的评价高于组织角度的评价[22]。衡量方法是相反的,结论却是一致的,这种结果有些令人费解。一个可能的解释是这两个研究在实际的回归分析中并没有考虑到认知差异的方向,而只考虑绝对值。也就是说,无论认知差异是正是负,无论是哪一方的感知高于另一方,都存在认知差异绝对值大的情形,意味着双方在对组织责任履行程度的理解上存在较大分歧,从而造成教师心理契约的破裂和违背,并对其积极的态度和行为产生负向影响。而如果同时考虑了认知差异的方向,就要分别讨论正向差异和负向差异的情形。如果采用Porter等(1998)[48]的衡量方式,当认知差异为正时,表明员工比管理者感知到组织更高程度的责任履行,员工的评价更为积极,并且差异越大,说明员工相对于管理者对组织责任履行的评价越积极。这种正面积极的评价有利于激发员工履行员工责任和组织公民行为;而当认知差异为负时,表明员工比管理者感知到更低程度的组织责任履行。比如管理者处处流露出组织已对员工进行了充分的投资,承担了较高程度的责任,而员工却没有感知到,或缺乏相应程度的感知。负向认知差异越大,说明员工相对于管理者对组织责任履行的评价越消极,越可能导致员工心理契约破裂或违背,因而促使员工相应地减少责任履行和组织公民行为。因此,本研究认为当考虑了认知差异的方向时,它和员工责任以及组织公民行为的履行之间存在正相关关系。

从本研究中的心理契约内部关系看,教师和学校的认知差异可以体现为双方对学校责任履行的认知差异,双方对教师责任履行的认知差异,以及双方对教师—学校责任履行程度相互关系的认知差异,即双方心理契约类型差异。本研究将关注焦点集中于双方对学校责任履行的认知差异上。根据研究一假设,学校责任又分为学校已履行责任和学校未来责任。相应的,双方对学校责任的认知差异也体现为双方对学校已履行责任的认知差异和双方对学校未来责任的认知差异。这种认知差异不仅仅停留在双方的主观认识上,还会通过互动沟通相互影响,并体现在行为上。由此,本研究提出如下假设:

假设6:双方对学校已履行责任的认知差异与教师责任履行存在显著正相关关系。

假设6a:双方对学校已履行责任的认知差异与敬业守规责任履行存在显著正相关关系。

假设6b:双方对学校已履行责任的认知差异与关心学生责任履行程度存在显著正相关关系。

假设6c:双方对学校已履行责任的认知差异与科研投入责任履行存在显著正相关关系。

假设6d:双方对学校已履行责任的认知差异与认同支持责任履行存在显著正相关关系。

假设6e:双方对学校已履行责任的认知差异与活动参与责任履行存在显著正相关关系。

假设7:双方对学校已履行责任的认知差异与教师组织公民行为履行存在显著正相关关系。

假设7a:双方对学校已履行责任的认知差异与学校公益行为履行存在显著正相关关系。

假设7b:双方对学校已履行责任的认知差异与同事公益行为履行存在显著正相关关系。

假设7c:双方对学校已履行责任的认知差异与学生公益行为履行存在显著正相关关系。

假设 8：双方对学校未来责任履行的认知差异与教师责任履行存在显著正相关关系。

假设 8a：双方对学校未来责任履行的认知差异与敬业守规责任履行存在显著正相关关系。

假设 8b：双方对学校未来责任履行的认知差异与关心学生责任履行存在显著正相关关系。

假设 8c：双方对学校未来责任履行的认知差异与科研投入责任履行存在显著正相关关系。

假设 8d：双方对学校未来责任履行的认知差异与认同支持责任履行存在显著正相关关系。

假设 8e：双方对学校未来责任履行的认知差异与活动参与责任履行存在显著正相关关系。

假设 9：双方对学校未来责任履行的认知差异与教师组织公民行为履行存在显著正相关关系。

假设 9a：双方对学校未来责任履行的认知差异与学校公益行为履行存在显著正相关关系。

假设 9b：双方对学校未来责任履行的认知差异与同事公益行为履行存在显著正相关关系。

假设 9c：双方对学校未来责任履行的认知差异与学生公益行为履行存在显著正相关关系。

研究三模型如图 4-3 所示。

二、理论框架

综上所述，本研究在探讨中国高校教师心理契约和组织公民行为的维度构成的基础上，关注三个子问题：教师心理契约状态对教师履行组织公民行为的影响；教师心理契约类型对教师履行组织公民行为的影响；教师与学校对学校责任履行的认知差异及其对教师责任和组织公民行为的影响。本研究的总体理论框架如图 4-4 所示。

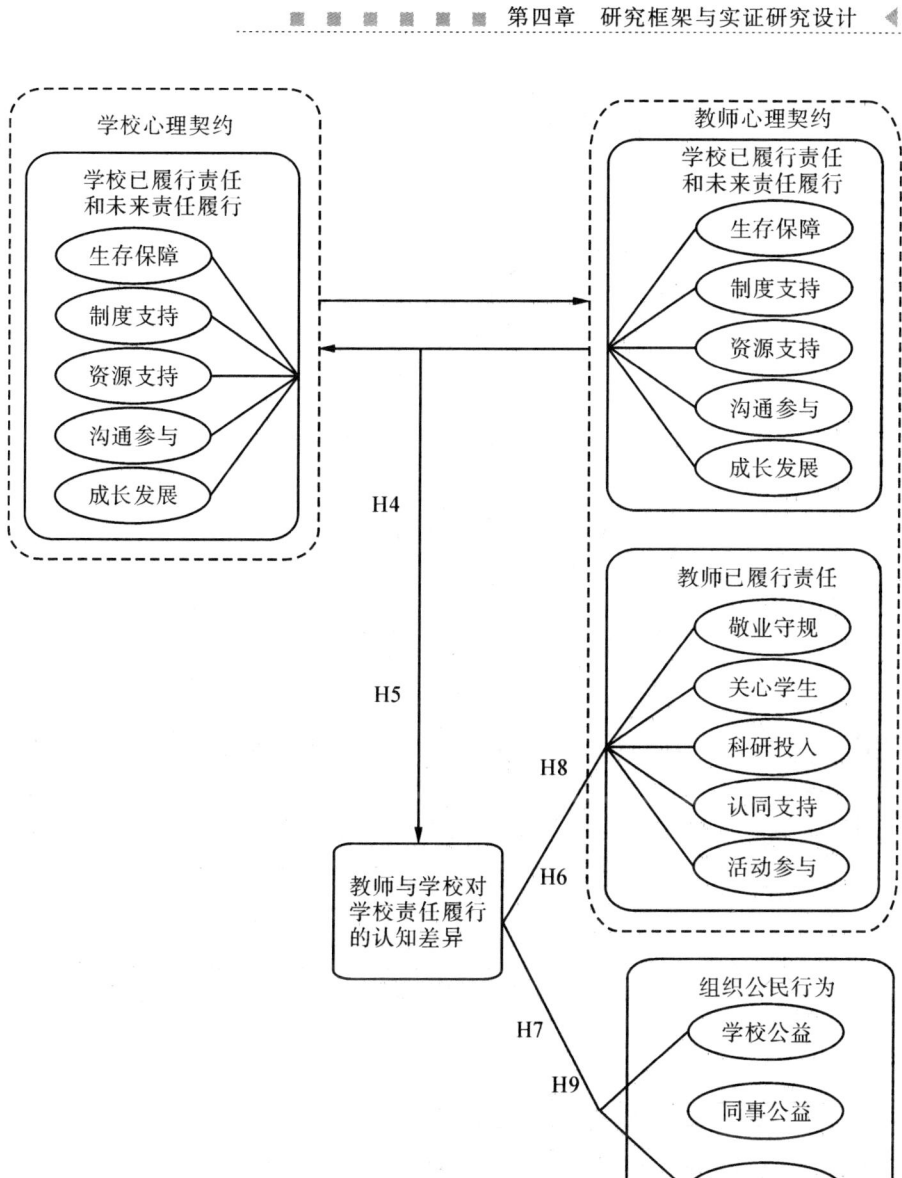

图 4-3 教师与学校对学校责任履行的认知差异及其影响模型

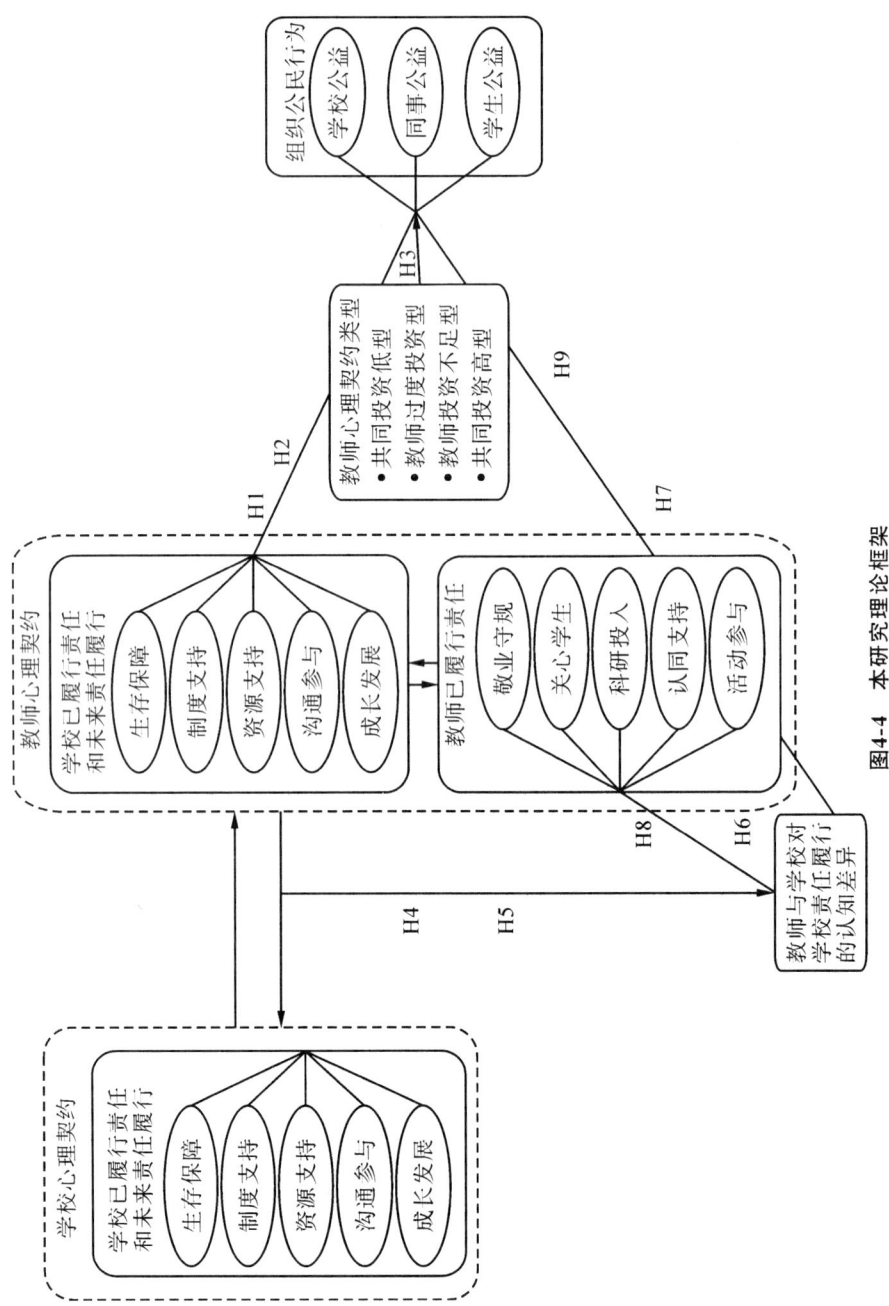

图4-4 本研究理论框架

第二节　实证研究设计

一、变量概念化

(一)教师心理契约

教师心理契约是指在雇佣关系存续期间,教师对学校责任和教师责任的感知和期望,是教师基于现实中双方对互惠责任的承诺基础上的主观判断。本研究中的学校责任具体包括教师感知到的学校已履行责任和学校未来责任。

(二)教师心理契约状态

教师心理契约状态是指教师对学校责任和教师责任履行程度的感知和预期。具体而言,它包括了教师对学校已履行责任程度的感知、对学校未来责任履行程度的感知和预期、教师对自己已履行责任程度的感知和评价。其中,教师对学校未来责任履行程度的感知和预期是教师基于对双方关系的判断,和其感受到的学校传达的各种信号的基础上对学校未来投资于雇佣关系的意愿的主观判断。

(三)教师心理契约类型

教师心理契约类型是指教师基于对教师—学校已履行责任程度的比较而形成的对雇佣关系的认知,是教师在与学校的社会交换过程中感知到的双方投入与回报的平衡或不平衡关系。教师心理契约共有四种类型:共同投资低型、教师投资过度型、教师投资不足型和共同投资高型。

(四)教师与学校对学校责任履行的认知差异

首先,学校心理契约中的学校责任是指学校的院系领导(学校代理人)在雇佣关系存续期间,对学校责任已履行程度和未来责任履行程度的感知和预期,是院系领导基于现实中校方各种形式的承诺的基础上形成的主观判断。由于本研究中的学校责任分为学校已履行责任和学校未来责任两部分,相应的,教师与学校对学校责任的认知差异也体现为两个部分:对学校已履行责任的认知差异(gap on inducements)和对学校未来责任履行的认知差异(gap on perceived organization obligations)。

教师与学校对学校已履行责任的认知差异是指教师感知到的学校已履行责任的程度与院系领导(学校代理人)感知到的学校已履行责任的程度之间的不一致情况。

教师与学校对学校未来责任履行的认知差异是指教师感知到的学校未来责任履行的程度与院系领导(学校代理人)感知到的学校未来责任履行的程度之间的不一致情况。

(五)教师组织公民行为

教师的组织公民行为是教师超越学校正式规定的行为标准,自发履行的,从整体上能有效提高学校效能的个人行为。

二、概念操作化

测量工具:鉴于目前心理契约和组织公民行为研究领域尚无符合中国高校教师职业和心理特征的量表,本研究在借鉴西方成熟量表的基础上,遵循量表开发程序,自行开发了《高校教师心理契约与组织公民行为调查问卷》(附录七)及《高校心理契约调查问卷》(附录八)。量表开发具体内容详见第三章。

(一)教师心理契约的测量

本研究在对心理契约的界定中强调了心理契约与一般意义上的期望的区别,即心理契约的承诺性。Rousseau 和 Tijoriwala(1998)明确指出,在对心理契约进行衡量时,操作性定义中应体现出基于承诺的责任,而不能将之等同于期望[46]。为此,本研究在使用《高校教师心理契约与组织公民行为调查问卷》衡量教师感知到的双方责任时,使用了"学校会通过各种方式(书面或口头、明确或暗示)承诺对教师履行一定的责任"和"您自己也会通过各种方式(书面或口头、明确或暗示)向学校承诺履行一定的责任"的说明以突出心理契约的承诺性。在学校未来责任部分,本研究还用了"请注意:我们不是问您希望学校履行的程度"的语句再一次提示被试者基于承诺的责任与期望的区别。

(二)教师心理契约状态的测量

本研究要求被试者指出"您认为学校实际履行这些责任的程度",作为对教师感知到的学校已履行责任程度的衡量。本研究请被试者"判断学校未来五年内可能履行这些责任的程度"作为对教师感知到的学校未来责任履行程度的衡量。虽然用五年界定未来显得比较主观,但这能在一定程度上避免因为不同被试者对未来一词的主观理解差异太大而带来的测量误差。具体而言,已履行责任程度和未来责任履行的程度的得分为其所包含的五个维度得分的平均分;每个责任维度的履行程度得分为其所包含的题项得分的平均分。本研究要求被试者指出"您实际履行这些责任的程度"作为对教师责任履行程度的衡量。教师责任每个责任维度的履行程度得分为其所包含的题项得分的平均分。对双方责任履行程度的衡量均使用李克特 5 点量表,1 代表"非常不好",5 代表"非常好"。

(三)教师心理契约类型的测量

教师心理契约类型的划分是将教师感知到的教师责任程度和学校已履行责任程度按平均数分别划分为高低两组,高于平均数的为高责任组,反之为低责任组。教师责任的高、低两组分别与学校责任的高、低两组组合便得到教师视角的教师—学校责任的四种类型。

具体而言,是计算出每位被试者学校已履行责任程度的平均分,即学校已履行责任程度个人平均分。再计算出所有被试者的学校已履行责任程度的平均分,即学校已履行责任程度总体平均分。以总体平均分作为划分标准,个人平均分高于总体平均分的,即被归入学校责任高组,反之被归入学校责任低组。以同样的方式,本研究计算出每位被试者教师责任履行程度的平均分,即教师责任履行程度个人平均分。再计算出所有被试者的教师责任履行程度的平均分,即教师责任履行程度总体平均分。以总体平均分作为划分标准,个人平均分高于总体平均分的,即被归入教师责任高组,反之被归入教师责任低组。学校责任高、低组分别和教师责任高、低组组合,可以得到教师心理契约四种类型,分别为学校责任低教师责任低组即共同投资低型、学校责任低教师责任高组即教师投资过度型、学校责任高教师责任低组即教师投资不足型和学校责任高教师责任高组即共同投资高型,并确定每位被试者的心理契约类型。

(四)教师与学校对学校责任履行的认知差异的衡量

对认知差异的衡量首先涉及对院系领导感知到的学校责任履行程度的衡量。本研究使用《高校心理契约调查问卷》对领导组被试者进行测量。该问卷仅由学校已履行责任、学校未来责任两个量表构成,其所包含的责任题项与教师问卷中的学校责任题项完全一致,仅在指导语上有所区别。由于院系领导自身也是高校教师,本研究使用了"从院、系领导的角度"或"作为院、系领导"等语句加以特别强调,以提示被试者基于自己的职务视角对学校已履行责任程度和未来责任履行程度作出判断。

在此基础上,本研究分别计算了教师与学校在学校已履行责任和未来责任履行程度上的认知差异。首先,本研究算出领导组被试者在学校已履行责任和学校未来责任履行程度上的平均分,然后,用每个教师组被试者在这两个责任程度上的得分分别减去相应的领导组平均分。这样,每个教师组被试者都对应两个认知差异,即教师与学校在学校已履行责任程度的认知差异=每个教师组被试者学校已履行责任程度的得分-领导组学校已履行责任程度平均分;教师与学校在学校未来责任履行程度上的认知差异=每个教师组被试者学校未来责任履行程度的得分-领导组学校未来责任履行程度平均分。认知差异得分有正负之分,正分代表教师比学校感知到更高程度的学校已履行责任或对学校未来责任的履行程度有更高的预期,负分代表教师比学校感知到更低程度的学校已履行责任或对学校未来责任的履行程度预期更低。

本研究的领导组被试者选取的是学校的中层(院长)和基层领导(系主任)。虽然院长和系主任并不像以校长为代表的高层领导班子那样对学校发展事务负有全面和最终的决策权,但他们均不同程度地参与制定和贯彻学校的各项政策和制度,应该十分清楚学校向教师作出了哪些承诺、履行了哪些责任、履行得如何、未来可能在哪些方面增加或减少投入等。他们同时也是学校政策制度的推动者和沟通者,在高层领导和广大教师之间起到了上传下达的作用。比起高层领导,他们与教师有更多的接触,教师对学校责任已履行情况的了解和对未来责任履行的预期在很大程度上是基于他们传达的信息和给予的承诺形成的。他们对心理契约的理解应该能作为学校视角的有效代表。

(五)教师组织公民行为的衡量

本研究请被试者评价自己的实际情况与组织公民行为语句描述的情况的符合程度作为对教师组织公民行为履行程度的衡量,符合程度以李克特5点量表衡量,1代表非常不符合,5代表非常符合。组织公民行为每个维度的得分为其所包含的题项得分的平均分。

三、数据分析方法

(一)结构方程模型(structural equation model)

本研究使用结构方程模型来检验教师心理契约状态与组织公民行为之间的关系,分别构造学校已履行责任、学校未来责任对教师组织公民行为的影响模型,检验模型拟合程度和路径系数的显著性。

(二)层级多元回归分析(hierarchical multiple regression analysis)

本研究使用层级多元回归分析检验教师—学校对学校责任履行的认知差异与教师责任、组织公民行为之间的关系。首先将人口统计学变量放入回归方程以控制其影响,再分别用双方在学校已履行责任和未来责任履行上的认知差异,分别对教师责任、组织公民行为各维度进行回归。

(二)单因素方差分析(one-way ANOVA)

单因素方差分析适用于三组以上的平均数差异检验。本研究使用方差分析检验教师不同心理契约类型在组织公民行为各维度上的差异,以及教师、系领导、院领导在学校已履行责任程度、未来责任履行程度及相应各维度上的认知差异。

(三)独立样本T检验

独立样本T检验适用于两组平均数差异检验。本研究使用独立样本T检验检验教师组和院系领导组在学校已履行责任程度、未来责任履行程度及相应各维度上的认知差异。

第五章　数据分析和结果讨论

正式测试中教师与管理者被试者的数据收集过程与方法,有效样本的基本特征已经在第三章第三节进行了详细说明。本章主要围绕三个子研究所涉及的变量关系进行实证检验,以及对实证结果进行讨论和阐释。

第一节　教师心理契约状态对组织公民行为的影响

一、教师心理契约状态对组织公民行为的影响

教师心理契约状态是指教师对责任履行程度的感知和预期。本研究分别检验教师感知到的学校已履行责任和学校未来责任履行对教师组织公民行为的影响。

本研究将人口统计变量转换为虚拟变量。性别变量中女性设为0,男性设为1。教龄变量中教龄1代表教龄15年以上,设为(1,0);教龄2代表教龄6~15年,设为(0,1);教龄5年及以下设为(0,0)。学位变量中非博士设为0,博士设为1。职称变量中教授设为(1,0),副教授设为(0,1),讲师助教设为(0,0)。从表5-1的相关矩阵可以看出,学校已履行责任五因素之间、学校未来责任五因素之间呈中高度相关。多重共线性检验发现虽然各自变量的容忍度、方差膨胀因子等指标都在正常范围,但条件指数值却都在15以上,显示可能存在多重共线性问题。当自变量违反多重共线性假设时,会对个别回归参数显著性检验产生严重影响,比如可能出现与因变量有高相关的自变量,回归系数不显著,而与因变量相关不显著的自变量,其回归系数反而出现显著的矛盾现象[188]。已有研究表明,构造二阶因素模型可以解决多重共线性问题[205;206]。因此,本研究在因素分析确定的学校已履行责任五因素和学校未来责任五因素的基础上各抽取一个二阶因素,分别命名为学校已履行责任和

表 5-1　学校责任履行与组织公民行为等变量的描述性统计和相关分析结果（N=318）

变量	均值	标准差	1	2	3	4	5	6	7	8	9	10	11	12	13
1. 生存保障 a①	2.7672	.72024	1												
2. 制度支持 a	2.7864	.64023	.574***	1											
3. 资源支持 a	2.8907	.75452	.395***	.559***	1										
4. 沟通参与 a	2.4339	.79705	.529***	.686***	.509***	1									
5. 成长发展 a	2.8918	.67509	.530***	.566***	.538***	.593***	1								
6. 生存保障 b②	2.8705	.72316	.865***	.496***	.384***	.480***	.458***	1							
7. 制度支持 b	3.0097	.68856	.587***	.828***	.474***	.610***	.513***	.653***	1						
8. 资源支持 b	3.1501	.78500	.394***	.498***	.831***	.478***	.501***	.519***	.640***	1					
9. 沟通参与 b	2.6532	.84236	.496***	.573***	.443***	.831***	.512***	.587***	.735***	.609***	1				
10. 成长发展 b	3.1380	.73461	.476***	.431***	.447***	.506***	.810***	.581***	.632***	.629***	.659***	1			
11. 学校公益	3.6228	.61573	.268***	.263***	.182**	.231***	.294***	.337***	.304***	.272***	.308***	.368***	1		
12. 同事公益	3.9789	.52382	.209***	.145***	.131**	.123**	.171***	.254***	.177***	.178***	.147***	.227***	.620***	1	
13. 学生公益	3.9364	.61207	.049	.112**	.027	.104*	.120**	.085	.093*	.048	.101*	.157***	.592***	.591***	1

注：*** 表示 P＜0.01，** 表示 P＜0.05，* 表示 P＜0.1。

① 生存保障 a 表示学校已履行的生存保障责任，其他责任维度以此类推。
② 生存保障 b 表示学校未来履行的生存保障责任，其他责任维度以此类推。

学校未来责任,将二阶模型与其他备择模型进行比较,以确认其拟合优化程度。备择模型包括:一阶一因素模型,即所有题目整合为一个维度;一阶五因素模型,即因素分析确定的学校责任五因素模型。如表5-2所示,学校已履行责任和学校未来责任二阶模型整体拟合良好:χ^2/df小于3,RMSEA为0.07,RMR在0.04~0.05之间,GFI、CFI、IFI均接近或大于0.09,PNFI大于0.5,且拟合指数都显著优于相应的一阶一因素模型,与相应的一阶五因素模型的整体拟合程度相当。根据Marsh和Hocevar(1985)的建议,构造目标系数(target coefficient statistics),即一阶模型与二阶模型卡方值的比值,目标系数越接近1,越能支持二阶模型的合理性[207]。学校已履行责任和未来责任模型的目标系数分别达到0.96和0.97,说明二阶因素对一阶五因素间关系的解释量分别达到了96%和97%,有力地支持了二阶模型的合理性。

表5-2 学校责任二阶模型整体拟合及模型比较结果(N=318)

模型	χ^2/df	GFI	CFI	RMR	RMSEA	IFI	PNFI
学校已履行责任							
二阶模型	2.53	0.86	0.92	0.04	0.07	0.92	0.78
一阶五因素模型	2.49	0.87	0.92	0.04	0.07	0.93	0.77
一阶一因素模型	5.73	0.69	0.75	0.06	0.12	0.75	0.65
学校未来责任							
二阶模型	2.52	0.87	0.93	0.05	0.07	0.93	0.79
一阶五因素模型	2.51	0.87	0.93	0.05	0.07	0.93	0.78
一阶一因素模型	5.33	0.73	0.78	0.07	0.11	0.78	0.68

就内部拟合结果而言,学校已履行责任二阶模型、学校未来责任二阶模型中所有的因素载荷均显著,多数载荷在0.70以上,二阶因素载荷在0.77~0.91之间,各潜在因素的平均变异量抽取值(AVE)均超过或接近0.50的标准,表明测量指标和一阶因素具备聚合效度;所有潜在因素的组合信度都在0.70以上,表明其信度良好。综上所述,学校已履行责任二阶模型、学校未来责任二阶模型整体拟合和内部拟合程度较为理想,得到了验证。

表5-3显示学校已履行责任、学校未来责任与学校公益、同事公益、学生公益行为均显著相关。

表 5-3 学校责任与教师 OCB 等变量的描述性统计和相关分析结果（N=318）

变量	均值	标准差	1	2	3	4	5
1.学校已履行责任	2.77	.60	1				
2.学校未来责任	2.97	.63	.78***	1			
3.学校公益	3.54	.66	.30***	.38***	1		
4.同事公益	3.97	.54	.21***	.26***	.60***	1	
5.学生公益	3.97	.61	.11**	.12**	.56***	.55***	1

注：*** 表示 $P<0.01$，** 表示 $P<0.05$。

本研究分别构建了模型 1 和模型 2 考察学校已履行责任二阶因素、学校未来责任二阶因素对 OCB 三因素的影响，同时构建其相应的一阶五因素对 OCB 的影响模型（模型 3 和模型 4）作为比较模型。模型比较结果如表 5-4 所示，一阶五因素影响模型与二阶因素影响模型整体拟合结果基本相当，但前者 15 条路径中多数路径系数不显著，标准化回归系数大于 1，且系数符号与理论相反，这些均是多重共线性的典型表现[208]，而二阶因素影响模型的路径系数均显著，且数值或符号没有出现异常情况，进一步说明了该模型的有效性[206;209]，因此接受二阶因素影响模型为最佳模型。

表 5-4 结构模型比较结果（N=318）

模型	χ^2/df	GFI	CFI	RMR	RMSEA	IFI	PNFI
模型 1 学校已履行责任二阶因素对 OCB 的影响模型	1.98	0.81	0.90	0.04	0.05	0.90	0.77
模型 3 学校已履行责任一阶五因素对 OCB 的影响模型	2.01	0.82	0.90	0.04	0.05	0.90	0.76
模型 2 学校未来责任二阶因素对 OCB 的影响模型	1.99	0.82	0.90	0.05	0.05	0.90	0.77
模型 4 学校未来责任一阶五因素对 OCB 的影响模型	2.05	0.81	0.90	0.04	0.06	0.90	0.76

图 5-1、图 5-2 显示，学校已履行责任、学校未来责任与教师的学校公益行为（$\beta=0.34, P<0.01; \beta=0.42, P<0.01$）、同事公益行为（$\beta=0.24, P<0.01$；

$\beta=0.27, P<0.01$)、学生公益行为($\beta=0.13, P<0.05$;$\beta=0.13, P<0.05$)履行均显著正相关。由路径系数比较可知,未来责任与学校公益和同事公益行为的正相关关系强于已履行责任;学校责任履行与学校公益行为的正相关关系最强,同事公益行为次之,与学生公益行为的正相关关系最弱。

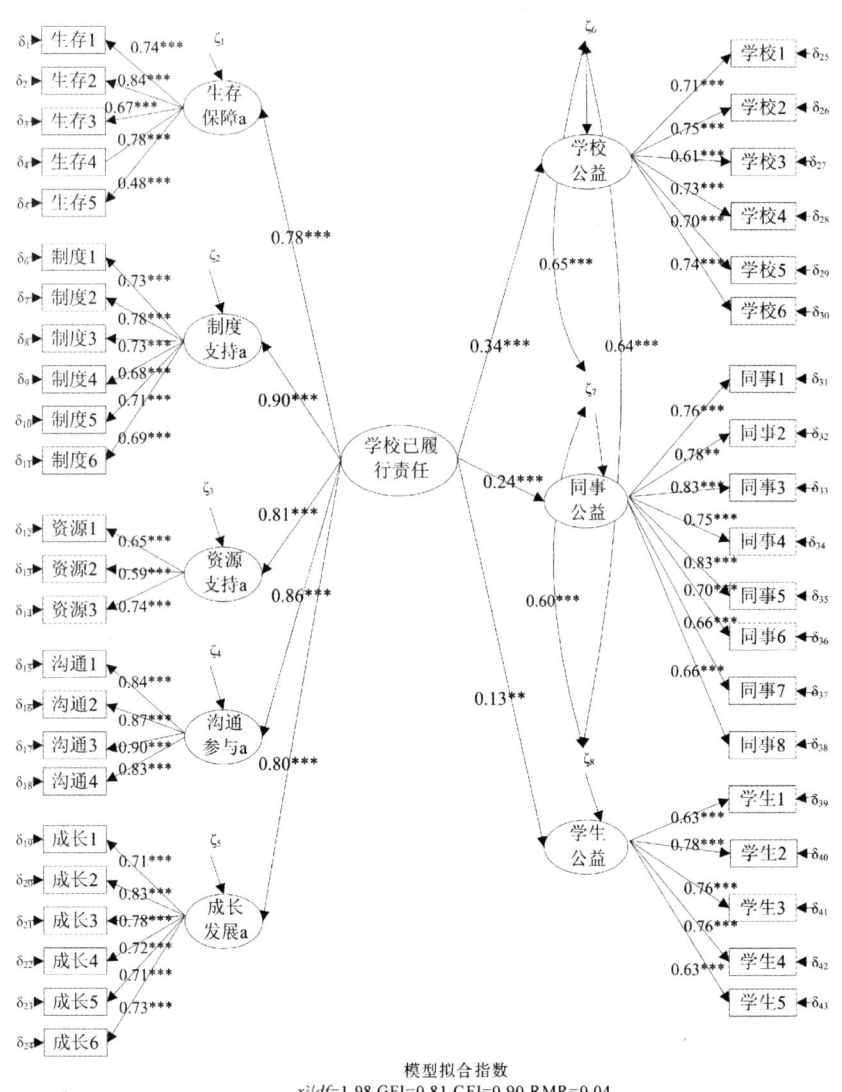

图 5-1 学校已履行责任二阶因素对 OCB 的影响模型

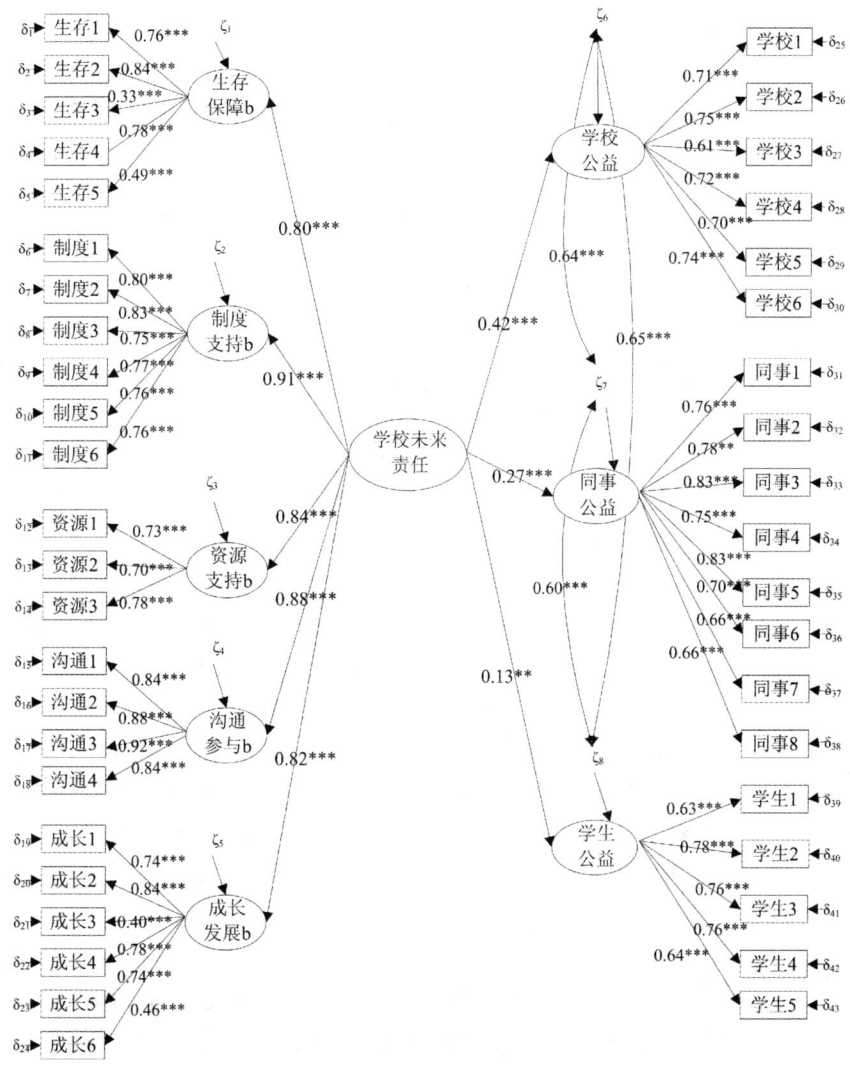

模型拟合指数
$x^2/df=1.99$, GFI=0.82, CFI=0.90, RMR=0.05, RMSEA=0.05, IFI=0.90, PNFI=0.77

图 5-2 学校未来责任二阶因素对 OCB 的影响模型

综合来看，教师感知到的学校已履行责任和学校未来责任履行分别与教师的学校公益、同事公益和学生公益行为履行存在显著正相关关系。假设 1 和 2 得到支持。

二、结果讨论

学校已履行责任、学校未来责任与教师 OCB 各维度均有显著正相关关系,这说明教师感知到的学校责任已履行的程度越高,或教师对学校未来责任履行的预期越高,越能激发其 OCB。由此验证了反应式回报和前瞻式回报的存在。进一步探究其作用机理发现:第一,无论是反应式还是前瞻式回报,都不是通过单个责任维度对 OCB 的直接影响而产生的。学校已履行责任、学校未来责任作为二阶变量,反映了其相应的五个责任维度的共变关系和相互作用。这说明心理契约是一种整体性的主观感受,一个方面履行得不好,会产生溢出(spillover)效应,影响个体对其他方面、进而对责任履行的整体评价和预期。第二,对未来责任履行的预期产生的事前激励作用强于对已履行责任的事后回报,因为这种前瞻式回报反映了教师对学校未来责任履行的信任和期待对其积极行为的共同激发作用。教师对学校未来投入有信心,使其有动力在当前尽心尽力为学校服务,履行角色内外行为,这些积极的行动既表达了个体维持双方良性关系的意愿,同时也提高了学校一方未来增加投入的可能性。第三,学校责任履行与学校公益行为的正相关关系最强,其次是同事公益行为,与学生公益行为的关系最弱,这说明学校、同事、学生都是教师为了维持有利于自身的社会交换关系而选择回报的对象,但不同对象在被选择的优先次序和回报程度上有所区别。当教师对学校责任履行的评价或预期不高时,教师感到与学校的社会交换关系失去平衡,会首先减少面向学校的 OCB 以恢复平衡。学校公益行为与学校效能关系最为密切,因此也是教师"以牙还牙"最直接减少的行为。就同事公益行为而言,虽然中国是个典型的人情社会,关系取向和他人取向是中国人社会取向的两大特征[210],但高校教师个体之间相对独立,自我意识比较强,比较注重保护自己的和尊重他人的独立的生活和工作空间。教师适当减少同事公益行为,比如,不主动帮助同事分担工作重任或与同事交流分享与工作相关的隐性知识、对同事的工作困难不主动关心等等,这些做法虽缺乏人际互助的主动性和自觉性,但也没有触及该群体人际交往的基本底线,并不会因此损害个人的面子或人情利益,但对学校利益却可能构成不容忽视的潜在损失。也就是说,教师通过减少对同事有益的行为,而减少了对学校的贡献,以此方式回应自己感知或预期到的学校履行的低责任,从而维持了自己和学校之间社会交换的平衡。学校责任履行与学生公益行为的正相关关系最弱,说明减少对学生的额外付出是教师不得已而为之的行为。教师一般会恪守职业操守,不会轻易减少对学生的额外付出,但若学校责任已履行或预期履行的程度低于教师的心理底线,导致教师心理契约破裂以及由此造成的不满、失望等负面情绪,减少学生公益行为也是减少对学校贡献,维持社会交换关系平衡的合理选择。

第二节　教师心理契约类型对组织公民行为的影响

心理契约领域的研究主题主要涉及心理契约内容、状态和类型。心理契约内容研究关注员工、组织双方责任的维度构成,心理契约状态研究探讨责任的履行情况,例如履行程度高低、是否存在心理契约违背或破裂等,而类型研究则聚焦于双方责任履行的平衡/不平衡关系。在现有的心理契约文献中,有关心理契约内容和状态的研究成果非常丰富,而对心理契约类型的研究却并不多见。本节集中关注教师心理契约类型,即教师感知到的教师责任履行程度和学校责任履行程度间的平衡/不平衡关系,及其对教师行为的影响。这实质上是深入心理契约内部剖析双方责任履行的相互关系。

一、教师心理契约类型

教师心理契约类型的划分是将教师感知到的教师责任履行程度和学校已履行责任的程度按平均数分别划分为高低两组,高于平均数的为高责任组,反之为低责任组。具体划分方法详见本研究第四章第二节教师心理契约类型的测量方法介绍。教师责任的高、低责任组分别与学校责任的高、低责任组组合便得到教师视角的教师—学校责任的四种类型。

类型1——共同投资低型,即学校责任低+教师责任低,教师感知到自己和学校履行各自责任的程度都低于平均水平;类型2——教师投资过度型,即学校责任低+教师责任高,教师感知到学校履行责任的程度低于平均水平,感知到自己履行责任的程度高于平均水平,教师认为自己的投入大于学校给予的回报;类型3——教师投资不足型,即学校责任高+教师责任低,教师感知到学校履行责任的程度高于平均水平,感知到自己履行责任的程度低于平均水平,教师认为自己的投入小于学校给予的回报;类型4——共同投资高型,即学校责任高+教师责任高,教师感知到自己和学校履行各自责任的程度都高于平均水平。共同投资低型和共同投资高型显示了双方投入和回报的相对均衡,体现了平衡的社会交换关系;教师投资过度型和教师投资不足型说明了一方的投入小于从对方获得的回报,代表了不平衡的社会交换关系。

本研究中四种类型的人数比例如表5-5所示。平衡型占总体的60.1%,其中共同投资低型占被试者总体的34%,共同投资高型占26.1%;非平衡型占总体的39.9%,其中教师投资过度型占17.3%,教师投资不足型占22.6%。这一结果同Tsui等[19]、Shore和Barksdale(1998)[20]以及李原(2006)[22]等学者的研究成果一致,都显示了平衡型的比例远远高于非平衡型,从另一个角度反应了心理契约中的社会交换关系与互惠原则。

表5-5 教师心理契约类型(N=318)

教师心理契约类型	人数	百分比(%)
1.共同投资低型	108	34.0
2.教师投资过度型	55	17.3
3.教师投资不足型	72	22.6
4.共同投资高型	83	26.1
被试者总体	318	100.0

二、教师心理契约类型对组织公民行为的影响

本研究采用单因素方差分析检验教师组织公民行为的三个维度是否因教师心理契约类型不同而有所差异。

王保进(2007)指出,当各组人数差异越大,方差是否齐性对拒绝或接受零假设的影响就越大,最好应做方差齐性假设的检验[188]。由于本研究自变量各组样本数有所差异,本研究进行了方差齐性检验。表5-6显示,经Levene检验法,在学校公益、同事公益、学生公益三个因变量上,F值未达0.05显著水平,表明四组样本的方差差异未达显著水平,四组样本方差具有齐性,没有违反方差分析的基本假设,可以选择方差齐性的事后比较方法。

表5-6 四种心理契约类型在组织公民行为上的差异比较方差齐性检验(N=318)

因变量	Levene Statistic	$df1$	$df2$	Sig.
学校公益	0.146	3	314	0.932
同事公益	1.848	3	314	0.138
学生公益	1.339	3	314	0.262

表 5-7 表明教师心理契约四种类型在学校公益、同事公益、学生公益行为上的方差分析 F 值均达显著,表示教师组织公民行为各维度会因自变量心理契约类型的不同而有所差异。由于 Scheffe 法最适用于多组平均数间的比较[188],本研究采用这种方法进行事后比较,以检验各组的具体差异情形。

表 5-7　四种心理契约类型在组织公民行为上的差异比较方差分析表(N=318)

因变量	变异来源	SS	df	MS	F
学校公益	组间	38.851	3	12.950	50.289***
	组内	80.860	314	.258	
	总体	119.711	317		
同事公益	组间	15.842	3	5.281	22.420***
	组内	73.959	314	.236	
	总体	89.801	317		
学生公益	组间	23.961	3	7.987	26.258***
	组内	95.509	314	.304	
	总体	119.470	317		

注:*** 表示 $P<0.01$,** 表示 $P<0.05$。

事后比较结果如表 5-8 显示,在组织公民行为的三个维度上,共同投资低型(类型 1)的得分总是低于共同投资高型(类型 4)和教师投资过度型(类型 2);教师投资不足型(类型 3)的得分也总是低于共同投资高型(类型 4)和教师投资过度型(类型 2);共同投资高型(类型 4)和教师投资过度型(类型 2)没有显著差异。学校公益维度的差异分析结果不同于同事公益和学生公益维度在于:共同投资低型(类型 1)在学校公益行为上的得分显著低于教师投资不足型(类型 3),而在同事公益和学生公益行为上,这两种类型没有显著差异。综上所述,共同投资低型在学校公益行为上的得分最低,教师投资不足型次之,共同投资高型和教师投资过度型得分最高,假设 3a 得到部分支持。在同事公益和学生公益行为方面结论一致。共同投资低型和教师投资不足型的得分低于共同投资高型和教师投资过度型,假设 3b 和 3c 得到部分支持。假设 3 得到部分支持。

表 5-8　四种心理契约类型在组织公民行为上的差异事后比较结果（N＝318）

因变量	自变量	N	Mean	Std. Deviation	Post Hoc Test	(I) Type	(J) Type	Mean Difference (I-J)
学校公益	1 共同投资低型	108	3.2445	0.52108	Scheffe	1	2	−0.77703***
							3	−0.19644*
							4	−0.76277***
	2 教师投资过度型	55	4.0216	0.52479		2	1	0.77703***
							3	0.58059***
							4	0.01425
	3 教师投资不足型	72	3.4410	0.49734		3	1	0.19644*
							2	−0.58059***
							4	−0.56634***
	4 共同投资高型	83	4.0073	0.48607		4	1	0.76277***
							2	−0.01425
							3	0.56634***
	Total	318	3.6225	0.61452		1＜2,1＜3,1＜4；3＜2,3＜4　2 和 4 无差异		
同事公益	1 共同投资低型	108	3.7859	.52861	Scheffe	1	2	−.44842***
							3	.01286
							4	−.44288***
	2 教师投资过度型	55	4.2343	.47076		2	1	.44842***
							3	.46128***
							4	.00554
	3 教师投资不足型	72	3.7731	.41129		3	1	−.01286
							2	−.46128***
							4	−.45574***
	4 共同投资高型	83	4.2288	.49488		4	1	.44288***
							2	−.00554
							3	.45574***
	Total	318	3.9762	.53224		1＜2,1＜4；3＜2,3＜4　1 和 3 无差异、2 和 4 无差异		

续表

因变量	自变量	N	Mean	Std. Deviation	Post Hoc Test	(I) Type	(J) Type	Mean Difference (I-J)
学生公益	1 共同投资低型	108	3.7119	.58570	Scheffe	1	2	−.58761***
							3	.04289
							4	−.49607***
	2 教师投资过度型	55	4.2995	.53659		2	1	.58761***
							3	.63050***
							4	.09154
	3 教师投资不足型	72	3.6690	.48409		3	1	−.04289
							2	−.63050***
							4	−.53896***
	4 共同投资高型	83	4.2079	.56974		4	1	.49607***
							2	−.09154
							3	.53896***
	Total	318	3.9333	.61390		1<2,1<4;3<2,3<4 1 和 3 无差异、2 和 4 无差异		

注：*** 表示 $P<0.01$，** 表示 $P<0.05$，* 表示 $P<0.1$。

三、结果讨论

共同投资高型(类型 4)在组织公民行为三个维度上的得分都显著高于共同投资低型(类型 1)和教师投资不足型(类型 3)，这与 Tsui 等(1997)[19]、Shore 和 Barksdale(1998)[20]、余琛(2004)[21]以及李原(2006)[22]的研究结论基本一致。共同投资高型反映了一种良性循环的社会交换关系，教师认为学校为教师充分履行了责任，自己也为学校作出相应贡献，双方互惠互利，彼此贡献与回报平衡，能激发教师形成对雇佣关系的积极认知，以及表现出有利于学校整体效能提高的组织公民行为。

反之，共同投资低型(类型 1)在学校公益行为上的得分显著低于其他三组，在同事公益和学生公益行为上的得分显著低于共同投资高型(类型 4)和教师投资过度型(类型 2)。这个结果也与余琛(2004)[21]和李原(2006)[22]的发现基本一致。共同投资低型表明教师认为学校责任的履行不尽如人意,教师也仅承担维持雇佣关系所要求的最低程度的责任。既然教师责任的履行都只停留在低水平,职责之外的组织公民行为的履行程度低也就不难理解了。共同投资低型虽然也体现了双方投入与回报的平衡,但却是维持在较低水平上的平衡,主要体现为双方互相承担明确的、基本的、尽可能少的责任,这容易使教师形成对雇佣关系的消极认知和失望、不满等消极情绪。这种消极认知和情绪进一步强化了教师减少或撤消有利于学校效能的组织公民行为的可能性。

本研究结果的特别之处在于发现教师投资过度型(类型 2)和共同投资高型(类型 4)在组织公民行为的三个维度上的得分均无显著差异。教师投资过度型是指教师认为自己履行教师责任的程度高于平均水平,而学校履行学校责任的程度低于平均水平,双方的贡献回报并不平衡,教师比学校承担了更高的责任,相当于 Tsui 等(1997)研究中的组织投资不足型[19]以及 Shore 和 Barksdale(1998)研究中员工低责任型(employee under-obligation relationship,即员工感知到自己只需承担低程度的责任)[20]。这两个研究结果都显示这种不平衡类型对员工的积极工作行为或态度,如员工绩效、组织公民行为、情感承诺、组织支持感等方面造成的不良影响最大。本研究结论与此相矛盾,一种可能的解释是本研究的样本是中国高校教师,不同于 Tsui 等(1997)研究中的企业员工[19],更不同于 Shore 和 Barksdale(1998)研究中的 MBA 学生[20]。教师感知到学校责任履行的程度不高,而自己仍然履行了较高程度的教师责任。虽然学校对雇佣关系的投入不足也会使他们产生不公平和不信任感,甚至导致工作满意度下降,但这个群体强烈的职业责任感仍可能驱使他们坚持做他们认为自己应该做的事,包括履行组织公民行为。也就是说,此时个体的 OCB 并非源自社会交换动机,并非出于对学校组织的回报,而更可能源自个体对职业的忠诚。但是,如果社会交换中的不公平状况一直延续,源自组织的激励因素始终缺失,单靠个体自发的贡献又能持续多久呢(尤其是针对学校贡献的学校公益行为)?这是值得管理者思考的一个问题。当然,这种矛盾的结论也可能是抽样或测量误差引起的,还有待后续研究进一步验证,应用该结论应非常谨慎。

本研究结果还显示,教师投资不足型(类型 3)在学校公益行为上的得分显著高于共同投资低型(类型 1),但两者在同事公益、学生公益行为上的得分无差异。教师投资不足型反映了教师认为学校责任的履行程度高于教师责任的履行程度,尽管这是一种有利于教师的社会交换关系,但这种不平衡容易被教师合理化,而不太可能激发教师表现出更多的积极行为,所以这种类型和共同投资低型在同事公益和学生公益行为上没有显著差异,并显著低于其他两种类型。教师投资不足型和共同投资低型的主要区别在于学校责任履行程度的高低。学校责任履行程度不同,其影响也仅限于最直接相关的学校公益行为。因此,认为学校责任履行得好的教师(类型3)表现出更多的学校公益行为,但也显著低于其他两种类型。

  总体而言,共同投资高型体现了平衡良性的社会交换关系,会对教师的态度和行为产生积极影响,是学校与教师双方应该致力建设的教师心理契约类型。在共同投资低型和教师投资过度型两种类型中,学校虽然投入较少,可以降低成本,但前者的代价是教师显著减少了组织公民行为,后者虽然在行为上暂时没有产生显著影响,但并不代表在教师的态度和情感上不产生消极影响。教师维持高水平的组织公民行为更多的是基于教师个体的职业忠诚,不平衡的社会交换关系的延续会逐渐侵蚀这种自发的忠诚,这种组织公民行为,特别是学校公益行为的稳定性和持续性是值得怀疑的。教师投资不足型中,教师组织公民行为显著低于共同投资高型和教师投资过度型,在其中两个维度上与共同投资低型一样低,这说明学校的高投入并没有起到激发积极行为的作用,也是不值得提倡的。

第三节 教师与学校对学校责任履行的认知差异及其影响

  在对教师心理契约研究的基础上纳入学校视角有助于我们了解心理契约的相互性(mutuality)——即学校和教师对责任履行程度的认知的一致性程度。共识程度过低容易导致心理契约破裂或违背——员工比管理者更可能感知到组织没有完全履行责任,而管理者普遍认为组织在责任履行方面已做得不错。尽管主观感知是心理契约的主要特点,一定程度的共识能减少因理解歧义而造成的心理契约违背或破裂。

一、教师与学校对学校责任履行的认知差异

  本研究旨在了解教师与学校两个视角对心理契约中的学校责任履行的理

解是否存在分歧（即认知差异）。本研究第三章第三节管理者数据收集部分已经介绍了双视角研究的数据来源。受时间、成本等各方面资源限制，本研究将双视角研究的调查取样集中在一个高校内进行。选取教师样本中某高校的样本作为用于比较的员工样本（N=111），选取该校的中层（院长）和基层管理者（系主任）作为学校视角的代理人。正如本研究第四章第二节对认知差异的概念操作化部分所解释的，院长和系主任既是学校各项政策、制度的参与决策和制定者，也是贯彻这些政策制度的实际推动者和向教师传达政策制度的沟通者。他们应该十分清楚学校关于责任的承诺、实际履行了哪些责任和履行的程度，以及未来可能的投入；同时，他们也与教师有更多的互动接触，教师对学校责任履行程度的了解和对未来责任履行程度的预期在很大程度上是基于他们传达的信息和给予的承诺。因此，院长和系主任对学校责任履行的理解至少能在一定程度上代表学校视角。

本研究把院长和系主任样本（N=65）统称为领导组，采用独立样本 T 检验的方法对学校已履行责任程度和未来责任履行的程度进行领导、教师两组比较。为了更深入地了解差异的具体情况，本研究对已履行责任和未来责任所包含的五个维度的责任履行程度也进行了两组认知比较。比较结果整理后如表 5-9 所示。

表 5-9 显示，教师和学校视角对学校已履行责任程度和未来责任履行的程度的认知差异是显著的。假设 4 和假设 5 得到支持。进一步从各个维度分析，仅有资源支持维度，无论是已履行责任程度还是未来责任履行的程度，双方视角的认知差异均不显著。除此之外的各维度在已履行责任程度和未来责任履行的程度上，双方认知都有显著差异。

表 5-9　教师、领导两组对学校责任履行的认知差异独立样本 T 检验（N=176）

学校责任	职务	个数	平均数	标准差	平均数差异	T 值
学校已履行责任	教师	111	2.5847	.49258	−.25029	−3.274***
	领导	65	2.8349	.48422		
生存保障 a	教师	111	2.3250	.63835	−.26311	−2.786***
	领导	65	2.5881	.54172		
制度支持 a	教师	111	2.6524	.58146	−.24902	−2.876***
	领导	65	2.9014	.50423		

续表

学校责任	职务	个数	平均数	标准差	平均数差异	T值
资源支持 a	教师	111	2.9736	.65252	-.11465	-1.091
	领导	65	3.0882	.70576		
沟通参与 a	教师	111	2.2175	.75390	-.25983	-2.107**
	领导	65	2.4773	.84725		
成长发展 a	教师	111	2.7548	.65559	-.36486	-3.664***
	领导	65	3.1197	.60523		
学校未来责任履行	教师	111	2.8409	.63033	-.34728	-3.752***
	领导	65	3.1881	.52168		
生存保障 b	教师	111	2.5701	.71985	-.51573	-5.435***
	领导	65	3.0859	.53092		
制度支持 b	教师	111	2.8741	.68656	-.33593	-3.258***
	领导	65	3.2100	.61190		
资源支持 b	教师	111	3.1962	.73577	-.16965	-1.503
	领导	65	3.3659	.69908		
沟通参与 b	教师	111	2.5113	.87801	-.32124	-2.437**
	领导	65	2.8325	.78195		
成长发展 b	教师	111	3.0526	.77034	-.39384	-3.426***
	领导	65	3.4465	.67324		

注：*** 表示 $P<0.01$，** 表示 $P<0.05$。

为了更深入地了解不同视角的认知差异，本研究进一步将代表学校视角的领导组中的系主任和院长分为两组，与员工群体进行学校已履行责任程度和未来责任履行的程度，及各维度责任履行程度的认知差异方差分析。

在进行方差分析时，本研究首先进行了 Levene 法方差齐性检验，结果（见表 5-10）发现生存保障 a、生存保障 b、沟通参与 b 三个维度的 F 值已达 0.05 显著水平，表明三组样本的方差差异达显著水平，三组样本方差不具有齐性，违反方差分析的基本假设。因此在事后比较时，应选择适合于方差不具有齐性的检验方法，本研究采用 Dunnett T3 法对这三个维度进行事后比较。其余维度采用 Scheffe 事后比较方法。

表 5-10　三组样本在学校责任履行上的认知差异方差齐性检验　(N=176)

因变量	Levene Statistic	$df1$	$df2$	Sig.
学校已履行责任	.602	2	173	.549
生存保障 a	6.418	2	173	.002
制度支持 a	1.889	2	173	.154
资源支持 a	1.220	2	173	.298
沟通参与 a	.694	2	173	.501
成长发展 a	1.058	2	173	.349
学校未来责任履行	1.299	2	173	.276
生存保障 b	4.969	2	173	.008
制度支持 b	.783	2	173	.458
资源支持 b	.174	2	173	.840
沟通参与 b	4.350	2	173	.014
成长发展 b	1.375	2	173	.256

学校已履行责任、未来责任履行以及各维度责任履行三组认知差异方差分析结果如表 5-11 所示。

表 5-11　三组样本在学校责任履行上的认知差异方差分析表(N=176)

因变量	变异来源	SS	df	MS	F
学校已履行责任	组间	4.914	2	2.457	10.803***
	组内	39.350	173	.227	
	总体	44.264	175		
生存保障 a	组间	5.410	2	2.705	7.667***
	组内	61.033	173	.353	
	总体	66.443	175		
制度支持 a	组间	4.744	2	2.372	8.006***
	组内	51.260	173	.296	
	总体	56.005	175		

续表

因变量	变异来源	SS	df	MS	F
资源支持 a	组间	1.764	2	.882	1.970
	组内	77.488	173	.448	
	总体	79.252	175		
沟通参与 a	组间	7.777	2	3.888	6.502***
	组内	103.452	173	.598	
	总体	111.229	175		
成长发展 a	组间	6.960	2	3.480	8.698***
	组内	69.219	173	.400	
	总体	76.179	175		
学校未来责任履行	组间	6.652	2	3.326	9.685***
	组内	59.414	173	.343	
	总体	66.067	175		
生存保障 b	组间	11.737	2	5.869	13.682***
	组内	74.207	173	.429	
	总体	85.944	175		
制度支持 b	组间	6.252	2	3.126	7.289***
	组内	74.188	173	.429	
	总体	80.440	175		
资源支持 b	组间	2.669	2	1.335	2.584*
	组内	89.339	173	.516	
	总体	92.008	175		
沟通参与 b	组间	7.027	2	3.513	5.018***
	组内	121.135	173	.700	
	总体	128.162	175		
成长发展 b	组间	8.475	2	4.237	7.953***
	组内	92.169	173	.533	
	总体	100.643	175		

注:*** 表示 $P<0.01$,** 表示 $P<0.05$,* 表示 $P<0.1$。

表 5-11 显示,资源支持维度已履行责任的 F 值未达显著水平,说明样本对该维度已履行责任程度的认知不会因为职务级别的不同而有显著差异。学校已履行责任、未来责任履行及其他各责任维度的 F 值均达显著水平,表明三组样本的认知差异显著。本研究采用事后比较方法,分析具体差异情况。三组样本对学校责任履行的认知差异事后比较结果如表 5-12 显示。

表 5-12 三组样本在学校责任履行上的认知差异事后比较结果(N=176)

因变量	自变量	个数	平均数	标准差	事后比较方法	(I)职务	(J)职务	平均数差异(I-J)
学校已履行责任	1 员工	111	2.5847	.49258	Scheffe	1 员工	2 系主任	−.09517
							3 院长	−.48298***
	2 系主任	39	2.6798	.46198		2 系主任	1 员工	.09517
							3 院长	−.38782***
	3 院长	26	3.0676	.42658		3 院长	1 员工	.48298***
							2 系主任	.38782***
	Total	176	2.6771	.50293	1<3,2<3,1 和 2 无显著差异			
生存保障a	1 员工	111	2.3250	.63835	Dunnett T3	1 员工	2 系主任	−.10069
							3 院长	−.50674***
	2 系主任	39	2.4256	.57157		2 系主任	1 员工	.10069
							3 院长	−.40605***
	3 院长	26	2.8317	.38963		3 院长	1 员工	.50674***
							2 系主任	.40605***
	Total	176	2.4221	.61618	1<3,2<3,1 和 2 无显著差异			
制度支持a	1 员工	111	2.6524	.58146	Scheffe	1 员工	2 系主任	−.09873
							3 院长	−.47446***
	2 系主任	39	2.7511	.46287		2 系主任	1 员工	.09873
							3 院长	−.37573**
	3 院长	26	3.1268	.48695		3 院长	1 员工	.47446***
							2 系主任	.37573**
	Total	176	2.7443	.56571	1<3,2<3,1 和 2 无显著差异			

续表

因变量	自变量	个数	平均数	标准差	事后比较方法	(I)职务	(J)职务	平均数差异(I-J)
资源支持a	1 员工	111	2.9736	.65252	F值不显著			
	2 系主任	39	2.9761	.74782		1,2,3 无显著差异		
	3 院长	26	3.2564	.61324				
	Total	176	3.0159	.67296				
沟通参与a	1 员工	111	2.2175	.75390	Scheffe	1 员工	2 系主任	-.03317
							3 院长	-.59982***
	2 系主任	39	2.2507	.86012		2 系主任	1 员工	.03317
							3 院长	-.56665**
	3 院长	26	2.8173	.71609		3 院长	1 员工	.59982***
							2 系主任	.56665**
	Total	176	2.3134	.79724		1<3,2<3,1 和 2 无显著差异		
成长发展a	1 员工	111	2.7548	.65559	Scheffe	1 员工	2 系主任	-.24071
							3 院长	-.55108***
	2 系主任	39	2.9956	.55479		2 系主任	1 员工	.24071
							3 院长	-.31037
	3 院长	26	3.3059	.64016		3 院长	1 员工	.55108***
							2 系主任	.31037
	Total	176	2.8896	.65978		1<3,2 和 3,1 和 2 无显著差异		
学校未来责任履行	1 员工	111	2.8409	.63033	Scheffe	1 员工	2 系主任	-.21491
							3 院长	-.54583***
	2 系主任	39	3.0558	.51418		2 系主任	1 员工	.21491
							3 院长	-.33092*
	3 院长	26	3.3867	.47592		3 院长	1 员工	.54583***
							2 系主任	.33092*
	Total	176	2.9691	.61443		1<3,2<3,1 和 2 无显著差异		

续表

因变量	自变量	个数	平均数	标准差	事后比较方法	(I)职务	(J)职务	平均数差异(I-J)
生存保障 b	1 员工	111	2.5701	.71985	Dunnett T3	1 员工	2 系主任	-.42328***
							3 院长	-.65442***
	2 系主任	39	2.9934	.49952		2 系主任	1 员工	.42328***
							3 院长	-.23114
	3 院长	26	3.2245	.55588		3 院长	1 员工	.65442***
							2 系主任	.23114
	Total	176	2.7606	.70079		1<2,1<3,2 和 3 无显著差异		
制度支持 b	1 员工	111	2.8741	.68656	Scheffe	1 员工	2 系主任	-.20680
							3 院长	-.52962***
	2 系主任	39	3.0809	.61276		2 系主任	1 员工	.20680
							3 院长	-.32282
	3 院长	26	3.4037	.56814		3 院长	1 员工	.52962***
							2 系主任	.32282
	Total	176	2.9981	.67798		1<3,2 和 3,1 和 2 无显著差异		
资源支持 b	1 员工	111	3.1962	.73577	Scheffe	1 员工	2 系主任	-.04606
							3 院长	-.35503*
	2 系主任	39	3.2423	.66714		2 系主任	1 员工	.04606
							3 院长	-.30897
	3 院长	26	3.5513	.71766		3 院长	1 员工	.35503*
							2 系主任	.30897
	Total	176	3.2589	.72509		1<3,2 和 3,1 和 2 无显著差异		
沟通参与 b	1 员工	111	2.5113	.87801	Dunnett T3	1 员工	2 系主任	-.15189
							3 院长	-.57528***
	2 系主任	39	2.6632	.86555		2 系主任	1 员工	.15189
							3 院长	-.42339*
	3 院长	26	3.0865	.56099		3 院长	1 员工	.57528***
							2 系主任	.42339*
	Total	176	2.6299	.85578		1<3,2<3,1 和 2 无显著差异		

续表

因变量	自变量	个数	平均数	标准差	事后比较方法	(I)职务	(J)职务	平均数差异(I-J)
成长发展b	1 员工	111	3.0526	.77034	Scheffe	1 员工	2 系主任	-.24652
							3 院长	-.61482***
	2 系主任	39	3.2991	.64116		2 系主任	1 员工	.24652
							3 院长	-.36830
	3 院长	26	3.6674	.67146		3 院长	1 员工	.61482***
							2 系主任	.36830
	Total	176	3.1981	.75836		1<3,2 和 3,1 和 2 无显著差异		

注：*** 表示 $P<0.01$，** 表示 $P<0.05$，* 表示 $P<0.1$。

表 5-12 的三组差异事后比较结果可归纳为三种类型。

首先，学校已履行责任、学校未来责任履行以及生存保障 a、制度支持 a、沟通参与 a、沟通参与 b 这几个维度的责任履行程度上，教师与院长、系主任与院长的认知有显著差异，但系主任与教师的认知无显著差异。

在成长发展 a、制度支持 b、资源支持 b 和成长发展 b 这几个维度的责任履行程度上，教师和院长认知差异显著，但教师和系主任、院长和系主任认知无显著差异。

在生存保障 b 维度的责任履行程度上，教师和系主任、教师和院长的认知差异均显著，系主任和院长认知无显著差异。

二、结果讨论

研究结果表明，以中基层管理者为代表的学校和教师对学校已履行责任和未来责任履行的认知存在显著差异。当中基层管理者作为一个整体代表学校视角与员工比较时，管理者对学校责任已履行程度的评价均高于教师评价，管理者对学校未来责任履行程度的预期也高于教师预期。这与 Coyle-Shapiro 和 Kessler（2000）对英国公共部门员工与管理者[49]，Lester 等（2002）对美国员工和主管[50]，李原（2006）对中国员工与管理者的认知差异[22]研究结论一致。

具体从各维度来看，就学校已履行责任而言，成长发展责任的认知差异最大，然后依次为生存保障、沟通参与和制度支持。就学校未来责任履行而言，认知差异最大的是生存保障,然后依次是成长发展、制度支持和沟通参与。由此可见,无论是已履行责任还是未来责任的履行,双方认知分歧主要体现在成长发展和生存保障上。成长发展责任的分歧意味着学校认为已经为教师提供了充分的成长机会和足够的发展平台,未来也会在这些方面有更大投入。比如,在提供学习培训机会、支持职业生涯规划、建设教学科研平台方面,学校认为自己已经履行得不错,并预期未来也会有相当程度的投入,而教师对此并不认可。生存保障责任的分歧意味着教师对学校现在的物质激励和经济保障责任的履行并不满意,对未来该责任履行的预期也不高,而校方却认为目前保障不错,并对未来有较高预期。成长发展责任的履行为教师提供了自我价值实现的空间,生存保障责任的履行解决了教师的后顾之忧,这两方面反映了高校教师最主导和最根本的需求。正是因为这样,教师对学校责任履行的寄望甚高,认为学校应该做得更好,因而容易导致教师对现实中学校实际的责任履行程度评价较低,并因此对学校未来责任履行产生不信任感。当然,双方认知的分歧也可能是由沟通不畅造成的。由于在学校中所处层级不同,管理者比一般教师拥有更多信息,更有机会了解学校已经付出的努力、未来的规划和承诺等,而这些信息可能在逐层沟通中被过滤、扭曲,导致一般教师对实际情况知之甚少。

总而言之,学校要减少认知差异以及由此可能造成的心理契约违背或破裂,就应该充分了解教师最主要和最基本的需求,加大投入满足这些需求以实质性地减少分歧;同时在投入有限的情况下,尽可能加强与教师沟通,使教师能充分了解学校已经作出的努力、对未来的承诺以及实现承诺的可能性,以增强教师对学校的信任感和对责任履行的信心。

当把系主任和院长分为两组与教师进行比较时发现,对于学校已履行责任和它的大部分维度,教师和院长、系主任和院长的认知都存在显著差异,系主任和教师的认知无显著差异;而对于学校未来责任履行的大部分维度,认知不一致仅存在于教师和院长之间。除了资源支持责任已履行的程度以外,对于学校责任履行的程度,教师和院长之间总存在分歧;除了生存保障责任未来履行的程度以外,对于学校责任履行的程度,系主任和教师的认知基本一致。这说明进行领导、教师两组比较时产生的认知差异主要是由教师和院长之间的差异带来的。由此可见,在学校组织中的层级相差越大,越容易对学校责任履行认知不一致。特别值得一提的是,学校生存保障责任未来履行的程度体现了不一样的特点,教师和系主任、教师和院长的认知差异均显著,系主任和院长的认知则无显著差异。在对未来的物质激励和经济保障责任的预期上,教师与管理者所代表的学校认知存在差异,说明了教师对学校基本责任的履行缺乏信心。

三、认知差异对教师责任及组织公民行为的影响

假设教师同样都感知到学校责任履行的程度不高,作为学校代理人的管理者有两种可能的认知——他们也承认这一点(说明双方认知差异小)或是他们觉得学校已经充分履行了责任,对教师已经"仁至义尽"(说明双方认知差异大),这两种情况对教师的态度和行为影响显然是有差异的。李原(2006)指出员工、组织双方对于组织责任的认知差异,并不仅仅停留在人们的主观认知中,更会通过言谈举止、互动沟通有所流露和表现[22]。管理者认知会通过日常沟通为教师所了解,双方认知分歧容易造成教师心理契约破裂和违背,由此产生的不公平感会进一步促使教师调整其行为以恢复社会交换关系的平衡。

因此,在发现教师与学校对学校责任履行的认知存在显著差异后,本研究试图进一步探讨这种认知差异可能导致的后果,即考察认知差异对教师履行教师责任和组织公民行为的影响。

本研究分别计算了双方在学校已履行责任和未来责任履行的认知差异。认知差异得分有正负之分,正分代表教师比学校感知到更高程度的学校责任履行或对学校未来责任的履行程度有更高的预期,负分代表教师比学校感知到更低程度的学校责任履行或对学校未来责任的履行程度预期更低。具体计算方法已在第四章关于认知差异的衡量部分予以介绍。用由此得到的两个认知差异分别对教师责任各维度、组织公民行为各维度进行回归。

在数据分析前,本研究将人口统计变量转换为虚拟变量。性别变量中女性设为0,男性设为1。教龄变量中教龄1代表教龄15年以上,设为(1,0);教龄2代表教龄6~15年,设为(0,1);教龄5年及以下设为(0,0)。学位变量中非博士设为0,博士设为1。表5-13显示了变量的描述性统计和相关分析结果,表5-14和表5-15显示了回归结果。

表 5-13 教师与学校对学校责任履行的认知差异与教师责任和组织公民行为等变量的描述性统计和相关分析结果（N=176）

变量	均值	标准差	1	2	3	4	5	6	7	8	9	10	11	12	13	14
1. 男	.62	.487	1													
2. 教龄 1	.12	.323	-.005	1												
3. 教龄 2	.42	.496	-.121	-.312***	1											
4. 博士	.70	.459	.183*	-.131	-.121	1										
5. 学校已履行责任的认知差异	-.2455	.49251	-.088	.152	-.041	-.029	1									
6. 学校未来责任履行的认知差异	-.3127	.72432	-.017	.182*	-.108	-.080	.865***	1								
7. 敬业守规	4.2770	.53444	-.152	.192**	.008	-.143	.098	.094	1							
8. 关心学生	3.7065	.57908	.164*	.271***	-.183*	-.018	.097	.154	.359***	1						
9. 科研投入	3.5514	.68502	.228**	.001	-.356***	.283***	.099	.119	.165*	.392***	1					
10. 认同支持	3.3243	.76205	.089	.152	-.174*	-.103	.179*	.243***	.330***	.414***	.462***	1				
11. 活动参与	3.7012	.60139	.055	.119	-.171*	-.017	.138	.195**	.437***	.385***	.436***	.558***	1			
12. 学校公益	3.4468	.64839	.151	.144	-.124	.034	.210**	.277**	.314***	.410***	.415***	.559***	.615***	1		
13. 同事公益	3.8400	.55995	-.039	.183*	.009	-.170*	.071	.150	.472***	.308***	.157	.468***	.441***	.605***	1	
14. 学生公益	3.8453	.61819	.131	.190**	-.145	-.009	.002	.041	.361***	.598***	.483***	.482***	.602***	.640***	.525***	1

注：*** 表示 $P<0.01$，** 表示 $P<0.05$，* 表示 $P<0.1$。

第五章 数据分析和结果讨论

表5-14 双方对学校已履行责任的认知差异对教师责任和组织公民行为的层级回归结果（N=176）

变量	敬业守规 模型1 β(t值)	敬业守规 模型2 β(t值)	关心学生 模型1 β(t值)	关心学生 模型2 β(t值)	科研投入 模型1 β(t值)	科研投入 模型2 β(t值)	认同支持 模型1 β(t值)	认同支持 模型2 β(t值)	活动参与 模型1 β(t值)	活动参与 模型2 β(t值)	学校公益行为 模型1 β(t值)	学校公益行为 模型2 β(t值)	同事公益行为 模型1 β(t值)	同事公益行为 模型2 β(t值)	学生公益行为 模型1 β(t值)	学生公益行为 模型2 β(t值)
男	-.130 (-1.359)	-.125 (-1.296)	.159 (1.693*)	.165 (1.751*)	.149 (1.689*)	.160 (1.809*)	.094 (.979)	.109 (1.143)	.044 (.451)	.055 (.569)	.141 (1.456)	.160 (1.670*)	-.007 (-.069)	-.003 (-.030)	.126 (1.303)	.124 (1.277)
教龄1	.193 (1.925*)	.184 (1.813*)	.239 (2.434**)	.228 (2.295**)	-.076 (-.827)	-.094 (-1.016)	.089 (.884)	.063 (.630)	.069 (.673)	.049 (.480)	.126 (1.247)	.095 (.945)	.179 (1.775*)	.173 (1.688*)	.163 (1.614)	.165 (1.614)
教龄2	.042 (.414)	.042 (.415)	-.093 (-.939)	-.092 (-.934)	-.337 (-3.640***)	-.337 (-3.649***)	-.150 (-1.486)	-.150 (-1.495)	-.149 (-1.452)	-.148 (-1.452)	-.065 (-.643)	-.065 (-.646)	.047 (.465)	.047 (.465)	-.082 (-.807)	-.082 (-.804)
博士	-.089 (-.913)	-.089 (-.914)	-.027 (-.282)	-.027 (-.286)	.205 (2.291**)	.204 (2.291**)	-.127 (-1.297)	-.128 (-1.323)	-.034 (-.347)	-.035 (-.357)	.017 (.172)	.015 (.160)	-.140 (-1.425)	-.140 (-1.424)	-.020 (-.207)	-.020 (-.205)
双方对学校已履行责任的认知差异		.058 (.611)		.072 (.774)		.119 (1.364)		.169 (1.791*)		.128 (1.331)		.208 (2.196**)		.043 (.444)		-.016 (-.171)
R^2	.070	.073	.108	.113	.212	.226	.061	.089	.037	.053	.048	.090	.057	.059	.059	.060
ΔR^2	.070	.003	.108**	.005	.212***	.014	.061	.028*	.037	.016	.048	.042*	.057	.002	.059	.000
F值	1.992	1.659	3.211**	2.679**	7.122**	6.117**	1.724	2.050*	1.009	1.168	1.344	2.079*	1.607	1.315	1.673	1.332

注：*** 表示 $P<0.01$，** 表示 $P<0.05$，* 表示 $P<0.1$。

表 5-15 双方对学校未来责任履行的认知差异对教师责任和组织公民行为的层级回归结果（N=176）

变量	敬业守规 模型1 β (t值)	敬业守规 模型2 β (t值)	关心学生 模型1 β (t值)	关心学生 模型2 β (t值)	科研投入 模型1 β (t值)	科研投入 模型2 β (t值)	认同支持 模型1 β (t值)	认同支持 模型2 β (t值)	活动参与 模型1 β (t值)	活动参与 模型2 β (t值)	学校公益行为 模型1 β (t值)	学校公益行为 模型2 β (t值)	同事公益行为 模型1 β (t值)	同事公益行为 模型2 β (t值)	学生公益行为 模型1 β (t值)	学生公益行为 模型2 β (t值)
男	−.130 (−1.359)	−.129 (−1.347)	.159 (1.693*)	.160 (1.709*)	.149 (1.689*)	.150 (1.713*)	.094 (.979)	.097 (1.025)	.044 (.451)	.046 (.479)	.141 (1.456)	.144 (1.537)	−.007 (−.069)	−.005 (−.054)	.126 (1.303)	.126 (1.297)
教龄1	.193 (1.925*)	.184 (1.815*)	.239 (2.434*)	.223 (2.251**)	−.076 (−.827)	−.095 (−1.019)	.089 (.884)	.057 (.572)	.069 (.673)	.043 (.418)	.126 (1.247)	.087 (.875)	.179 (1.775*)	.162 (1.588)	.163 (1.614)	.162 (1.585)
教龄2	.042 (.414)	.046 (.451)	−.093 (−.939)	−.085 (−.863)	−.337 (−3.640***)	−.328 (−3.554***)	−.150 (−1.486)	−.135 (−1.361)	−.149 (−1.452)	−.137 (−1.344)	−.065 (−.643)	−.047 (−.475)	.047 (.465)	.055 (.546)	−.082 (−.807)	−.081 (−.799)
博士	−.089 (−.913)	−.085 (−.870)	−.027 (−.282)	−.020 (−.208)	.205 (2.291**)	.213 (2.385**)	−.127 (−1.297)	−.113 (−1.174)	−.034 (−.347)	−.023 (−.234)	.017 (.172)	.034 (.357)	−.140 (−1.426)	−.132 (−1.348)	−.020 (−.207)	−.020 (−.204)
双方对学校未来责任履行的认知差异		.056 (.585)		.105 (1.124)		.121 (1.376)		.210 (2.228**)		.172 (1.783*)		.261 (2.782***)		.116 (1.208)		.003 (.033)
R^2	.070	.073	.108	.119	.212	.226	.061	.103	.037	.065	.048	.114	.057	.070	.059	.059
ΔR^2	.070	.003	.108**	.011	.212***	.014	.061	.042*	.037	.028*	.048	.065***	.057	.013	.059	.000
F值	1.992	1.652	3.211**	2.828**	7.122***	6.124***	1.724	2.424**	1.009	1.460	1.344	2.692**	1.607	1.583	1.673	1.326

注：*** 表示 $P<0.01$，** 表示 $P<0.05$，* 表示 $P<0.1$。

表 5-14 显示,双方对学校已履行责任的认知差异与教师责任中的认同支持维度、组织公民行为中的学校公益维度显著正相关,与其他教师责任维度或组织公民行为维度的关系均不显著。假设 6d 和假设 7a 得到支持,假设 6 和假设 7 得到部分支持。

表 5-15 显示,双方对学校未来责任履行的认知差异与教师责任中的认同支持维度、组织公民行为中的学校公益维度显著正相关,与其他教师责任维度或组织公民行为维度的关系均不显著。假设 8d 和假设 9a 得到支持,假设 8 和假设 9 得到部分支持。

四、结果讨论

教师与学校对于学校已履行责任和未来责任履行的认知差异均与认同支持责任、学校公益行为存在显著正相关关系。李原(2006)研究发现,组织视角和员工视角的认知差距对员工责任履行有负向预测力[22]。两个研究结论表面看起来矛盾,但由于两个研究对认知差异的具体衡量方式是相反的,因此结论实质上是一致的。本研究认为既然认知差异有正有负,对认知差异的解读就应该分为两种情况,不应一概而论。正相关说明当认知差异为正时,即教师比学校感知到更高程度的学校责任履行,或教师对学校未来责任履行的程度比学校有更高的预期时,会更加认同支持学校,也会表现出更多的直接以学校为受益对象的组织公民行为;反之,当认知差异为负时,即教师比学校感知到更低程度的学校责任履行,或教师对未来责任履行的预期低于学校时,教师就会减少对学校的认同支持和针对学校的组织公民行为。

由此可见,双方对学校责任履行的认知差异产生的影响主要集中在与学校直接相关的教师责任和组织公民行为维度上。这说明教师能够清晰地区分学校和其他受益对象。尤其是当认知差异为负,造成教师心理契约违背时,教师会将之归因为学校有意不履行承诺的责任,相应的,他们减少的只是以学校为直接受益对象的责任履行和额外付出,包括对学校的认同支持和学校公益行为。他们会一如既往地恪守本职(表现为认知差异不影响教师履行敬业守规和科研投入责任)、对学生负责(表现为认知差异不影响教师履行关心学生责任和学生公益行为)和维护人际关系和谐(表现为认知差异不影响教师履行活动参与责任和同事公益行为),但本研究认为这些行为的动机更多地源于教师对职业的忠诚,而非对学校的承诺;更多的是个人目标导向,而非学校目标导向。

与已履行责任相比,双方对未来责任履行的认知差异对教师责任和组织公民行为的影响更大,表现为更高的显著性、回归系数和拟合系数。这再一次说明了对未来回报的期待对当前行为的强有力的事前激励作用。教师对学校未来责任的履行有较高预期(甚至高于领导预期),充分显示了教师对学校履行责任的意愿和能力具有信任感。基于这种信任感,教师采取前瞻式回报,如认同并积极支持学校,或表现出有利于学校的公民行为,以增加学校未来履行责任的可能性。反之,若教师不信任学校,对学校未来责任履行不抱期望,或期望远远低于领导预期,这对其履行认同支持责任或学校公益行为的负面影响也更为强烈。

第六章 研究结论、深入探讨及展望

本章将对第三章和第五章的量化研究结果进行汇总,以形成本研究的主要结论。在此基础上进一步采用质性研究方法,结合深度访谈获得的资料和量化研究结论对高校教师心理契约和组织公民行为的特点和规律进行更为深入的探讨。这种结合充分加强了我们对研究对象的理解和把握,使得本研究能对中国高校组织情境中的心理契约管理实践提出更有效、针对性更强的建议。当然,本研究也存在一些局限,这也将是未来研究发展和突破的方向所在。

第一节 研究结论

本研究通过实证研究得到以下结论。

在对教师心理契约与组织公民行为结构的探索中,本研究发现中国高校教师的心理契约由五个维度构成。学校责任包括了生存保障、制度支持、资源支持、沟通参与、成长发展维度。教师责任包括敬业守规、关心学生、科研投入、认同支持、活动参与维度。中国高校教师组织公民行为由学校公益、同事公益、学生公益三个维度构成。

在教师心理契约状态对教师组织公民行为的影响研究中,本研究发现教师感知到的学校已履行责任、学校未来责任与教师的学校公益行为、同事公益行为、学生公益行为显著正相关,假设1和2得到支持。

在教师心理契约类型对教师组织公民行为的影响研究中,本研究发现共同投资低型在学校公益行为上的得分最低,教师投资不足型次之,共同投资高型和教师投资过度型得分最高,假设3a得到部分支持。共同投资低型和教师投资不足型的同事公益、学生公益行为得分均低于共同投资高型和教师投资过度型的相应得分,假设3b和3c得到部分支持。假设3得到部分支持。

在教师与学校对学校责任履行的认知差异对教师责任和组织公民行为履行的影响研究中,本研究发现教师和学校视角对学校已履行责任和未来责任履行的认知差异显著。假设 4 和假设 5 得到支持。教师与学校对学校已履行责任和未来责任履行的认知差异均与教师责任中的认同支持维度、组织公民行为中的学校公益维度存在显著正相关关系，与其他教师责任维度或组织公民行为维度的关系均不显著。假设 6d、7a、8d、9a 得到支持，假设 6、假设 7、假设 8、假设 9 得到部分支持。

本研究假设检验结果汇总如表 6-1 所示。

表 6-1　本研究假设检验结果汇总

假设	内容	结果
1	教师感知到的学校已履行责任与教师组织公民行为履行存在显著正相关关系。	支持
1a	教师感知到的学校已履行责任与教师学校公益行为履行存在显著正相关关系。	支持
1b	教师感知到的学校已履行责任与教师同事公益行为履行存在显著正相关关系。	支持
1c	教师感知到的学校已履行责任与教师学生公益行为履行存在显著正相关关系。	支持
2	教师感知到的学校未来责任履行与教师组织公民行为履行存在显著正相关关系。	支持
2a	教师感知到的学校未来责任履行与教师学校公益行为履行存在显著正相关关系。	支持
2b	教师感知到的学校未来责任履行与教师同事公益行为履行存在显著正相关关系。	支持
2c	教师感知到的学校未来责任履行与教师学生公益行为履行存在显著正相关关系。	支持
3	不同教师心理契约类型的组织公民行为存在显著差异。共同投资高型在组织公民行为上得分最高，共同投资低型在组织公民行为上得分最低。	部分支持
3a	不同教师心理契约类型的学校公益行为存在显著差异。共同投资高型在学校公益行为上得分最高，共同投资低型在学校公益行为上得分最低。	部分支持
3b	不同教师心理契约类型的同事公益行为存在显著差异。共同投资高型在同事公益行为上得分最高，共同投资低型在同事公益行为上得分最低。	部分支持
3c	不同教师心理契约类型的学生公益行为存在显著差异。共同投资高型在学生公益行为上得分最高，共同投资低型在学生公益行为上得分最低。	部分支持

续表

假设	内　容	结果
4	教师与学校对学校已履行责任存在认知差异。	支持
5	教师与学校对学校未来责任履行存在认知差异。	支持
6	双方对学校已履行责任的认知差异与教师责任履行存在显著正相关关系。	部分支持
6a	双方对学校已履行责任的认知差异与敬业守规责任履行存在显著正相关关系。	不支持
6b	双方对学校已履行责任的认知差异与关心学生责任履行存在显著正相关关系。	不支持
6c	双方对学校已履行责任的认知差异与科研投入责任履行存在显著正相关关系。	不支持
6d	双方对学校已履行责任的认知差异与认同支持责任履行存在显著正相关关系。	支持
6e	双方对学校已履行责任的认知差异与活动参与责任履行存在显著正相关关系。	不支持
7	双方对学校已履行责任的认知差异与教师组织公民行为履行存在显著正相关关系。	部分支持
7a	双方对学校已履行责任的认知差异与学校公益行为履行存在显著正相关关系。	支持
7b	双方对学校已履行责任的认知差异与同事公益行为履行存在显著正相关关系。	不支持
7c	双方对学校已履行责任的认知差异与学生公益行为履行存在显著正相关关系。	不支持
8	双方对学校未来责任履行的认知差异与教师责任履行存在显著正相关关系。	部分支持
8a	双方对学校未来责任履行的认知差异与敬业守规责任履行存在显著正相关关系。	不支持
8b	双方对学校未来责任履行的认知差异与关心学生责任履行存在显著正相关关系。	不支持
8c	双方对学校未来责任履行的认知差异与科研投入责任履行存在显著正相关关系。	不支持
8d	双方对学校未来责任履行的认知差异与认同支持责任履行存在显著正相关关系。	支持
8e	双方对学校未来责任履行的认知差异与活动参与责任履行存在显著正相关关系。	不支持

续表

假设	内　　容	结果
9	双方对学校未来责任履行的认知差异与教师组织公民行为履行存在显著正相关关系。	部分支持
9a	双方对学校未来责任履行的认知差异与学校公益行为履行存在显著正相关关系。	支持
9b	双方对学校未来责任履行的认知差异与同事公益行为履行存在显著正相关关系。	不支持
9c	双方对学校未来责任履行的认知差异与学生公益行为履行存在显著正相关关系。	不支持

第二节　深度访谈

尽管本研究已经基于量化研究得出了主要的研究结论,但单纯的量化研究方法不可避免地存在一些局限。例如,定量研究只能对事物的表层、可以量化的部分进行测量,无法获得具体的细节内容;测量的时间往往只是一个或几个凝固的点,无法追踪事件的动态过程;只能对研究者事先预定的理论假设进行验证,很难了解当事人自己的视角与想法;对变量的控制比较大,很难在自然情境下收集资料[28]。为了能在一定程度上克服单一研究方法带来的局限性,本研究采用质性研究作为补充。本研究结合问卷编制阶段对研究对象深度访谈获得的数据,和上述量化研究结论,深化探讨,以求更深入地把握高校教师心理契约和组织公民行为的特点和规律。

一、访谈对象

深度访谈的具体实施过程在第三章个人面谈法产生测量项目部分已做了详细说明。访谈对象基本情况及情况总汇见表6-2和表6-3。

表6-2　访谈对象基本情况

编号	性别	职称	学历	教龄	担任系主任职务年限	学校隶属	访谈日期时间
1	女	副教授	博士	16年	/	省属	2008.4.3 16:50—17:50
2	女	讲师	博士	1年	/	省属	2008.4.4 20:15—21:15

续表

编号	性别	职称	学历	教龄	担任系主任职务年限	学校隶属	访谈日期时间
3	男	副教授	博士	8年	/	教育部直属	2008.4.5 21:00—21:30
4	女	副教授	博士	9年	/	教育部直属	2008.4.8 16:30—17:30
5	男	副教授	硕士	15年	/	教育部直属	2008.4.11 18:00—19:00
6	女	副教授	博士	10年	/	教育部直属	2008.4.13 20:00—21:00
7	女	助教	学士	7年	/	教育部直属	2008.4.15 12:20—13:20
8	女	讲师	硕士	6年	/	市属	2008.4.16 21:20—22:04
9	女	讲师	硕士	5年	/	省属	2008.4.20 16:00—17:00
10	男	讲师	硕士	6年	/	教育部直属	2008.4.23 10:40—11:50
11	男	副教授	博士	9年	/	教育部直属	2008.4.24 19:15—20:10
12	男	副教授	硕士	15年	/	省属	2008.4.28 15:00—16:10
13	女	副教授	硕士	27年	/	省属	2008.4.30 15:20—16:20
14	女	副教授	硕士	22年	1年	教育部直属	2008.4.7 10:08—11:20
15	女	副教授	博士	24年	4年	教育部直属	2008.4.15 15:15—16:20
16	男	教授	博士	21年	4年	教育部直属	2008.4.22 10:50—11:40
17	男	副教授	硕士	32年	4年	教育部直属	2008.4.23 9:05—9:35
18	男	副教授	博士	5年	1年	教育部直属	2008.4.24 15:45—16:45

表6-3 访谈对象情况总汇

	管理者(正副系主任)访谈对象	员工访谈对象
性别	男3名,女2名	男5名,女8名
职称	教授1名,副教授4名	副教授8名,讲师4名,助教1名
学历	博士3名,硕士2名	博士6名,硕士6名,学士1名
教龄	15年(含)以上4名,5年(含)以上15年以下1名	15年(含)以上4名,10年(含)以上15年以下1名,5年(含)以上10年以下7名,5年以下1名
担任系主任职务年限	4~5年3名,1~3年2名	/

二、访谈内容

本研究期望通过访谈了解受访者对以下三个问题的看法：对雇佣关系的整体评价、与学校（以各级管理者为代理人）互动过程的感受以及 OCB 的动机。与这三项主题相关的访谈题目有：总体上，您对学校履行责任的满意程度如何？您如何评价自己（教师）履行责任的情况？在高校体制改革的过程中，教师和学校承担的责任发生了哪些变化？您如何描述自己（教师）和学校的关系？学校（以各级管理者为代理人）是否经常就双方责任履行的情况进行各种形式的沟通？您如何看待组织公民行为？等等。

三、访谈结果

研究者根据上述三项主题对访谈问题进行了分类，整理了受访者回答，并结合量化研究结果进行解读。

1. 教师—学校关系——期望与现实相差甚远

13 位受访者中有 11 位都认为教师—学校之间本应该是利益共同的关系。教师努力工作，为学校发展作出贡献；学校发展了，个人也从中受益。长期来看，利益共同关系体现了教师和学校共同发展的良性循环。一位受访教师用"水涨船高"来形容这种利益共同体；另一位受访者则用"学校搭台我唱戏"来描述双方的伙伴关系：学校应该为教师职业发展和个人成长提供广阔的平台，教师则充分利用学校搭建的平台发挥自己的潜力，既实现了个人价值，也促进了学校目标的实现。另外 2 位受访教师则用"家庭融洽"描绘期望中的双方关系。在他（她）们看来，学校应该是大家庭，是家之外的另一个精神港湾，这里应该有温情的关怀和和谐的人际往来；教师应该爱学校，主动融入学校，这样才会开心工作，受到领导重视，得到同事肯定。这种观点体现了教师对学校高度的归属感、情感承诺和忠诚。

尽管利益共同是受访教师对雇佣关系的普遍期望，但 11 位持此观点的受访者中仅有 2 位认为双方已实际形成了这种关系，8 位受访教师明确地将现实中的双方关系描述为"拿一份工资，干一份活"。这种雇佣关系以经济交换为主要形式，主要通过聘任合同界定，但聘任合同实质上又主要是对教师责任的单方面规定。因此，持这种观点的 8 位受访者中只有 2 位认为自己的付出与得到的回报基本平衡，其余 6 位都认为自己对学校的贡献超出了学校给予的回报,学校责任履行的程度与自己的心理预期相差甚远,也低于教师责任履行的程度,由此对学校产生了诸如失望、信任缺失、低满意度、低归属感和低承诺度等消极的情感反应。

在受访的5位系主任中,有2位指出,用"融洽的家庭关系"来描述聘任制改革前的双方关系更为恰当。改革前学校像个大家庭,教师个体是家庭成员,学校要顾及教师各方面需要,教师有很强的安全感和稳定感,对学校也回报以强烈的归属感和忠诚度。改革结束了这种温情脉脉的照顾与回报的纽带。对于当前现实中的双方关系,受访的系主任意见高度一致,有4位明确表示现实中双方仅仅是简单的经济交换关系,并认为总体而言,教师承担的责任比从学校获得的回报更多,青年教师尤为如此。

综上所述,就教师与学校的关系而言,本研究认为聘任制改革前可以用家庭关系来描述;聘任制改革后,双方的现实关系主要体现为经济交换关系;而最有利于学校长远发展和教师个人目标实现的双方关系应该是利益共同体关系。

聘任制改革前,中国高校是一种典型意义上的行政单位组织。高校和教师之间表现出一种自上而下的以"科层"为特色的集体主义。功能多元化是行政单位组织显著的社会特征。"吃喝拉撒睡,生老病死退",高校都要一包到底,教师个人几乎完全依赖于单位生存。从积极的角度看,这种关系使高校组织呈现出一种较高程度的整体感,教师个体则有相对强烈的安全感、稳定感、归属感和忠诚度,能与学校休戚与共。但这种关系的问题在于它是以教师平等权利的丧失为代价的,教师与学校之间不存在自由、平等的契约关系。学校借助行政力量对包括教师在内的资源进行统合和调配。学校决策权掌握在党政领导手里,而不在教师集体、专家集体或有社会力量参与的董事会手里。人力资源管理服从于行政指令,教师没有讨价还价的余地,不仅被告知应该做什么,而且也被告知应该如何做[211]。

聘任制的人事制度改革通过聘任合同的形式,将学校与教师之间的关系契约化,将教师与学校之间的固定劳动关系转变为契约关系。一个合理的契约关系意味着双方相互承担的责任平衡,而平衡有两种形式:基于经济交换的平衡和基于社会交换的平衡。前者的特征是在一定时期内,双方相互承担明确、有限、基本的责任,后者体现为双方长期相互承担动态开放的责任。聘任合同上明确的教师责任规定、以经济报酬为主要形式的回报、短期化的聘期,都令教师感到与学校之间以纯粹利益交换为特征的冷冰冰的经济交换关系。基于经济交换的平衡意味着双方相互责任履行程度低、相互投入低、情感维系薄弱,教师心理契约类型是实证研究中提到的共同投资低型。在典型的经济交换关系中,教师不会对学校有高的期望,只把学校看成一个满足物质需求和少量精神需求的工作场所,相应的,他们只会完成工作职责要求的最低限度,当然也就谈不上积极主动地履行对学校有利的职责外行为,这也进一步解释了实证研究的发现——共同投资低型教师的组织公民行为得分普遍较低。单纯以经济交换为基础的平衡关系是脆弱的,一旦有更重的利益砝码,就容易导致失衡。

更为严峻的现实是实质上学校与教师的关系难以真正平衡。由于在聘任过程中学校作为管理者与聘任者合二为一的身份,学校方往往处于强势地位,教师方处于弱势地位,聘任合同主要体现为对教师责任的规定。尤其是在改革的过程中,受访教师普遍感知到双方在责任承担上的失衡。一方面,学校将自己原来承担的责任,如解决住房、子女上学、养老、终身就业等福利或后勤保障交还给社会,或归还给教师个体自行解决;另一方面,随着近年来高校间竞争加剧,为了增强竞争力,学校对教师在教学、科研等方面提出了更高的要求,期望教师承担更多更繁重的责任,评价的指标也趋向量化和短期化。因此,现实中教师普遍感知到自己对学校的贡献大于从学校得到的回报,心理契约类型为教师投资过度型,这是一种不平衡的交换关系。虽然实证结果表明,教师投资过度型表现出较高程度的教师责任和组织公民行为履行,但本研究认为这种不平衡关系的持续,会对教师的心理和态度产生负面影响——令教师产生不公平感、失望和不满,以及丧失对学校的信任感,从而侵蚀教师心理契约中的"关系"成分,使"交易"成分日渐浓厚,并影响到教师对学校未来责任履行的预期。长此以往,教师将不愿再与学校保持积极的情感联系,转而只专注于物质和经济回报。教师的心理契约逐渐从教师投资过度型向共同投资低型转变,从承担较高程度的教师责任转变为只完成必需的最基本的"分内之事",而对于明确规定以外的,但却是实现组织目标所需的任务,讨价还价,能推就推。显然,从长远而言,不平衡的交换关系不利于学校的健康发展和战略目标的实现。

最有利于学校和教师目标共同实现的双方关系是利益共同体关系。这种关系结合了经济交换和社会交换的特征,它是长期导向的,交换双方的责任既包含了明确具体的责任,又有一部分责任是没有清晰界定的、广泛的、开放动态的,双方都关注自身和对方的发展。学校不仅给予教师短期的经济回报,满足教师的物质利益,还愿意为教师的职业生涯发展搭建平台、创造机会,并关心教师福祉,关注教师社会心理需求的满足。作为回报,教师不仅仅履行明确的工作职责,还愿意超越事前约定,履行对学校有利的行为。与利益共同体关系对应的是共同投资高型的心理契约类型,即双方基于信任的相互高投入高回报型。这种关系不仅反映了教师对雇佣关系的积极认知,还能激发教师形成对学校未来责任履行的积极预期,从而有效影响教师行为。实证研究也表明,共同投资高型教师的组织公民行为得分普遍较高。此外,共同投资高型中的双方责任履行还存在着螺旋式增强的效应。比如,教师组成科研团队取得突破性科研成果,得到学校及时的认可、荣誉激励和物质嘉奖,这会激发教师更高的工作热情和投入以获得更好的产出,学校也会相应地加强激励力度。当然,也有人认为在这个功利的社会,在人才自由流动的前提下,物质利益的考量必然起着决定作用,厚待未必能换取忠诚。即便如此,毋庸置疑的是,基于物质和情感纽带的利益共同关系营造出的物质和精神效用极大丰富的氛围能充分调动教师积极性,激发教师高投入,在情感上增强对学校的信任、认同感和承诺感,在行为上不仅表现为高质量完成工作职责,还愿意为学校效能的提高作出超越职责的奉献。总而言之,利益共同才能带来持续双赢。长远来看,学校应致力于打造与教师相互信任、相互高投入高回报的共同投资高型的心理契约。

2.学校主动沟通意识弱,教师参与学校管理少

就双方的沟通而言,受访的 13 名教师和 5 名系主任意见高度一致,只有 2 人认为学校(以各级管理者为代理人)和教师之间有一定程度的沟通,其余的 16 人均认为双方缺乏常效沟通机制。仅有的沟通以自上而下的沟通为主,以员工会议为主要沟通渠道,内容上以命令、通知传达、任务布置和考核为主,经过层层传递,到达基层教师时,信息已严重滞后;自下而上的沟通有效性不高,仅有的少数沟通渠道,如校长信箱、座谈会、教代会等,也效果甚微,基层教师的很多意见建议并没有得到重视,更谈不上参与重要决策。访谈中教师普遍表现出对改善沟通、参与管理的热切期望。

本研究认为,访谈中教师流露出的对沟通现状的不满,暴露了学校主动沟通意识不强,沟通渠道,尤其是上行沟通渠道较为闭塞的现实问题。沟通现状差强人意究其原因有两方面。一方面,中国文化表现出典型的高权力距离特征,上下有别、尊卑有序的等级观念是深刻的文化烙印,上下级由于职位、地位不同而产生的心理距离感,阻碍了有效沟通;另一方面,中国高校管理长期带有浓厚的行政管理色彩,行政权力强于学术权力,通过命令要求服从的官本位意识明显。

访谈中教师表现出的改进现状的强烈愿望与毕宪顺(2006)[212]对我国高等学校学术人员参与学校管理的调查结果一致。他的研究显示高校学术人员

虽在一定程度上参与了学校管理,但参与行政决策类活动普遍较少,且主要集中在高级技术职务群体;另外,学术人员希望参与学校决策的比例达到79.24%,且不同专业技术职务的人员希望参与学校重大事项决策活动的比例都很高。在参与形式上,学术人员多是以座谈会形式参与重要事项决策活动,实质上未进入最后决策,实际作用甚低。因为座谈会一般是征求意见,意见可能被采纳,也可能不被采纳。座谈会可以多开,也可以少开,开与不开并无制度上的规定。

　　心理契约涉及个人主观感知,教师和学校管理者(学校的代理人)立场不同,所接收的信息本来就有所差异,个体对信息的选择、加工和解释也与各自的立场相关。在这种情况下,如果双方缺乏常效沟通机制,容易造成双方对相互责任履行存在认知差异,这一点也得到了本研究实证数据的支持。例如,可能学校管理者认为学校已经履行了相应的责任,甚至履行得还不错,但由于信息滞后、信息不完全或理解偏差等原因,教师却认为学校有意不履行责任,自己受到了不公正的待遇。心理契约研究诸多文献表明,契约双方的理解歧义是导致契约破裂和违背的一个主要原因。本研究的实证结果显示,教师与学校对学校责任履行的认知差异产生的影响主要集中在与学校直接相关的教师责任和组织公民行为维度上。这更应该引起学校管理者的重视,积极采取措施减少理解歧义。缺乏沟通引发分歧,减少分歧最有效的办法当然就是加强双方沟通,尤其是畅通下情上达的渠道。有效的沟通能够帮助学校管理者及时了解教师的真正关注和真实想法,也可以向教师宣传学校在责任履行方面已经付出的努力和已取得的成效,解释教师重视但学校没有能力或暂时无法兑现承诺的原因和具体情况,这可以在很大程度上增进理解,减少心理契约破裂或违背,改善雇佣关系。例如,学校在引进高层次人才时,往往向引进人才承诺一定的住房、配偶安置、科研启动费等优惠政策和待遇。但学校兑现承诺需要一定的程序和时间。在实现承诺的过程中,学校管理者应该及时解释政策,告知落实进程,特别是出现困难或意外情况的时候更要主动与教师沟通,说明情况和理由,请他们谅解并明确解决办法。学校管理者积极与教师沟通或者教师有机会参与学校重大事务或与自身利益相关的事务的决策,这些行为本身就在传达着尊重知识、尊重人才的信号,能极大地满足教师受到尊重和重视的强烈诉求,引导其对雇佣关系形成积极正面的评价,形成良性的心理契约。即便结果不尽如人意,也容易获得教师善意的谅解。反之,如果校方默默努力、教师苦苦等待,责任履行过程出现问题或者教师个人对政策理解有偏差,却没有及时沟通,极易导致教师的误解和不满,事倍功半。

3. 组织公民行为的动机

受访者对OCB也有不同看法。有个别受访教师认为完成职责规定的教学、科研任务就已经对学校作出了很大的贡献，已经占用了自己大部分的时间与精力，从事OCB超过能力所及。大部分教师认为日常工作中不可避免地都会自觉自愿履行一些OCB，比如，有受访者提到"公事私办"，即利用个人关系、时间等资源为学校、学院和学生服务；主动与新同事交流；自觉以言行维护学校形象等。另外，访谈结果还表明学生公益行为比同事公益、学校公益更为普遍。受访教师普遍认为学校责任如果履行得差强人意，教师首先减少的就是学校公益行为，因为这是教师产生不公平感后能采取的相对简单而又能有效恢复社会交换平衡的行为反应。这一点在实证研究中也得到了验证；同事公益行为有但并不多，这主要是由于高校教师的职业特征造成个体相对独立，同事间的互动比较少；而受访者谈论最多的OCB就是学生公益行为。值得注意的是，大家都不约而同地谈到，即使学校令自己失望，只要自己认为是应该为学生做的力所能及的事，还是会一如既往地完成。在实证研究中也发现，学校责任履行与学生公益行为的关系最弱，访谈中得到的上述观点是对这一实证结果的再次验证。

正如本研究在绪论中所阐述的，高校组织的职能定位和教师的职业特征决定了学校效能最大程度的实现和教育资源的充分发挥离不开教师超越职责的奉献。教师的教书育人、科研和社会服务工作体现了精神活动和创造性劳动的特征，这种行为过程难以完全通过刚性的规则制度加以约束，教师工作的质量在很大程度上取决于教师是否自愿履行任何有益于学生成长、同事互动、学校发展的行为，哪怕聘任合同或正式工作说明并没有事先规定。

本研究认为，高校教师的OCB动机主要可分为社会交换动机、个人职业忠诚动机和个人印象管理动机。社会交换动机是指教师基于信任、高度的情感承诺等积极情感愿意以超越正式职责的工作行为作为对学校物质和精神支持的回报。个人职业忠诚动机是指教师出于对教育职业的热爱、敬业、爱业、守业，表现出高尚的职业操守和职业道德。比如，上文提到的教师对学生不计报酬的付出主要就源自教师的职业忠诚动机；还有受访教师提到在学校重科研、轻教学的氛围下，即使不能得到学校正式评价体系的认可和回报，出于自身的责任感，仍然愿意花费额外的时间，寻找更多的资源改进教学效果；另有教师提到个人不断学习，更新知识。在知识更新迅速的环境中，个人的自我提升努力虽然有利于个人为学校作出更多贡献，但这主要还是源自个人提升自身职业胜任力的需要。印象管理是指通过个人表现，获得他人积极评价的行为动机。比如,有受访教师认为从事 OCB 可以让自己在领导、同事眼中显得有能力,也可以获得学生的积极评价。由此可以看出,尽管教师或多或少地都表现出 OCB,但行为动机并不单纯。学校管理者应该考虑如何加强心理契约管理,激发教师更强烈的社会交换动机,作为对职业忠诚动机的有益补充。

第三节 高校心理契约管理建议

一、学校方面

(一)把握心理契约的特点和规律

1. 适时跟踪,动态调整——管理动态性的心理契约

显性契约一旦形成,不会轻易变化,但心理契约却因时而异,尤其在组织变革期间更是处于不断变更与调整的状态。高校组织正在进行的变革,比如薪酬制度调整、人事政策变化、领导更替甚至工作方式的改变都会改变原已形成的心理契约;同时,随着个体年龄增长和职业生涯发展,个体的主导需求和心理预期也会相应地发生变化。比如刚刚开始职业生涯的青年教师期望学校提供更好的物质待遇、帮助职务上的晋升、提供学习和培训的机会;处于职业生涯高峰的骨干教师则希望能参与学校管理、享受稳定的福利待遇和改善科研环境条件;处于职业生涯衰退期的教师希望有稳定的工作保障、学校能营造和谐融洽、富有人情味的氛围,以及帮助解决生活中的实际困难等。

高校管理者要了解心理契约的动态性,在变革进程中应及时通过多种沟通渠道向教师宣传和解释新政策、新制度,以便消除猜疑,达成理解和信任;应关注、了解各个年龄层教师群体的主导需求,尽可能满足特定群体普遍关注的要求;适时跟踪教师个体的心理轨迹,特别是当学校组织的变革对个体产生较大影响或个人处于职业生涯发展的某些关键节点时,管理者应适时关心、了解个体心理状态,提供力所能及的辅导和帮助。

2. 有效沟通,合理引导——管理主观性、内隐性的心理契约

与正式的、成文的显性契约相比,教师心理契约是个体在与学校互动的过程中形成的对相互责任的感知或期望。这种感知或期望虽然基于承诺的责任,却不是责任本身。不同个体与学校组织互动的经历不尽相同,即便有相似

经历,不同个体的体验和感受也不同,因此心理契约是因人而异的个体主观感受,与其他人以及组织的理解和解释不一致是完全正常的。并且这种感受潜藏于心,没有言明。心理契约的主观性容易导致认知偏差,内隐性在一定程度上加大了管理的难度,二者同时造成了教师与学校之间的信息不对称。心理契约管理意味着学校应在契约形成和发展的不同阶段,建立有效的沟通机制,合理引导并传递真实客观的信息,弥合认知差异。

在确立契约关系时,学校应致力于提供真实的工作预览(realistic job preview)。招聘过程中招聘人员的介绍,学校网站或宣传册上对学校政策制度的描述,各级管理者的公开陈述或口头承诺,都可能影响教师的心理预期。学校应该将全部有关信息,如薪资福利信息、岗位职责要求等,客观明确地传递给教师,避免为了吸引人才而不切实际地夸大待遇,特别注意要将职位有利和不利的方面都进行实事求是、详尽的介绍。提供工作预览的方式可以多样化,可以是与直接分管的院系领导的面谈、书面材料,也可以是与在职教师的交流等,帮助应聘者形成切实的工作预期。真实、准确的信息传递,是学校和教师良性心理契约关系建立的基础。

在新教师入职时,应善于利用入职培训帮助新教师适应环境,融入学校。成功的入职培训不应该仅仅由人事部门完成,而应该是学校自上而下各级管理者共同重视和全面推动的系统工程。学校各职能管理部门的中高层领导应亲自参与入职培训,通过讲座、座谈、调查等形式帮助新教师了解学校文化,熟悉教学管理和学术研究相关的制度规则,及职业晋升的途径;系主任可以通过个人面谈、非正式沟通等方式帮助新教师熟悉工作主要内容,根据教师个人特点进行职业发展规划,向新教师推荐经验丰富的同事作为导师或是发挥教学、科研团队的力量,帮助新教师尽快进入角色。全方位的入职培训通过充分的信息传递和积极的情感交流,帮助新教师在心理契约形成初期形成现实的、积极的心理预期。

在教师心理契约变化时,管理者应及时干预、合理引导,化解主观知觉偏差。如前所述,学校、院系重大变革时期或是个人职业生涯发展的关键时点为心理契约重构提供了契机。心理契约虽然是内隐的,但它的变化却会影响个体的行为态度。比如,教师因为自身不符合条件而使得职务晋升的要求受挫,却可能会因为信息不完全或主观知觉偏差将事件归因于学校制度不合理,并在日常工作中表现出怀疑、抱怨、失望、不满的负面情绪,工作积极性降低、投入减少等等。管理者如果对这些不良变化漠不关心、听之任之,误解和消极情绪日积月累后可能导致教师心理契约发生质的转变,由积极建设性转向消极破坏性,坚信是学校没有履行承诺,故意违约。反之,如果管理者不仅及时注意到教师的变化,还主动创造机会,聆听教师的抱怨和不满,适时疏导负面情绪,并对出现的问题开诚布公地解释说明、分析原因,有可能争取最大程度的理解。

在日常管理中,学校应该建立长效的双向沟通机制和教师参与决策机制。双向沟通减少了信息不对称,保证了教师的知情权和意见权,是教师参与决策的基础。教师参与与自身事务相关的决策,体现了决策过程中的双向沟通。二者都有助于提高教师对互动公平的感知以及对管理者和管理决策的认同,促成双方信任、融洽的关系。

双向沟通一方面意味着学校管理者要深入了解教师内隐的感受和期望,给予教师表达意见的机会,听取教师对学校工作的看法和改善意见。自下而上的信息传递能够帮助管理者了解学校工作应加强的重点。比如,学校管理者通过多渠道多形式的沟通,了解到成长发展是教师普遍关注的学校责任,就可以相应地在培训、学习、职业生涯规划、平台建设等方面加大投资力度;学校管理者还可以根据教师普遍反映的学校工作中有待改进之处,结合教师的意见,及时有效地提供解决应对方案。另一方面,双向沟通意味着学校应让教师定期了解学校的发展、目前存在的问题,并准确传达学校对教师的期望。自上而下的信息传递可以帮助教师全面了解学校在责任履行上已经付出的努力和已实现的成果、面临的困难和未来的发展方向,从而调整自己的心态与期望,使之更趋于现实。总之,有效的双向沟通,能在很大程度上降低双方的认知差异,促进双方对彼此期望和付出的努力达成默契和理解。在沟通中,要有意识地运用多样化的沟通渠道,并保持渠道畅通有效,如校长(院长)信箱或接待日、面对面座谈会、听证会、教代会、扩大会议、常设性学术组织(如学术委员会、学位委员会、教学工作指导委员会)等。另外,还要注意扩大沟通对象中教师群体的代表性,不仅包括教授,还应该包括职务级别低的教师或年轻教师等。除了正式沟通,管理者还要善于利用非正式沟通渠道。其实在集体用餐、娱乐、运动、出差旅行等社交场合中蕴含着丰富的机会可以了解教师心声,关键在于管理者是否具备沟通意识和技巧,是否能够放下身段,以心交心,消除下属顾虑,获取下属信任。

建立教师参与决策的机制就是改变传统的"管理者作出决定、教师遵照执行"的决策和执行方式,尊重教师个体、学术组织等参与决策学校事务特别是学术类事务的权利。朱浩(2008)提出由党、政、教授组成联合校务委员会,对学校重大事宜民主协商、共同决策。由党委把握办学方向、方针、政策;校长为首的行政负责管理、执行、服务职能;教授团体(如学术委员会)负责学术规划、咨询和监督职能[213]。教师是受过训练的专业人士,对教学科研等工作十分熟悉,具备专业判断能力,教师参与决策增进了决策理性,保障了学术权利;教师参与决策还能有效解决"价值差异"问题。在民主参与的过程中,不同主张和意见得到充分表达,各种利益要求得到综合考虑与平衡,不满因广泛的参与而得以消除,争执与冲突通过心平气和的对话得以化解。这就极大地减少了教师对管理决策的事后怀疑与抗议的危险性,提高了教师对决策的理解和认同程度,进而提高决策的执行力[214];同时,通过参与决策,教师拥有了一定的决定与己相关的学校事务的能力,能够在决策过程中不断调整和维护自己的心理契约,消除与管理者之间的心理对立,增进融洽;此外,教师还能在参与决策的过程中体会到互动公平和人性化所带来的愉悦与满足,其人格尊严和自主意志得到应有的承认和尊重,潜力与创造力得到释放,与学校之间的心理契约将更加稳定和牢固。

但在现实中,许多管理者并不懂得如何与教师沟通,教师参与决策也流于形式。高校教师尽管内心怀有强烈的参与决策的愿望,但在现行体制和文化下,谨言慎行,不愿意轻易表达自己的想法,更不用说主动与管理者沟通,或为学校发展献言献策。因此,改善沟通,加强教师参与的根本在于营造开放、尊重、平等的,充满人文关怀的校园文化,其关键是管理者观念的改变。如果管理者愿意聆听,鼓励参与,并亲力亲为倡导和推动这样的文化,沟通和参与也就能够成为学校组织中理所当然、被广为接受的行为方式。

3. 利益共同,同步发展——管理互惠性的心理契约

学校管理者不能把双方关系理解为"我出钱、你出力"的简单经济交换关系。学校组织与教师之间应该是一种互惠互利的利益共同体关系。首先,反应式回报是基于诱因和贡献的平衡。增强反应式回报的关键在于学校管理者关注共同利益,建立个人目标与组织目标契合的良性机制,改变重使用、轻培养的做法,增加学校责任的履行,把人当作一项潜在的资本,而不是实现组织目标的工具和需要被精简的成本。其次,增强前瞻式回报,意味着双方需要致力打造共同投资高型的心理契约类型。双方相互高投入高回报,推动心理契约向着长期、信任、相互支持的方向发展,激发教师自觉自愿地为学校的发展全力以赴。

实现个人目标和组织目标契合的一个有效途径就是学校配合教师进行合理科学的个人职业生涯规划。管理者和教师共同探讨,帮助教师更全面认识自己,明确发展方向,结合自身能力、兴趣、专业特点,规划具体成长步骤,建立

有挑战性又可以实现的职业目标。在这个过程中,管理者既是辅导者,又是支持者。辅导者的作用在于帮助教师将个人的职业目标与学校、院系的组织目标统一起来,实现组织发展整体要求与个人生涯发展计划之间的平衡;支持者的意义在于为教师的职业发展提供制度、资源、机会等方面的支持。

(二)培育人文关怀的校园文化

校园文化是一种"场",虽然无形却又是实际存在的,能够被感知的。校园文化如同"润物细无声",虽是潜隐的、但又是深刻的,文化的凝聚意义尤为重要。培育人文关怀的校园文化的核心在于以人为出发点,关注教师物质和精神需求的满足,营造信任的氛围,激发教师对雇佣关系形成积极的评价和预期,增强反应式和前瞻式回报的可能。

教师加入学校组织希望获取物质利益,但教师当前的薪酬水平与其人力资本投入是不成比例的,与同地区其他行业的同类人员相比,也不具备外部竞争性。诚然,高校不是营利机构,特别是公立高校是事业单位,教师基本工资按照国家统一标准确定,相对固定,高校组织并无自主决定的权力。但随着近年来高等教育管理体制改革的不断深入,高校在薪酬决策中的自主权在逐步增大,并且基本工资在教师薪酬构成中所占的比重在不断降低,可变工资和福利的比重正在加大。比如,岗位津贴就是高校分配制度改革以来新增的项目,除国家资助外,其主要来源是学校创收与办学经费。高校管理者应该心系员工福祉,在能力所及范围内以适当方式与教师员工分享学校、院系发展进步的成果,提高可变工资部分(如岗位津贴、课时津贴和科研奖金)和福利待遇,增加福利的种类等等,满足教师安居乐业的要求。

相对于物质需求,精神需求满足的效用更持久、满足的成本更低,学校组织更应该重视精神和情感需求的满足,比如工作的意义、更大的工作自主权、肯定、信任和尊重、个人自我价值实现的机会等等。精神层面的责任体现了教师更高层次的社会心理诉求,并且形式多样、潜藏于心,无法在显性契约中做明确具体规定。如果这些事前未做规定的学校责任能够得到充分履行,无疑能增强教师对学校的信任和认同感,激励他们竭尽全力。再者,中国文化强调个人对集体的归属感和集体对个人的关爱和情感支持。情感因素是中国员工与组织心理契约不可或缺的要素。虽然情感投入是双方的、平等的,但以管理者为代表的高校组织享有权力和地位上的实质优势。在中国文化中,居高位者如果首先表现出情感投资和支持行为,这种善意的信号将被放大,不仅为双方互动营造信任的氛围,还可能激发教师对未来的双方关系形成积极的预期,在行为上表现为同等或加倍的付出、"先付出后求回报"的前瞻式回报行为,甚至不求回报的行为。忽略情感因素,会导致对物质经济因素的过分强调,破坏良性雇佣关系赖以存在的信任根基。

  培育人文关怀的校园文化关键在于高校管理者观念的转变。员工与组织中的有权力人物的互动通常是个人体验雇佣关系及组织支持的主要机制,在中国文化背景下尤为如此。员工通常将管理者看成组织的代言人,把他们从管理者那里得到的好的或不好的待遇看成组织支持程度的信号。"士为知己者死",对中国员工而言,最大的组织支持莫过于上级领导的关心与支持。学校管理者对教师的影响主要体现在两个方面。首先,管理者所有的管理决策和行为都有可能影响到学校和教师关系,例如应建立怎样的机制、提供怎样适宜的程序聆听教师的呼声;应该如何满足教师个人成长的需求,将个体的发展充分融合到组织的发展中等等。从长远来看,这些决策本身和具体执行方式都会对教师产生深刻影响,决定了他们将在工作中介入多深、他们能在多大程度上信任管理层,以及在工作中开发多少新的能力。其次,管理者对待下属的态度,尤其是他们所创造出的期望前景、他们提供的反馈、他们营造出的信任,以及他们所给予的承诺,比任何人事政策或体系更能塑造和影响教师学校关系。管理者的行为既能加强学校有效地使用人力资源,也能破坏这种有效性。因此,学校各级管理者应转变行政管理的心态和方式,善于运用柔性、隐性的精神力量加以协调,塑造个人影响力和权威,而不是单纯依赖权力强制服从。

(三)重视显性契约约束

  显性契约是一个与心理契约相对的概念,它包括了组织与员工之间一切成文的约定,包括高校与教师之间的聘任合同和管理规章制度,如薪酬制度、晋升制度、教学制度、科研制度等。聘任合同以法律文本的形式规范了聘任主体之间的权利和义务,是形成良性心理契约的基石。比如,教师的工作要求、岗位职责、学校给予的劳动报酬、福利待遇等合同条款都应依照劳动法及其他法律法规尽可能明确清晰地界定,合同的期限、变更、解除、经济赔偿、违约责任争议解决等也应依法约定。合同规定的越详尽明确,产生误解的空间就越小。另外,双方的权利义务要具有对等性,合同越公平合理,越不容易造成心理失衡,对行为的约束作用就越强。学校对教师责任的期望很大程度上通过工作职责要求、奖励制度、晋升制度、培训制度等规章制度得以体现。合理明晰的制度能够减少不安全感和模糊性,能够帮助教师形成合乎实际的角色定位和心理预期。首先,合理意味着科学、公平、公正。教师参与制度制定能够提高制度的科学性,保证程序公平和结果公平。公正是指制度不能只反映个别集团的利益,而应该把握利益的均衡点进行权利义务分配。只有制度合理,教师才能从心理上认同和接受,并将之内化为自身的行为准则;其次,应该对已成文的重要制度广为宣传和倡导。在现实中的很多时候,制度完全由管理者说了算,教师不了解制度是如何制定、何时形成的。学校要强制执行制度,教师产生抵触心理,心理预期与制度相差甚远、甚至背道而驰,导致心理契约违背也就不足为奇了。

综上所述,高校组织进行教师心理契约管理时既要遵循心理契约自身规律,又要借助文化和规则的力量,协调双方关系、激励彼此行为,实现人与学校的共同发展。

二、教师方面

(一)认知层面

教师应该对雇佣关系建立合乎实际的心理预期。既不要留恋改革前以高度保障、保护与依附为特征的家庭式关系,也不要将之看成纯粹的经济交换关系。应该相信学校不仅是一个工作场所,还可以为个人发展搭建广阔的平台。如果每个教师都拥有"这是我们的学校"的意识,认同和支持学校发展,学校发展好了,自己的各方面需求也容易得到满足。学校发展不好,自己的发展也受限、利益也受损。教师应该用更加长远、积极的眼光看待雇佣关系,关注双方利益的统一点,实现和学校的共同发展。

(二)行为层面

高校教师职业是学术职业。人才培养、科研和社会服务乃是学术职业的职责所在。教师恪守本职、履行职责,既是自身坚守学术职业良知的行为表现,也是双方心理契约乃至雇佣关系得以延续的基本保障。

成长发展是高校教师最重要的价值取向,也是在竞争环境中胜任学术职业的客观要求,应该贯穿教师个人职业生涯的全过程。成长发展是指教师树立终身学习观念,利用学校提供的平台不断更新知识结构,发挥创新潜质,努力提升学术生命力和创造力。"所谓大学者,非谓有大楼之谓也,有大师之谓也。"每位教师为实现自我而努力,力争成为学术大师和骨干教师,既实现了个人目标,其产生的累加效应也提升了学校人力资源的整体质量,支撑了学校战略目标的实现和竞争优势的提升,是打造利益共同、互惠双赢的心理契约的有效途径。

第四节 研究局限和研究展望

一、研究局限

(一)双向视角的研究不完整

本研究虽然在对心理契约的概念界定中纳入了教师与学校双重视角,在质性研究中也访谈了教师和系领导个案对学校、教师相互责任及履行情况的看法,但在实证研究中仅针对学校责任履行进行了双视角的认知差异比较,并没有考察双方在教师责任履行上的认知差异,以及双方心理契约类型的差异。

由于研究条件所限,本研究选取了中基层管理者作为"学校组织代理人",用其感知和期望代表学校心理契约。虽然中基层管理者对学校责任和教师责任的履行程度都比较了解,但以校长为代表的高层管理者作为学校发展方向的规划者和重要事务的最终决策者,他们的视角也能充分代表学校视角。而且本研究发现教师与院长的认知差异普遍显著大于教师与系主任的认知差异。高层管理者位于学校科层组织的最顶端,他们与普通教师对学校责任的认知差异是否也更为显著呢?本研究没有获得高层管理者数据,无法对此进行有益探索。

(二)缺乏对过程变量的探讨

本研究的研究深度主要体现在对心理契约的责任内涵和相互责任履行之间的关系的深度剖析,但在心理契约状态、类型对组织公民行为的影响研究和认知差异对教师责任、组织公民行为的影响研究中,都只进行了直接影响的主效应分析,缺乏对影响的内在机制和前提条件的探讨。

(三)结论的普适性不够

本研究选取的样本为中国高校教师,样本独特的职业和心理特征决定了结论具有较强的针对性,但这是以普适性为代价的。结论在其他群体的推广受到较大的局限。

(四)研究设计的严谨性有待提高

首先,本研究在开发中国情境中高校教师心理契约和组织公民行为量表时,由于研究的时间和条件有限,测量项目的收集还不够充分,也无法反复收集问卷对测量语句进行更为深入和细致的修订。量表的信度和效度还有待后续的研究不断检验和提高。

其次,本研究采用横截面研究而不是纵向研究。横截面研究仅在一个时间点上收集数据,无法对变量间的因果关系提供有力的证据。对心理契约而言,从组织没有履行承诺的责任,到员工感知到责任未履行,即员工心理契约破裂、违背,再到员工角色内外行为的调整,需要经历一段时间才能完成;同样,从员工、组织对双方责任履行的认知差异的实际存在,到双方感知到认知差异,再到双方态度与行为的调整,也需要一段时间才能完成[22]。相对而言,纵向研究能更准确地把握心理契约这一主观信念的动态变化过程,更明确地反映出心理契约与OCB的因果关系。

再次,本研究抽样的非随机性,决定了样本的代表性存在一定局限。另外,在认知差异研究部分,仅基于一个高校的管理者、教师样本分析并形成结论。这些抽样误差可能在一定程度上影响了研究结果的可靠性和可推广性。

最后,本研究采用教师自陈式报告衡量心理契约和OCB。当自变量和因变量都为同一来源时,容易导致同源方差问题。

二、研究展望

(一)研究视角:员工和组织双视角

心理契约概念自形成之初就被界定为员工、组织对彼此贡献与回报的相互期望,就体现出双向性的特点。虽然由于组织代理人难以确定,员工单视角的观点至今仍占主导地位。但契约在本质上应该涉及双方,研究者们对心理契约相互性的探讨又体现了对双视角观点的回归。虽然研究者们对于选取哪一层次的管理者作为组织代理人仍然无法取得共识,但双视角研究已开始受到更多关注。未来的研究可以探讨组织感知到的互惠责任的内容、维度结构和履行程度;组织心理契约类型;还可以尝试以不同层次的管理者作为组织代理人,比较其与员工对相互责任履行的认知差异,或比较不同层次的管理者作为组织代理人时结论的异同,以丰富双视角研究成果。

(二)研究对象:聚焦或比较

差异研究有利有弊。针对具体行业、某个职业群体的差异研究能充分挖掘差异性和特殊性,并对该行业或群体的管理实践提出更具针对性和操作性的建议。但差异研究的结论在推广上受到限制,在某种文化情境中以某个职业群体为样本分析得到的结论难以有效地应用于其他文化情境或其他职业群体。

以不同行业、不同职业群体为样本的研究虽然结论普适性强,却缺乏针对性。未来的研究可以继续沿着两条路径:聚焦的差异研究或传统的一般性研究。在一般性研究中,可以尝试进行跨文化比较研究;也可以探索一些可能的文化或行业因素作为调节变量,以界定因果关系的条件。

(三)研究方法:提高严谨性

未来的研究可以尝试纵向研究设计,选择不同的时间点分别衡量自变量和因变量,以更科学、准确地把握变量之间的动态影响;在变量的衡量上可以结合自评和他评的方式,例如增加领导或同事评价来衡量OCB,以克服同源方差影响,还可以比较自评和他评的结果,丰富研究结论。

参考文献

[1] Podsakoff, P. M. , MacKenzie, S. B. , Paine, J. B. , Bachrach, D. G. Organizational citizenship behaviors: A critical review of the theoretical and empirical literature and suggestions for future research [J]. Journal of Management, 2000, 26(3): 513-563.

[2] Chatman, J. Matching people and organization: Selection and socialization in public accounting firm [J]. Administrative Science Quarterly, 1991, 36(7): 459-484.

[3] Harris, M. K. , Mossholder K. W. The affective implications of perceived congruence with culture dimensions during organizational transformation [J]. Journal of Management, 1996, 22(4): 527-547.

[4] 赵红梅. 个人—组织契合度对组织公民行为及关系绩效影响的实证研究[J]. 管理学报, 2009, 6(3): 342-347.

[5] Katz, D. The motivational basis of organizational behavior [J]. Behavioral Science, 1964, 9(2): 131-133.

[6] 刘献君等编著. 中国高校教师聘任制研究:基于学术职业管理的视角[M]. 北京:科学出版社, 2009.

[7] 袁小平. 从对峙到融通:教师管理范式的现代转向[M]. 长沙:湖南师范大学出版社, 2004.

[8] Blau, P. M. Exchange and power in social life [M]. New York: Wiley, 1964.

[9] Guest, D. E. Is the psychological contract worth taking seriously? [J]. Journal of Organizational Behavior, 1998, 19(Special Issue): 649-664.

[10] Guest, D. E. The psychology of the employment relationship: An analysis based on the psychological contract [J]. Applied Psychology, 2004, 53(4): 541-555.

[11] Robinson, S. L. , Morrison E. W. Psychological contracts and

OCB: The effect of unfulfilled obligations on civic virtue behavior[J]. Journal of Organizational Behavior,1995,16(3):289-298.

[12] Robinson,S. L. Trust and breach of the psychological contract [J]. Administrative Science Quarterly,1996,41(4):574-599.

[13] Turnley,W. H.,Bolino,M. C.,Lester,S. W.,Bloodgood J. M. The impact of psychological contract fulfillment on the performance of in-role and organizational citizenship behaviors [J]. Journal of Management, 2003,29(2):187-206.

[14] Suazo,M. M.,Turnley W. H.,Mai-Dalton R. R. The role of perceived violation in determining employees' reactions to psychological contract breach [J]. Journal of Leadership and Organizational Studies,2005,12 (1):24-36.

[15] Chen,Z. X.,Tsui,A. S.,Zhong L. F. Reactions to psychological contract breach: A dual perspective [J]. Journal of Organizational Behavior, 2008,29(5):527-548.

[16]余琛. 心理契约履行和组织公民行为之间的关系研究[J]. 心理科学,2007,30(2):458-461.

[17] Coyle-Shapiro,J. A. M. A psychological contract perspective on organizational citizenship behavior [J]. Journal of Organizational Behavior, 2002,23(8):927-946.

[18] Coyle-Shapiro,J. A. M.,Kessler,I. Exploring reciprocity through the lens of the psychological contract: Employee and employer perspectives [J]. European Journal of Work and Organizational Psychology,2002,11(1): 69-86.

[19] Tsui,A. S.,Pearce,J. L.,Porter,L. W,etc. Alternative approaches to the employee-organization relationship: Does investment in the employees pay off? [J]. Academy of Management Journal,1997,40(5):1089-1120.

[20] Shore,L. M.,Barksdale,K. Examining degree of balance and level of obligation in the employment relationship: A social exchange approach [J]. Journal of organizational Behavior,1998,19(Special Issue):731-744.

[21]余琛. 四类不同心理契约关系的比较研究[J]. 心理科学,2004,27 (4):958-960.

[22]李原. 企业员工的心理契约概念、理论及实证研究[M]. 上海:复旦大学出版社,2006.

[23] Rousseau,D. M. Psychological and implied contracts in organizations [J]. Employee Responsibilities and Rights Journal,1989,2:121−138.

[24] Rousseau,D. M. Psychological contracts in organizations:Understanding written and unwritten agreement [M]. Thousand Oaks,CA:Sage.,1995.

[25] Herriot,P.,Pemberton,C. A. New deal for middle managers [J]. People Management,1995(12):32−35.

[26] Guest,D. E.,Conway N. Communicating the psychological contract:An employer perspective [J]. Human Resource Management Journal,2004,12(2):22−38.

[27] Argyris,C. Personality and organization:The conflict between system and the individual[M]. Oxford,England:Harpers,1957.

[28]李晓风,佘双好. 质性研究方法[M]. 武汉:武汉大学出版社,2006.

[29]查士丁尼. 法学总论[M]. 北京:商务印书馆,1993.

[30]霍布士. 利维坦[M]. 北京:商务印书馆,1985.

[31]洛克. 政府论[M]. 北京:商务印书馆,1993.

[32]卢梭,社会契约论[M]. 北京:商务印书馆,1980.

[33]杨瑞龙,周业安. 企业的利益相关者理论及其应用[M]. 北京:经济科学出版社,2000.

[34]麦克尼尔. 新社会契约论[M]. 北京:中国政法大学出版社,1994.

[35] Barnard,C. The Function of The Executive [M]. Cambridge:Harvard University Press,1938.

[36] Gouldner,A. W. The norm of reciprocity:A preliminary statement [J]. American Sociological Review,1960,25(2):161−178.

[37] Adams,J. S. Inequity in Social Exchange [A]. In Berkowitz,L. (Eds.),Advances in Experimental Social Psychology[M]. New York,NY:Academic Press,1965,pp. 267−299.

[38] Folger,R.,Greenberg,J. Procedural justice:An interpretative analysis of personnel systems [J]. Research in Personnel and Human Resource Management,1985,3:141−183.

[39] Argyris,C. P. Understanding organizational behavior [M].

Homewood, IL: Dorsey Press, 1960.

[40] Levinson, H., Price, C. R., Munder, K. J., Solley, C. M. Men, Management and Mental Health [M]. Cambridge, MA: Harvard University Press, 1962.

[41] Schein, E. H. Organizational psychology [M]. Englewood Cliffs, New Jersey: Prentice-Hall, 1965.

[42] Kotter, J. P. The psychological contract: managing the joining-up process [J]. California Management Review, 1973, 15(3): 91—99.

[43] Rousseau, D. M. Psychological contracts in the workplace: Understanding the ties that motivate [J]. Academy of Management Executive, 2004, 18(1): 120—127.

[44] Robinson, S. L., Kraatz, M. S., Rousseau D. M.. Changing obligations and the psychological contract: A longitudinal study [J]. Academy of Management Journal, 1994, 37(1): 137—152.

[45] Rousseau, D. M. New hire perceptions of their own and their employer's obligations: A study of psychological contracts [J]. Journal of Organizational Behavior, 1990, 11(5): 389—400.

[46] Rousseau, D. M. and Tijoriwala, S. A. Assessing psychological contracts: Issues, alternatives and measures [J]. Journal of Organizational Behavior, 1998, 19(Special Issue): 679—695.

[47] Herriot, P., Manning, W. E. G., Kidd, J. M. The content of the psychological contract [J]. British Journal of Management, 1997, 8(2): 151—162.

[48] Porter, L. W., Pearce, J. L., Tripoli, A. M., Lewis, K. M. Differential perceptions of employers' inducements: Implications for psychological contracts [J]. Journal of Organizational Behavior, 1998, 19(Special Issue): 769—782.

[49] Coyle-Shapiro, J. A. M., Kessler I. Consequences of the psychological contract for the employment relationship: A large scale survey [J]. The Journal of Management Studies, 2000, 37(7): 903—930.

[50] Lester, S. W., Turnley, W. H., Bloodgood, J. M., Bolino, M. C. Not seeing eye to eye: Differences in supervisor and subordinate perceptions of and attributions for psychological contract breach [J]. Journal of Organi-

zational Behavior,2002,23(1):39—56.

[51] Tekleab,A. G.,Taylor,M. S. Aren't there two parties in an employment relationship? Antecedents and consequences of organization-employee agreement on contract obligations and violations [J]. Journal of Organizational Behavior,2003,24(5):585—608.

[52] Dabos,G. E.,Rousseau,D. M. Mutuality and reciprocity in the psychological contracts of employees and employers [J]. Journal of Applied Psychology,2004,89(1):52—72.

[53] Macneil,I. R. Relational contract:what we do and do not know [J]. Wisconsin Law Review,1985(3):483—525.

[54] Millward,L. J.,Hopkins,L. J. Psychological contracts,organizational and job commitment [J]. Journal of Applied Social Psychology,1998,28(16):1530—1556.

[55] Coyle-Shapiro,J. A. M.,Kessler I. The employment relationship in the U. K. public sector:A psychological contract perspective [J]. Journal of Public Administration Research and Theory,2003,13(2):213—230.

[56] Raja,U.,Johns,G.,Ntalianis,F. The impact of personality on psychological contracts [J]. Academy of Management Journal,2004,47(3):350—367.

[57] Rousseau,D. M.,McLean P. J. The contracts of individuals and organizations [J]. Research in Organizational Behavior,1993,15:1—43.

[58] Kickul,J.,Lester S. W.,Belgio E. Attitudinal and behavioral outcomes of psychological contract breach:A cross cultural comparison of the united states and hong kong chinese [J]. International Journal of Cross Cultural Management,2004,4(2):229—252.

[59] Lester,S. W.,Claire,E.,Kickul,J. Psychological contracts in the 21st century:What employees value most and how well organizations are responding to these expectations [J]. Human Resource Planning,2001,24(1):10—21.

[60]陈加洲. 员工心理契约的作用模式与管理对策[M]. 北京:人民出版社,2007.

[61] Rousseau,D. M.,Tijorimala,S. Perceived legitimacy and unilateral contract changes:It takes a good reason to change a psychological contract

[C]. San Diago:Society for Industrial Organizational Psychology Meetings,1996.

[62] Lee,C.,Tinsley,C. H.,Chen,G. Z. X. Psychological and normative contracts of work group members in the United States and Hong Kong[A]. In Rousseau,D. M.,Schalk,R.(Eds),Psychological Contracts in Employment[M]. Thousand Oaks,CA:Sage,2000.

[63] Kickul,J.,Lester,S. W. Broken promises:Equity sensitivity as a moderator between psychological contract breach and employee attitudes and behavior[J]. Journal of Business and Psychology,2001,16(2):191-217.

[64]朱晓妹,王重鸣. 员工心理契约及其组织效果研究[J]. 管理工程学报,2006,20(3):123-125.

[65]关培兰,张爱武. 研发人员心理契约的结构、内容和感知现状[J]. 武汉大学学报(哲学社会科学版),2006,59(3):366-371.

[66]魏峰. 组织—管理者心理契约违背研究[D]. 复旦大学,2004.

[67]张积家,邱炯亮. 广东省中小学教师心理契约的结构及影响因素[J]. 教育研究,2005,26(4):48-56.

[68]林邦杰,陈美娟. 学校组织与教职人员心理契约量表的建构[J]. 教育研究与发展期刊,2006,2(4):39-68.

[69]刘耀中. 基于人力资源管理的大学教师心理契约结构研究[J]. 西北师大学报社会科学版,2006,43(6):22-24.

[70] Rousseau,D. M.,Psychological contract inventory:Technical report(Tech. Rep. No. 2)[Z]. Pittsburgh,PA:Carnegie Mellon University,2000.

[71] Rousseau,D. M.,Schalk,R. Psychological contracts in employment:Cross-national perspective[M]. Thousand Oaks,CA:Sage,2000.

[72] Hui,C.,Lee,C.,Rousseau,D. M. Psychological contract and organizational citizenship behavior in china:Investigating generalizability and instrumentality[J]. Journal of Applied Psychology,2004,89(2):311-321.

[73] Mowday,R. T.,Porter,L. W.,Steers,R. M. Employee-organization linkages:The Psychology of Commitment,Absenteeism and Turnover[M]. New York:Academic Press,1982.

[74] Baccili,P. A. Organization and manager obligations in a framework of psychological contract development and violation[D]. Claremont

Graduate University,2001.

[75] Bunderson, J. S. How work ideologies shape the psychological contracts of professional employees: Doctors' responses to perceived breach [J]. Journal of Organizational Behavior,2001,22(7):717-741.

[76] Cheung, F. Y. M. Employee reciprocation to psychological contract fulfilment: A mediating model focusing on multiple exchange perspectives [D]. Hong Kong polytechnic university,2005.

[77] Lemire, L., Rouillard, C. An empirical exploration of psychological contract violation and individual behaviour: The case of Canadian federal civil servants in Quebec [J]. Journal of Managerial Psychology,2005,20(1/2):150-163.

[78] Robinson, S. L., Rousseau, D. M. Violating the psychological contract: Not the exception but the norm [J]. Journal of Organizational Behavior,1994,15(3):245-259.

[79] Gakovic, A., Tetrick, L. E. Psychological contract breach as a source of strain for employees [J]. Journal of Business and Psychology,2003,18(2):235-246.

[80] Agee, J. E. Understanding psychological contract breach: An examination of its direct, indirect, and moderated effects [D]. State University of New York,2000.

[81] Turnley, W. H., Bolino, M. C., Lester, S. W., Bloodgood, J. M. The impact of psychological contract fulfillment on the performance of inrole and organizational citizenship behaviors [J]. Journal of Management,2003,29(2):187-206.

[82] Katz, D., Kahn, R. L. The social psychology of organizations [M]. New York: Wiley,1966.

[83] Bateman, T. S., Organ, D. W. Job satisfaction and the good soldier: the relationship between affect and employee "citizenship" [J]. The Academy of Management Journal,1983,26(4):587-595.

[84] Smith, C. A., Organ, D. W., Near, J. P. Organizational citizenship behavior: Its nature and antecedents [J]. Journal of Applied Psychology,1983,68(4):653-663.

[85] Organ, D. W. Organizational citizenship behavior: The good sol-

dier syndrome [M]. Lexington,MA,England: Lexington Books,1988.

[86] Morrison, E. W. Role definitions and organizational citizenship behavior: The important of the employee's perspective [J]. Academy of Management Journal,1994,37(6): 1543—1567.

[87] MacKenzie,S. B. ,Podsakoff,P. M. ,Fetter,R. Organizational citizenship behavior and objective productivity as determinants of managerial evaluations of salespersons' performance [J]. Organizational Behavior and Human Decision Processes,1991,50(1): 123—150.

[88] Podsakoff,P. M. ,MacKenzie,S. B. Organizational citizenship behaviors and sales unit effectiveness [J]. Journal of Marketing Research,1994,31(3): 351—363.

[89] Werner,J. M. Dimensions that make a difference: Examining the impact of in-role and extra-role behaviors on supervisory ratings [J]. Journal of Applied Psychology,1994,79(1): 98—107.

[90] Allen T. D,Rush,M. C. The effects of organizational citizenship behavior on performance judgments: A field study and a laboratory experiment [J]. Journal of Applied Psychology,1998,83(2): 247—260.

[91] Borman,W. C. ,Motowidlo,S. J. Expanding the criterion domain to include elements of contextual performance [A]. In Schmitt,N. ,Borman,W. C. (Eds.),Personnel selection in organizations [M]. San Francisco: Jossey-Bass,1993,pp. 71—98.

[92] Organ,D. W. Organizational citizenship behavior: It's construct clean-up time [J]. Human Performance,1997,10(2): 85—97.

[93] Graham,J. W. Organizational citizenship behavior: Construct redefinition,operationalization,and validation [Z]. Chicago: Loyola University,1989.

[94] Williams,L. J. ,Anderson,S. E. Job satisfaction and organizational commitment as predictors of organizational citizenship and in-role behaviors [J]. Journal of Management,1991,17(3): 601—617.

[95] Van Scotter,J. R. ,Motowidlo,S. J. Interpersonal facilitation and job dedication as separate facets of contextual performance [J]. Journal of Applied Psychology,1996,81(5): 525—531.

[96] George,J. M. ,Brief,A. P. Feeling good-doing good: A conceptu-

al analysis of the mood at work-organizational spontaneity relationship [J]. Psychological Bulletin,1992,112(2):310—329.

[97] George,J. M. ,Jones,G. R. Organizational Spontaneity in Context [J]. Human Performance,1997,10(2):153—170.

[98] Organ,D. W. The motivational basis of organizational citizenship behavior[A]. In Staw,B. M. ,Cummings,L. L. (Eds),Research in organizational behavior [M]. Greenwich,CT:JAI Press,1990,pp. 43—72.

[99] Borman,W. C. ,Motowidlo,S. J. Task performance and contextual performance:The meaning for personnel selection research [J]. Human Performance,1997,10(2):99—109.

[100] Graham,J. W. An essay on organizational citizenship behavior [J]. Employee Responsibilities and Rights,1991,4(5):249—270.

[101] Moorman,R. H. ,Blakely,G. L. Individualism-collectivism as an invidual difference predictor of organizational citizenship behavior [J]. Journal of Organizational Behavior,1995,16(2):127—142.

[102] McNeedly,B. L. ,Meglino,B. M. The role of dispositional and situational antecedents of prosocial organizational behavior:An examination of the intended beneficiaries or prosocial behavior [J]. Journal of Applied Psychology,1994,79(6):836—844.

[103] Organ,D. W. ,Ryan,K. A meta-analytic review of attitudinal and dispositional predictors of organizational citizenship behavior [J]. Personnel Psychology,1995,48(4):775—802.

[104]郭晓薇. 影响员工组织公民行为的因素:实证与应用[M]. 上海:立信会计出版社,2006.

[105] Farh,J. L. ,Earley,P. C. ,Lin,S. C. Impetus for action:A cultural analysis of justice and organizational citizenship behavior in Chinese society [J]. Administrative Science Quarterly,1997,42(3):421—444.

[106] Farh,J. L. ,Zhong,C. B. ,Organ,D. W. Organizational citizenship behavior in the People's Republic of China [J]. Organization Science,2004,15(2):241—253.

[107] Karambayya,R. Organizational citizenship behavior:Contextual predictors and organizational consequences [D]. Evanston:North western University,1989.

[108]许多,张小林. 中国组织情境下的组织公民行为[J]. 心理科学进展,2007,15(3):505—510.

[109] DiPaola,M. F.,Tarter,C. J.,Hoy,W. K. Measuring organizational citizenship in schools:The OCB Scale[A]. In Hoy,W. K.,Cecil,M. (Eds.),Leadership and Reform in American Public Schools[M]. Greenwich,CT:Information Age,2005:319—342.

[110]郭维哲,方聪安. 学校组织公平对教师组织公民行为影响之研究——以信任及承诺为中介变项[J]. 教育经营与管理研究集刊,2005,2:145—179.

[111] Dipaola,M. F.,Tschannen-Moran,M. Organizational citizenship behavior in schools and its relationship to school climate[J]. Journal of School Leadership,2001,11(5):424—447.

[112] DiPaola,M. F.,Hoy,W. K. Organizational citizenship of faculty and achievement of high school students[J]. The High School Journal,2005,88(3),35—44.

[113] Somech,A.,Drach-Zahavy. Understanding extra-role behavior in schools:The relationship between job satisfaction,sense of efficacy,and teachers' extra-role behavio[J]. Teaching and Teacher Education,2000,16(5—6):649—659.

[114] Somech,A.,Bogler,R. Antecedents and consequences of teacher organizational and professional commitment[J]. Educational Administrative Quaterly,2002,38(4):555—577.

[115] Bogler,R.,Somech,A. Organizational citizenship behavior in school:How does it relate to participation in decision making?[J]. Journal of Educational Administrative,2005,43(4/5):420—438.

[116]苏红. 中小学教师的组织公民行为:内涵与结构[J]. 教育科学,2007,23(5):38—42.

[117]周国华,黎光明."谁是大学好教师?"——大学教师组织公民行为特点的实证研究[J]. 教师教育研究,2009,21(4):71—75.

[118]郑耀男. 国民中小学教师的组织公民行为之影响模式[J]. 台湾师大学报,2004,49(1):41—62.

[119] Rego,A. Citizenship behaviors of university teachers:The graduates' point of view[J]. Active Learning in Higher Education,2003,4

(1):8—23.

[120]曹科岩,龙君伟.教师组织公民行为:结构与影响因素的研究[J].心理发展与教育,2007,(1):87—92.

[121] Paine,J. B.,Organ,D. W. The cultural matrix of organizational citizenship behavior: Some preliminary conceptual and empirical observations [J]. Human resource management review,2000,10(1):45—59.

[122] Bolino, M. C. Citizenship and impression management: Good soldiers or good actors? [J]. Academy of Management Review,1999,24(1):82—98.

[123] Organ,D. W. A reapprisal and reinterpretation of the satisfaction cause performance hypothesis [J]. Academy of Management Review,1977,2:46—53.

[124] Motowidlo,S. J.,Packard,J. S.,Manning,M. R. Occupational stress: its causes and consequences for performance [J]. Journal of Applied Psychology,1986,71(4):618—629.

[125] Puffer, S. M. Prosocial behavior, noncompliant behavior and work performance among commission sales people [J]. Journal of Applied Psychology,1987,72(1):615—621.

[126] Organ,D. W.,Konovsky,M. Cognitive versus affective determinants of organizational citizenship behavior [J]. Journal of Applied Psychology,1989,74(1):157—164.

[127] O'Reilly,C.,Chatman,J. Organizational commitment and psychological attachment:The effects of compliance,identification and internalization on prosocial behavior [J]. Journal of Applied Psychology,1986,71(3):492—499.

[128] Becker,T. E. Foci and bases of commitment: Are they distinctions worth making? [J]. Academy of Management Journal,1992,35(1):232—244.

[129] Shore,L. M,Wayne,S. J. Commitment and employee behavior: Comparison of affective commitment and continuance commitment with perceived organizational support [J]. Journal of Applied Psychology,1993,78(5):774—780.

[130]苏方国,赵曙明.组织承诺、组织公民行为与离职倾向关系研究

[J]. 科学学与科学技术管理,2005(8):111－116.

[131] Dittrich,J. E. ,Carroll,M. R. Organizational equity perceptions, employee job satisfaction,and departmental absence and turnover rates [J]. Organizational Behavior and Human Performance,1979,24(1):29－40.

[132] Scholl,R. W. ,Cooper,E. A. ,Mckenna,J. F. Referent selection in determining equity perception:Differential effects on behavioral and attitudinal outcomes [J]. Personnel Psychology,1987,40:113－124.

[133] Moorman,R. H. Relationship between organizational justice and organizational citizenship behaviors:Do fairness perceptions influence employee citizenship [J]. Journal of Applied Psychology,1991,76(6):845－855.

[134] Lind,E A. ,Tyler,T. R. The Social Psychology of Procedural Justice [M]. New York:Plenum,1988.

[135]王蕾. 学校组织公平与教师组织公民行为的关系分析[J]. 中国临床心理学杂志,2008,16(4):378－380.

[136] Moorman,R. H. ,Niehoff,B. P. ,Organ,D. W. Treating employees fairly and organizational citizenship behavior:Sorting the effects of job satisfaction,organizational commitment,and procedural justice [J]. Employee Responsibilities and Rights,1993,6(3):209－225.

[137]万涛. 信任与组织公民行为:心理授权的调节作用实证研究[J]. 南开管理评论,2009,12(3):59－66.

[138] Konovsky,M. A. ,Pugh,S. D. Citizenship behavior and social exchange [J]. Academy of Management Journal,1994,37(3):656－669.

[139] Moorman,R. H. ,Blakely,G. L. ,Niehoff,B. P. Does perceived organizational support mediate the relationship between procedural justice and organizational citizenship behavior? [J]. Academy of Management Journal,1998,41(3):351－357.

[140] Coyle-Shapiro J. A. M. ,Conway,N. Exchange relationships:Examining Psychological Contracts and Perceived Organizational Support [J]. Journal of Applied Psychology,2005,90(4):774－781.

[141] Podsakoff,P. M. ,MacKenzie,S. B. An examination of substitutes for leadership within a levels-of-analysis framework [J]. The Leadership Quarterly,1995,6(3):289－328.

[142] Podsakoff,P. M. ,MacKenzie,S. B. ,Bommer,W. H. A meta-analysis of the relationships between Kerr and Jermier's substitutes for leadership and employee job attitudes,role perceptions,and performance [J]. Journal of Applied Psychology,1996a,81(4):380-399.

[143] Podsakoff,P. M. ,MacKenzie,S. B. ,Bommer,W. H. Transformational leader behaviors and substitutes for leadership as determinants of employee satisfaction,commitment,trust,and organizational citizenship behaviors [J]. Journal of Management,1996b,22(2):259-298.

[144] Podsakoff,P. M. ,Niehoff,B. P. ,MacKenzie,S. B. ,Williams,M. L. Do substitutes for leadership really substitute for leadership? An empirical examination of Kerr and Jermier's situational leadership model [J]. Organization Behavior adn Human Decision Processes,1993,54(1):1-44.

[145] Van Dyne,L. ,Graham,J. W. ,Dienesch,R. M. Organizational citizenship behavior:Construct redefinition, measurement, and validation [J]. Academy of Management Journal,1994,37(1):765-802.

[146]李超平. 变革型领导对组织公民行为的影响[J]. 心理科学,2006,29(1):175-177.

[147] Chen X. P. ,Farh,J. L. The effectiveness of transactional and transformational leader behaviors in chinese organizations:Evidence from taiwan [C]. Chicago:National Academy of Management Meetings,1999.

[148]吴志明,武欣. 变革型领导、组织公民行为与心理授权关系研究[J]. 管理科学学报,2007,10(5):40-47.

[149]丁琳,席酉民. 变革型领导如何影响下属的组织公民行为——授权行为与心理授权的作用[J]. 管理评论,2007,19(10):24-29.

[150] Setton,R. P. ,Bennett,N. ,Liden,R. C. Social exchange in organizations:Perceived organizational support,leader-member exchange,and employee reciprocity [J]. Journal of Applied Psychology,1996,81(3):219-227.

[151] Wayne,S. J. ,Shore,L. M. ,Liden,R. C. Perceived organizational support and leader-member exchange:A social exchange perspective [J]. Academy of Management Journal,1997,40(1):82-111.

[152] Wang,H. ,Law,K. S. ,Hackett,R. D. ,Wang,D. X. ,Chen,Z. X. Leader-Member Exchange as a Mediator of the Relationship between

Transformational Leadership and Followers' Performance and Organizational Citizenship Behavior [J]. Academy of Management Journal, 2005, 48 (3): 420-432.

[153] Pierce, J. L., Rubenfeld, S. A., Morgan, S. Employee ownership: A conceptual model of process and effects [J]. Academy of Management Review, 1991, 16 (1): 121-144.

[154] Pendleton, A., Wilson, N., Wright, M. The perception and effects of share ownership: Empirical evidence from employee buy-outs [J]. British Journal of Industrial Relations, 1998, 36(1): 99-123.

[155] Vandewalle, D., Van Dyne, L., Kostova, T. Psychological ownwershp: An empirical examination of its consequences [J]. Group and Organization Studies, 1995, 20(2): 210-226.

[156] Van Dyne, L., Pierce, J. L. Psychological ownership and feelings of ppssession: Three field studies predicting employer attitudes and organizational citizenship behavior [J]. Journal of Organizational Behavior, 2004, 25(4): 439-460.

[157] 吕福新,顾姗姗. 心理所有权与组织公民行为的相关性分析——基于本土企业的视角和浙江企业的实证[J]. 管理世界, 2007(5): 94-103.

[158] Sun, S. B. Predicting job satisfaction and organizational citizenship behavior with individualism-collectivism in P. R. China and the United States [D]. Florida, USA: University of South Florida, 2001.

[159] Hui, C., Law, K. S., Chen, Z. X. A structural equation model of the effects of negative affectivity, leader-member exchange and perceived job mobility on in-role and extra-role performance: A Chinese case [J]. Organization Behavior adn Human Decision Processes, 1999, 77(1): 3-21.

[160] Hui, C., Lam, S. K., Law, K. S. Instrumental values of organizational citizenship behavior for promotion: A field quasi-experiment [J]. Journal of Applied Psychology, 2000, 85(5): 822-828.

[161] 武欣,吴志明. 基于心理契约的组织公民行为管理[J]. 管理现代化, 2005, (2): 18-20.

[162] Restubog, S. L. D., Bordia, P., Tang, R. L. Effects of psychological contract breach on performance of IT employees: The mediating role of affective commitment [J]. Journal of Occupational and Organizational

Psychology, 2006, 79(2): 299—306.

[163] Gould, S. An equity-exchange model of organizational involvement [J]. Academy of Management Review, 1979, 4(1): 53—62.

[164] Turnley, W. H., Feldman, D. C. Re-examining the effects of psychological contract violations: Unmet expectations and job dissatisfaction as mediators [J]. Journal of Organizational Behavior, 2000, 21(1): 25—42.

[165] Othman, R., Arshad, R., Hashim, N. A., Isa, R. M. Psychological contract violation and organizational citizenship behavior [J]. Gadjah Mada International Journal of Business, 2005, 7(3): 325—349.

[166] Porter L. W., Steers, R. M. Organizational work and personal factors in employee turnover and absenteeism [J]. Psychological Bulletin, 1973, 80(2): 151—176.

[167] 沈伊默、袁登华. 心理契约破坏感对员工工作态度和行为的影响 [J]. 心理学报, 2007, 39(1): 155—162.

[168] Rioux S. M., Penner, L. A. The cause of organizational citizenship behavior: a motivational analysis [J]. Journal of Applied Psychology, 2001, 86(6): 1306—1314.

[169] Holmes, J. G. The exchange process in close relationship: microbehavior and macromotives [A]. In Lerner, M. J., Lerner, S. C. (Eds.), The Justice Motive in Social Behavior [M]. New York: Plenum, 1981, 261—284.

[170] Turnley, W. H., Feldman, D. C. A discrepancy model of psychological contract violations [J]. Human Resource Management Review, 1999, 9(3): 367—386.

[171] 徐长江, 时勘. 对组织公民行为的争议与思考 [J]. 管理论坛, 2004, 16(3): 45—50.

[172] 张爱武, 李锡元. 组织—员工雇佣关系与知识共享 [J]. 经济管理, 2006, 8: 61—68.

[173] Tsui, A. S. Contextualization in Chinese management research [J]. Management and Organization Review, 2006, 2(1): 1—13.

[174] Farh, J. L., Cannnella, A. A. Jr., Lee, C. Approaches to scale development in Chinese management research [J]. Management and Organization Review, 2006, 2(3): 301—318.

[175] Podsakoff, P. M., MacKenzie, S. B., Moorman, R. H., Fetter,

R. Transformational leader behaviors and their effects on followers' trust in leader,satisfaction,and organizational citizenship behaviors[J]. Leadership Quarterly,1990,1(2):107－142.

[176]梁建,樊景立. 理论构念的测量[A]. In 陈晓萍,徐淑英,樊景立(Eds),组织与管理研究的实证方法[M]. 北京:北京大学出版社,2008:229－254.

[177] Hinkin,T. K. A brief tutorial on the development of measures for use in survey questionnaires[J]. Organizational Research Methods,1998,1(1):104－121.

[178] Niehoff,B. P.,Moorman,R. H. Justice as a mediator of the relationship between methods of monitoring and organizational citizenship behavior[J]. Academy of Management,1993,36(3):527－556.

[179] Dyne,L. V.,Graham,J. W.,Dienesch,R. M. Organizational citizenship behavior:Construct redefinition,measurement,and validation[J]. Academy of Management 1994,37(4):765－802.

[180]杨中芳. 如何研究中国人:心理学研究本土化论文集[M]. 台北:远流出版公司,2001.

[181] Xin,K. R.,Pearce,J. L. Guanxi:Connections as substitutes to formal institutional support[J]. Academy of Management,1996,39(6):1641－1658.

[182]陈向明. 质的研究方法与社会科学研究[M]. 北京:教育科学出版社,2000.

[183] Haynes,S. N.,Richard,D. C.,Kubany,E. S. Content validity in psychological assessment:A functional approach to concepts and methods [J]. Psychological Assessment,1995,7(3):238－247.

[184]吴明隆. SPSS统计应用实务:问卷分析与应用统计[M]. 北京:科学出版社,2003.

[185]加里·T.亨利(著),沈崇麟(译). 实用抽样方法[M]. 重庆:重庆大学出版社,2008.

[186]杨国枢,文崇一,吴聪贤,李亦园. 社会及行为科学研究法[M]. 重庆:重庆大学出版社,2006.

[187]邱皓政. 量化研究与统计分析:SPSS中文视窗版数据分析范例解析[M]. 重庆:重庆大学出版社,2009.

[188] 王保进. 英文视窗版 SPSS 与行为科学研究[M]. 北京：北京大学出版社,2007.

[189] Churchill,G. A. Jr. A Paradigm for developing better measures of marketing constructs [J]. Journal of Marketing Research,1979,16：64－73.

[190] McDonald,R. P. ,Ho,M. R. Principles and practice in reporting structural equation analysis [J]. Psychological Methods,2002,7：64－82.

[191] Kaiser,H. F. ,Rice,J. Little Jiffy,Mark IV [J]. Educational and Psychological Measurement,1974,34(1)：111－117.

[192] 吴明隆. SPSS 操作与应用——问卷统计分析实务[M]. 台北：五南图书出版公司,2009.

[193] Spicer,J. Making sense of multivariate data analysis[M]. London：Sage,2005.

[194] Hair,J. F. ,Anderson,R. E. ,Tatham,R. L. ,Black,W. C. Multivariate data analysis [M]. Englewood Cliffs,NJ：Prentice-Hall,1998.

[195] 李茂能. 结构方程模式软体 Amos 之简介及其在测验编制上之应用：Graphics and Basic [M]. 台北：心理出版社股份有限公司,2006.

[196] 凌文辁,方俐洛. 心理与行为测量[M]. 北京：机械工业出版社,2003.

[197] 吴明隆. 结构方程模型：AMOS 的操作与应用[M]. 台北：五南图书出版公司,2008.

[198] Bagozzi,R. P. ,Yi,Y. On the evaluation of structural equation models [J]. Academic of Marketing Science,1988,16(1)：76－94.

[199] Hair,J. F. ,Anderson,R. E. ,Tatham,R. L. ,Black,W. C. Multivariate Data Analysis [M]. Upper Saddle River,NJ：Prentice-Hall,2006.

[200] 邱皓政,林碧芳. 结构方程模型的原理与应用[M]. 北京：中国轻工业出版社,2009.

[201] Tabachnick,C. K. ,Fidell. ,L. S. Using Multivariate Statistics [M]. Needham Heights,MA：Allyn and Bacon,2007.

[202] Anderson,J. C. ,Gerbing,D. W. Structural equation modeling in practice：A review and recommended two-step approach [J]. Psychological Bulletin,1988,103：411－423.

[203] Bagozzi,R. P. ,Phillips,L. W. Representing and testing organi-

zational theories: A holistic construal [J]. Administrative Science Quarterly,1982,27: 459—489.

[204] 王全林. 精神式微与复归——"知识分子"视角下的大学教师研究[M]. 南京：南京师范大学出版社,2006.

[205] Gerbing, D. W., Hamilton, J. G., Freeman, E. B. A large-scale second-order structural equation model of the influence of management participation on organizational planning benefits[J]. Journal of Management, 1994,20 (4): 859—885.

[206] Mishra,A. A.,Shah,Rachna. In union lies strength: Collaborative competence in new product development and its performance effects[J]. Journal of Operations Management,2009,27: 324—338.

[207] Marsh, H. W., Hocevar, D. Application of confirmatory factor analysis of the study of selfconcept: first and higher order factor models and their invariance across groups[J]. Psychological Bulletin,1985,97 (3): 562—582.

[208] Koufteros,X.,Babbar,S. Kaighobadi,M. A paradigm for examining second-order factor models employing structural equation modeling[J]. Production economics,2009,120: 633—652.

[209] Venkatraman, N. Performance implications of strategic coalignment: A methodological perspective[J]. Journal of Management Studies, 1990,27 (1): 19—41.

[210] 杨国枢. 中国人的心理与行为:本土化研究[M]. 北京：中国人民大学出版社,2004.

[211] 吴鹏. 学术职业与教师聘任[M]. 山东：中国海洋大学出版社, 2006.

[212] 毕宪顺. 权力整合与体制创新:中国高等学校内部管理体制改革研究[M]. 北京：教育科学出版社,2006.

[213] 朱浩. 非线性视野中我国大学和谐管理机制研究[M]. 合肥：中国科学技术大学出版社,2008.

[214] 盛子同. 高校教师和学校取得双赢发展的策略研究[D]. 福州：福建师范大学,2007.

附 录

附录一
中国高校教师心理契约与组织公民行为开放式问卷

一、背景资料

学校：　　　　　　　学院：　　　　　　　性别：

年龄：　　　　　　　教龄：　　　　　　　职称：

二、问题

1. 无论是基于您与学校的书面或口头协议，还是基于惯常要求，您认为学校应当对您承担哪些责任？请列出 5 项责任，并根据重要性程度排列。

重要性程度	学校的责任
高↓低	1.
	2.
	3.
	4.
	5.

2. 无论是基于您与学校的书面或口头协议，还是基于惯常要求，您认为您

应当对学校承担哪些责任？请列出 5 项责任，并根据重要性程度排列。

重要性程度	高校教师的责任
高 ↓ 低	1.
	2.
	3.
	4.
	5.

3. 请列举一些您自愿承担的、在本职工作要求之外，但从总体上有利于学校、其他教师或学生的行为。

1.
2.
3.
4.
5.

附录二
中国高校教师心理契约与组织公民行为访谈提纲

教师访谈提纲

1. 基于您与学校各种形式的（书面的、口头的、实践惯例中明示或暗示）约定，您认为学校应当对您承担哪些责任？
2. 总体上，您对目前学校责任履行的满意程度如何？
3. 您认为作为学校的一员，应该为学校承担哪些责任？
4. 您觉得自己是否对学校充分履行了责任？
5. 您如何描述自己和学校的关系？
6. 在高校体制改革的过程中，教师和学校所承担的责任发生了哪些变化？
7. 学校（各级领导）是否经常就双方责任履行的情况进行各种形式的沟通？

8. 您是否会自愿承担一些本职工作要求之外的，但总体上有利于学校、其他教师或学生的行为？能否举例说明？您如何看待这种行为？

系主任访谈提纲

1. 作为系领导，您认为学校应该对教师承担什么责任？
2. 总体上，您如何评价学校对教师责任履行的程度？
3. 作为系领导，您认为教师应对学校承担什么责任？
4. 总体上，您如何评价教师对学校责任履行的情况？
5. 在高校体制改革的过程中，教师和学校所承担的责任发生了哪些变化？
6. 您如何描述教师和学校的关系？
7. 据您了解，学校（各级领导）是否经常就双方责任履行的情况进行各种形式的沟通？
8. 能否列举一些教师自愿承担的本职工作要求之外的，但总体上有利于学校、其他教师或学生的行为？您如何看待这种行为？

附录三 中国高校教师心理契约与组织公民行为问卷内容效度专家评价表

尊敬的教授：

您好！

本研究涉及中国高校教师心理契约和组织公民行为。由于您在高等教育管理中的学术成就和丰富的实践经验，恳请您对我所设计的量表内容及结构给予评价和修改。

本研究在前期文献综述、开放式问卷和深度访谈的基础上，初步形成了心理契约和教师组织公民行为两个量表。心理契约量表分为学校责任（共28个题项）、教师责任（共23个题项）两个分量表，每个分量表都包括规范责任、关系责任和发展责任三个维度；教师组织公民行为分量表（共29个题项）包括学校公益行为、同事公益行为和学生公益行为三个维度。请您就以下方面进行评判，并提出您的修改意见：

1. 量表的维度划分是否合适？
2. 各题项选取是否合理、具有代表性？是否该有些增加与删减？
3. 各题项的语义表述是否准确与明确？

4.是否存在其他需要修改的问题?

本研究若能顺利完成,仰仗您的支持协助。对于您在百忙之中所提供的宝贵意见和指导,谨致以最诚挚的感谢!

厦门大学管理学院　　林澜　敬上

条目			专家意见	合适、删除、修改、合并?	若需修改,建议改为
学校责任	学校规范责任				
	1	提供具有区域、行业竞争力的薪资、福利			
	2	为新入职教师提供住房保障(包括过渡性住房、保障性住房以及优惠租赁房等实物住房或符合市场标准的货币化补贴)			
	3	制定合理的规章制度			
	4	建设良好的校园环境			
	5	提高行政管理水平和能力			
	6	奖惩公平			
	7	合理安排工作任务			
	8	尊重教师在教学中的自主权			
	9	提供良好的教学办公条件			
	10	配备充分的科研资源			
	本维度"学校规范责任"可添加的题目:				
	其他意见:				
	学校关系责任				
	1	保障长期稳定的工作			
	2	关心教师身心健康			
	3	帮助教师解决生活中的实际困难			
	4	培养尊师重教的氛围			
	5	营造和谐融洽的工作氛围			
	6	提供对教师工作绩效的反馈机制			

续表

条目		专家意见	合适、删除、修改、合并?	若需修改，建议改为
学校责任	7 提供良好高效的教学辅助服务			
	8 让教师参与重大决策			
	9 重视教师的合理化意见和建议			
	10 尊重教师知情权			
	11 保证信息沟通渠道畅通			
	本维度"学校关系责任"可添加的题目：			
	其他意见：			
	学校发展责任			
	1 提供学习培训的机会			
	2 提供成长性的工作机会			
	3 制定公平、公正的考核晋升机制			
	4 支持教师职业生涯规划			
	5 注重人才梯队建设			
	6 为科研提供政策制度支持			
	7 建设良好的专业（教学、科研）互动平台			
	本维度"学校发展责任"可添加的题目：			
	其他意见：			
	对"学校责任"的其他意见：			

条目		专家意见	合适、删除、修改、合并?	若需修改，建议改为
教师责任	教师规范责任			
	1 保质保量完成教学工作任务			
	2 完成科研任务			
	3 遵守学校规章制度			

续表

条目		专家意见	合适、删除、修改、合并?	若需修改，建议改为
教师责任	4 遵守教师职业道德，为人师表			
	5 爱护学校公共财产			
	6 将专业知识应用于社会服务			
	7 指导学生课外实践			
本维度"教师规范责任"可添加的题目：				
其他意见：				
教师关系责任				
教师责任	1 与学生建立、保持良好师生关系			
	2 关心学生身心健康			
	3 言传身教，培养学生形成良好的思想品德			
	4 与领导、同事和睦相处			
	5 参加校院系组织的各项教职工活动			
	6 参加教学交流活动			
	7 参加学术交流活动			
	8 和学校分享科研成果			
	9 创造并维护良好的校园文化			
本维度"教师关系责任"可添加的题目：				
其他意见：				
教师发展责任				
	1 培养学生对学科的兴趣			
	2 加强学术研究能力，完善知识结构			
	3 参与科研团队建设			
	4 配合校院系进行学科建设			
	5 承担合理合法的学校社会责任			
	6 维护和提升学校声誉			
	7 关心学校发展，参与学校决策			

续表

条　目		专家意见	合适、删除、修改、合并？	若需修改，建议改为
教师责任	本维度"教师发展责任"可添加的题目：			
	其他意见：			
	对"教师责任"的其他意见：			

条　目		专家意见	合适、删除、修改、合并？	若需修改，建议改为

教师组织公民行为（teacher organizational citizenship behavior，TOCB）是符合下列三项条件的教师行为：第一，此种行为不包括在正式书面规定的教师职责要求之内，教师可自行决定做与不做；第二，此种行为与学校正式的奖励制度无直接明显关系；第三，此种行为从整体上有利于学校效能的提高。

			专家意见	合适、删除、修改、合并？	若需修改，建议改为
教师组织公民行为	学校公益行为				
	1	即使无人注意或无据可查时，我依然遵守学校的规章制度			
	2	我不介意接受新的或富于挑战性的任务			
	3	在需要的时候，我会不计酬劳地承担额外的工作			
	4	我会积极参加校院系组织的各种非强制要求的活动			
	5	我会参与那些非强制要求，但能帮助树立学校形象的活动			
	6	我会主动对外宣传学校的优点或澄清他人对学校的误会			
	7	我关心学校发展，积极提出合理有效建议			
	8	我积极维护所在学科的声誉			
	9	我关注所在学科的建设，并积极献言献策			
	10	我会利用个人资源为学校拓展校校、校企关系			
	11	我会为适应学校发展而努力自我提升			
	12	我与学校荣辱与共，愿意为其牺牲个人利益			
	本维度"学校公益行为"可添加的题目：				
	其他意见：				

续表

条目		专家意见	合适、删除、修改、合并？	若需修改，建议改为
教师组织公民行为	同事公益行为			
	1 我会主动帮助新同事适应工作环境			
	2 我会帮助同事解决生活中的实际困难			
	3 我会帮助同事解决工作中的相关问题			
	4 在需要的时候，我会分担同事的工作任务			
	5 我会利用自己的特长帮助同事			
	6 我会协调和同事的关系并与之交流			
	7 我会和同事分享个人教学科研方面的经验和心得体会			
	8 为了维护人际和谐，我不计较与同事间的过节			
	9 我会协助解决同事之间的误会和纠纷			
	10 在同事情绪低落的时候，我会加以鼓励			
	本维度"人际利他行为"可添加的题目：			
	其他意见：			
	学生公益行为			
	1 我会利用私人时间，解答学生学习或生活相关问题			
	2 我会利用各种方式（如电子邮件、电话等）主动与学生加强沟通			
	3 我会主动帮助经济有困难的学生			
	4 我会主动帮助心理上有困扰的学生			
	5 我会经常思考改进教学方法，并付出实施			
	6 只要学生有需要，我愿意参与学生组织的社团活动或专业活动，并为之提供无偿的专业支持			
	7 我会利用个人资源为学生拓展实习或就业渠道			
	本维度"学生公益行为"可添加的题目：			
	其他意见：			
	对"教师组织公民行为"的其他意见：			

附录四 中国高校教师心理契约及组织公民行为重要性评定问卷

尊敬的女士/先生：

您好！这是一份学术性问卷，是一项有关中国高校教师心理契约（高校和教师对相互责任的认知）和组织公民行为的调查研究。对问卷中的问题每个人都有不同的看法，故答案没有对错之分，如实回答就是最好回答。我们保证您的答案仅用于学术研究，不会涉及您和学校的利害关系。本研究若能顺利完成，仰仗您的支持协助，谨此表示衷心感谢！

厦门大学管理学院　林澜

第一部分：基本数据

学校：_____

性别：①男　　　　②女

年龄：①50岁以上　②41～50岁　③30～40岁　④30岁以下

学历：①博士　　　②硕士　　　③本科　　　④大专

职称：①教授　　　②副教授　　③助理教授或讲师　④助教

第二部分：心理契约分量表

学校会通过各种方式（书面、口头明示或暗示、或双方默认的）承诺对教师履行一定的责任。请阅读以下责任项目，判断其对您的重要程度，并在合适的数字上画√。

学校责任	重要程度				
	一点不重要	不太重要	一般	比较重要	非常重要
101. 提供具有区域、行业竞争力的薪资、福利	1	2	3	4	5
102. 为新入职的教师提供住房保障（包括过渡性住房、保障性住房以及优惠租赁房等实物住房或符合市场标准的货币化补贴）	1	2	3	4	5

续表

学校责任	重要程度				
	一点不重要	不太重要	一般	比较重要	非常重要
103. 制定合理的规章制度	1	2	3	4	5
104. 建设良好的校园环境	1	2	3	4	5
105. 提高行政管理水平和能力	1	2	3	4	5
106. 奖惩公平	1	2	3	4	5
107. 合理安排工作任务	1	2	3	4	5
108. 尊重教师在教学中的自主权	1	2	3	4	5
109. 提供良好的教学办公条件	1	2	3	4	5
110. 配备充分的科研资源	1	2	3	4	5
111. 保障长期稳定的工作	1	2	3	4	5
112. 关心教师身心健康	1	2	3	4	5
113. 帮助教师解决生活中的实际困难	1	2	3	4	5
114. 培养尊师重教的氛围	1	2	3	4	5
115. 营造和谐融洽的工作氛围	1	2	3	4	5
116. 提供对教师工作绩效的反馈机制	1	2	3	4	5
117. 提供良好高效的教学辅助服务	1	2	3	4	5
118. 让教师参与重大决策	1	2	3	4	5
119. 重视教师的合理化意见和建议	1	2	3	4	5
120. 尊重教师知情权	1	2	3	4	5
121. 保证信息沟通渠道畅通	1	2	3	4	5
122. 提供学习培训的机会	1	2	3	4	5
123. 提供成长性的工作机会	1	2	3	4	5
124. 制定公平、公正的考核晋升机制	1	2	3	4	5
125. 支持教师职业生涯规划	1	2	3	4	5
126. 注重人才梯队建设	1	2	3	4	5
127. 为科研提供政策制度支持	1	2	3	4	5
128. 建设良好的专业(教学、科研)互动平台	1	2	3	4	5

您自己也会通过各种方式(书面、口头明示或暗示、或双方默认的)向学校承诺履行一定的责任。请阅读以下责任项目,判断其对学校的重要程度,并在合适的数字上画√。

教师责任	重要程度				
	一点不重要	不太重要	一般	比较重要	非常重要
201.保质保量完成教学工作任务	1	2	3	4	5
202.完成科研任务	1	2	3	4	5
203.遵守学校规章制度	1	2	3	4	5
204.遵守教师职业道德,为人师表	1	2	3	4	5
205.爱护学校公共财产	1	2	3	4	5
206.将专业知识应用于社会服务	1	2	3	4	5
207.指导学生课外实践	1	2	3	4	5
208.与学生建立、保持良好师生关系	1	2	3	4	5
209.关心学生身心健康	1	2	3	4	5
210.言传身教,培养学生形成良好的思想品德	1	2	3	4	5
211.与领导、同事和睦相处	1	2	3	4	5
212.参加校院系组织的各项教职工活动	1	2	3	4	5
213.参加教学交流活动	1	2	3	4	5
214.参加学术交流活动	1	2	3	4	5
215.和学校分享科研成果	1	2	3	4	5
216.创造并维护良好的校园文化	1	2	3	4	5
217.培养学生对学科的兴趣	1	2	3	4	5
218.加强学术研究能力,完善知识结构	1	2	3	4	5
219.参与科研团队建设	1	2	3	4	5
220.配合校院系进行学科建设	1	2	3	4	5
221.承担合理合法的学校社会责任	1	2	3	4	5
222.维护和提升学校声誉	1	2	3	4	5
223.关心学校发展,参与学校决策	1	2	3	4	5

第三部分:组织公民行为分量表

下列是一些日常行为,请判断其对学校整体效能提高的重要性,并在合适的数字上画√。

组织公民行为	重要程度				
	一点不重要	不太重要	一般	比较重要	非常重要
301. 即使无人注意或无据可查时,我依然遵守学校的规章制度	1	2	3	4	5
302. 我不介意接受新的或富于挑战性的任务	1	2	3	4	5
303. 在需要的时候,我会不计酬劳地承担额外的工作	1	2	3	4	5
304. 我会积极参加校院系组织的各种非强制要求的活动	1	2	3	4	5
305. 我会参与那些非强制要求,但能帮助树立学校形象的活动	1	2	3	4	5
306. 我会主动对外宣传学校的优点或澄清他人对学校的误会	1	2	3	4	5
307. 我关心学校发展,积极提出合理有效建议	1	2	3	4	5
308. 我积极维护所在学科的声誉	1	2	3	4	5
309. 我关注所在学科的建设,并积极献言献策	1	2	3	4	5
310. 我会利用个人资源为学校拓展校校、校企关系	1	2	3	4	5
311. 我会为适应学校发展而努力自我提升	1	2	3	4	5
312. 我与学校荣辱与共,愿意为其牺牲个人利益	1	2	3	4	5
313. 我会主动帮助新同事适应工作环境	1	2	3	4	5
314. 我会帮助同事解决生活中的实际困难	1	2	3	4	5
315. 我会帮助同事解决工作中的相关问题	1	2	3	4	5
316. 在需要的时候,我会分担同事的工作任务	1	2	3	4	5
317. 我会利用自己的特长帮助同事	1	2	3	4	5
318. 我会协调和同事的关系并与之交流	1	2	3	4	5

续表

组织公民行为	重要程度				
	一点不重要	不太重要	一般	比较重要	非常重要
319.我会和同事分享个人教学科研方面的经验和心得体会	1	2	3	4	5
320.为了维护人际和谐,我不计较与同事间的过节	1	2	3	4	5
321.我会协助解决同事之间的误会和纠纷	1	2	3	4	5
322.在同事情绪低落的时候,我会加以鼓励	1	2	3	4	5
323.我会利用私人时间,解答学生学习或生活相关问题	1	2	3	4	5
324.我会利用各种方式(如电子邮件、电话等)主动与学生加强沟通	1	2	3	4	5
325.我会主动帮助经济有困难的学生	1	2	3	4	5
326.我会主动帮助心理上有困扰的学生	1	2	3	4	5
327.我会经常思考改进教学方法,并付出实施	1	2	3	4	5
328.只要学生有需要,我愿意参与学生组织的社团活动或专业活动,并为之提供无偿的专业支持	1	2	3	4	5
329.我会利用个人资源为学生拓展实习或就业渠道	1	2	3	4	5

本问卷到此结束,再次由衷感谢您的支持!

若对本问卷有如何建议,请通过 xsqll@xmu.edu.cn 与本人联络。

厦门大学管理学院　　林澜　　敬上

附录五　高校教师心理契约与组织公民行为调查问卷(预测试)

问卷编号:

尊敬的女士/先生:

您好!这是一份学术性问卷,是一项有关中国高校和高校教师对相互责任履行情况认知和教师行为的调查研究。对问卷中的问题每个人都有不同的看法,故答案没有对错之分,如实回答就是最好回答。我们保证您的答案仅用于学术研究,不会影响到您和学校的利害关系。本研究若能顺利完成,仰仗您的支持协助,谨此表示衷心感谢!

厦门大学管理学院现代管理科学研究所

一、学校会通过各种(书面或口头、明确或暗示的)方式承诺对教师履行一定的责任。请阅读以下责任项目,指出您认为学校实际履行这些责任的程度,和您认为学校将来会履行这些责任的程度(请注意:我们不是问您希望学校将来履行责任的程度,而是请您判断学校未来可能履行责任的程度)。请在合适的选项上打√。

项目	学校实际履行下列责任的程度					学校未来五年内可能履行下列责任的程度				
	非常不好	不好	一般	好	非常好	非常不好	不好	一般	好	非常好
1. 提供具有区域、行业竞争力的薪资、福利	1	2	3	4	5	1	2	3	4	5
2. 为新入职的教师提供住房保障(包括过渡性住房、保障性住房以及优惠租赁房等实物住房或符合市场标准的货币化补贴)	1	2	3	4	5	1	2	3	4	5
3. 制定合理的规章制度	1	2	3	4	5	1	2	3	4	5
4. 建设良好的校园环境	1	2	3	4	5	1	2	3	4	5
5. 提高行政管理水平和能力	1	2	3	4	5	1	2	3	4	5
6. 奖惩公平	1	2	3	4	5	1	2	3	4	5
7. 合理安排工作任务	1	2	3	4	5	1	2	3	4	5
8. 尊重教师在教学中的自主权	1	2	3	4	5	1	2	3	4	5
9. 提供良好的教学办公条件	1	2	3	4	5	1	2	3	4	5
10. 配备充分的科研资源	1	2	3	4	5	1	2	3	4	5
11. 保障长期稳定的工作	1	2	3	4	5	1	2	3	4	5
12. 关心教师身心健康	1	2	3	4	5	1	2	3	4	5

续表

项目	学校实际履行下列责任的程度					学校未来五年内可能履行下列责任的程度				
	非常不好	不好	一般	好	非常好	非常不好	不好	一般	好	非常好
13. 帮助教师解决生活中的实际困难	1	2	3	4	5	1	2	3	4	5
14. 培养尊师重教的氛围	1	2	3	4	5	1	2	3	4	5
15. 营造和谐融洽的工作氛围	1	2	3	4	5	1	2	3	4	5
16. 提供对教师工作绩效的反馈机制	1	2	3	4	5	1	2	3	4	5
17. 提供良好高效的教学辅助服务	1	2	3	4	5	1	2	3	4	5
18. 让教师参与与自身利益相关的重大决策	1	2	3	4	5	1	2	3	4	5
19. 重视教师的合理化意见和建议	1	2	3	4	5	1	2	3	4	5
20. 尊重教师知情权	1	2	3	4	5	1	2	3	4	5
21. 保证信息沟通渠道畅通	1	2	3	4	5	1	2	3	4	5
22. 提供学习培训的机会	1	2	3	4	5	1	2	3	4	5
23. 提供成长性的工作机会	1	2	3	4	5	1	2	3	4	5
24. 制定公平、公正的考核晋升机制	1	2	3	4	5	1	2	3	4	5
25. 支持教师职业生涯规划	1	2	3	4	5	1	2	3	4	5
26. 注重人才梯队建设	1	2	3	4	5	1	2	3	4	5
27. 为科研提供政策制度支持	1	2	3	4	5	1	2	3	4	5
28. 建设良好的专业(教学、科研)互动平台	1	2	3	4	5	1	2	3	4	5

二、您自己也会通过各种(书面或口头、明确或暗示的)方式向学校承诺履行一定的责任。请阅读以下责任项目,指出您实际履行这些责任的程度。请在合适的选项上打√。

项目	您实际履行程度				
	非常不好	不好	一般	好	非常好
29. 保质保量完成教学工作任务	1	2	3	4	5
30. 完成科研任务	1	2	3	4	5
31. 遵守学校规章制度	1	2	3	4	5

续表

项目	您实际履行程度				
	非常不好	不好	一般	好	非常好
32.遵守教师职业道德,为人师表	1	2	3	4	5
33.爱护学校公共财产	1	2	3	4	5
34.将专业知识应用于社会服务	1	2	3	4	5
35.指导学生课外实践	1	2	3	4	5
36.培养学生对学科的兴趣	1	2	3	4	5
37.与学生建立、保持良好师生关系	1	2	3	4	5
38.关心学生身心健康	1	2	3	4	5
39.言传身教,培养学生形成良好的思想品德	1	2	3	4	5
40.与领导、同事和睦相处	1	2	3	4	5
41.参加校院系组织的各项教职工活动	1	2	3	4	5
42.参加教学交流活动	1	2	3	4	5
43.参加学术交流活动	1	2	3	4	5
44.和学校分享科研成果	1	2	3	4	5
45.创造并维护良好的校园文化	1	2	3	4	5
46.加强学术研究能力,完善知识结构	1	2	3	4	5
47.参与科研团队建设	1	2	3	4	5
48.配合校院系进行学科建设	1	2	3	4	5
49.承担合理合法的学校社会责任	1	2	3	4	5
50.维护和提升学校声誉	1	2	3	4	5
51.关心学校发展,参与学校决策	1	2	3	4	5

三、请判断下列日常行为与您的实际情况的符合程度,选择一个最合适的答案,在合适的选项上打√。

项目	符合程度				
	非常不符合	比较不符合	一般	比较符合	非常符合
52.即使无人注意或无据可查时,我依然遵守学校的规章制度	1	2	3	4	5
53.我不介意接受新的或富于挑战性的任务	1	2	3	4	5

续表

项目	符合程度				
	非常不符合	比较不符合	一般	比较符合	非常符合
54. 在需要的时候,我会不计酬劳地承担额外的工作	1	2	3	4	5
55. 我会积极参加校院系组织的各种非强制要求的活动	1	2	3	4	5
56. 我会参与那些非强制要求,但能帮助树立学校形象的活动	1	2	3	4	5
57. 我会主动对外宣传学校的优点或澄清他人对学校的误会	1	2	3	4	5
58. 我关心学校发展,积极提出合理有效建议	1	2	3	4	5
59. 我积极维护所在学科的声誉	1	2	3	4	5
60. 我关注所在学科的建设,并积极献言献策	1	2	3	4	5
61. 我会利用个人资源为学校拓展校校、校企关系	1	2	3	4	5
62. 我会为适应学校发展而努力自我提升	1	2	3	4	5
63. 我与学校荣辱与共,愿意为其牺牲个人利益	1	2	3	4	5
64. 我会主动帮助新同事适应工作环境	1	2	3	4	5
65. 我会帮助同事解决生活中的实际困难	1	2	3	4	5
66. 我会帮助同事解决工作中的相关问题	1	2	3	4	5
67. 在需要的时候,我会分担同事的工作任务	1	2	3	4	5
68. 我会利用自己的特长帮助同事	1	2	3	4	5
69. 我会协调和同事的关系并与之交流	1	2	3	4	5
70. 我会和同事分享个人教学科研方面的经验和心得体会	1	2	3	4	5
71. 为了维护人际和谐,我不计较与同事间的过节	1	2	3	4	5
72. 我会协助解决同事之间的误会和纠纷	1	2	3	4	5
73. 在同事情绪低落的时候,我会加以鼓励	1	2	3	4	5

续表

项目	符合程度				
	非常不符合	比较不符合	一般	比较符合	非常符合
74.我会利用私人时间,解答学生学习或生活相关问题	1	2	3	4	5
75.我会利用各种方式(如电子邮件、电话等)主动与学生加强沟通	1	2	3	4	5
76.我会主动帮助经济有困难的学生	1	2	3	4	5
77.我会主动帮助心理上有困扰的学生	1	2	3	4	5
78.我会经常思考改进教学方法,并付出实施	1	2	3	4	5
79.只要学生有需要,我愿意参与学生组织的社团活动或专业活动,并为之提供无偿的专业支持	1	2	3	4	5
80.我会利用个人资源为学生拓展实习或就业渠道	1	2	3	4	5

四、请您提供简单的个人资料,在合适的选项上打√。

1. 学校：＿＿＿＿＿＿＿＿＿＿＿＿＿＿＿＿
2. 学校性质：□211　　□省属　　□市属　　□民办　　□其他
3. 性别：　　□男　　　□女
4. 年龄：　　□50岁以上　□41～50岁　□30～40岁　□30岁以下
5. 本校教龄：□10年以上　□6～10年　　□2～5年　　□2年以下
6. 学历：　　□博士　　　□硕士　　　□本科　　　□大专
7. 职称：　　□教授　　　□副教授　　□助理教授或讲师
　　　　　　□助教
8. 学科：　　□哲学　　　□经济学　　□法学　　　□教育学　　□文学
　　　　　　□历史学
　　　　　　□理学　　　□工学　　　□农学　　　□医学
　　　　　　□军事学　　□管理学

本问卷到此结束,请您回顾是否有遗漏题目,再次由衷感谢您的支持!
若对本问卷有任何建议,请通过 xsqll@xmu.edu.cn 与联系人林澜联络。

附录六 高校教师心理契约与组织公民行为问卷各分量表题项鉴别度分析结果

学校已履行责任分量表独立样本 T 检验结果

		Levene's Test for Equality of Variances		t-test for Equality of Means					95% Confidence Interval of the Difference	
		F	Sig.	t	df	Sig. (2-tailed)	Mean Difference	Std. Error Difference	Lower	Upper
Item1a	Equal variances assumed	18.419	.000	6.049	100	.000	−.941	.156	−1.250	−.633
	Equal variances not assumed			6.049	85.278	.000	−.941	.156	−1.251	−.632
Item2a	Equal variances assumed	.048	.827	5.414	99	.000	−1.015	.187	−1.386	−.643
	Equal variances not assumed			5.418	98.553	.000	−1.015	.187	−1.386	−.643
Item3a	Equal variances assumed	8.153	.005	9.706	99	.000	−1.347	.139	−1.622	−1.072
	Equal variances not assumed			9.679	91.047	.000	−1.347	.139	−1.624	−1.071
Item4a	Equal variances assumed	3.188	.077	4.785	99	.000	−.837	.175	−1.184	−.490
	Equal variances not assumed			4.774	93.430	.000	−.837	.175	−1.186	−.489

续表

		Levene's Test for Equality of Variances		t-test for Equality of Means						95% Confidence Interval of the Difference	
		F	Sig.	t	df	Sig. (2-tailed)	Mean Difference	Std. Error Difference		Lower	Upper
Item5a	Equal variances assumed	2.030	.157	10.314	100	.000	-1.471	.143		-1.753	-1.188
	Equal variances not assumed			10.314	91.766	.000	-1.471	.143		-1.754	-1.187
Item6a	Equal variances assumed	4.084	.046	9.152	99	.000	-1.370	.150		-1.667	-1.073
	Equal variances not assumed			9.121	87.717	.000	-1.370	.150		-1.669	-1.072
Item7a	Equal variances assumed	4.753	.032	9.255	100	.000	-1.059	.114		-1.286	-.832
	Equal variances not assumed			9.255	94.414	.000	-1.059	.114		-1.286	-.832
Item8a	Equal variances assumed	7.648	.007	8.865	100	.000	-1.412	.159		-1.728	-1.096
	Equal variances not assumed			8.865	93.826	.000	-1.412	.159		-1.728	-1.096
Item9a	Equal variances assumed	3.163	.078	8.255	100	.000	-1.294	.157		-1.605	-.983
	Equal variances not assumed			8.255	97.343	.000	-1.294	.157		-1.605	-.983

续表

		Levene's Test for Equality of Variances		t-test for Equality of Means					95% Confidence Interval of the Difference	
		F	Sig.	t	df	Sig. (2-tailed)	Mean Difference	Std. Error Difference	Lower	Upper
Item10a	Equal variances assumed	1.940	.167	9.191	100	.000	−1.431	.156	−1.740	−1.122
	Equal variances not assumed			9.191	96.837	.000	−1.431	.156	−1.740	−1.122
Item11a	Equal variances assumed	8.407	.005	6.651	100	.000	−.961	.144	−1.247	−.674
	Equal variances not assumed			6.651	84.418	.000	−.961	.144	−1.248	−.674
Item12a	Equal variances assumed	4.780	.031	6.629	100	.000	−1.059	.160	−1.376	−.742
	Equal variances not assumed			6.629	91.642	.000	−1.059	.160	−1.376	−.742
Item13a	Equal variances assumed	.908	.343	8.995	100	.000	−1.294	.144	−1.580	−1.009
	Equal variances not assumed			8.995	97.352	.000	−1.294	.144	−1.580	−1.009
Item14a	Equal variances assumed	2.191	.142	11.285	100	.000	−1.451	.129	−1.706	−1.196
	Equal variances not assumed			11.285	92.277	.000	−1.451	.129	−1.706	−1.196

续表

		Levene's Test for Equality of Variances		t-test for Equality of Means					95% Confidence Interval of the Difference	
		F	Sig.	t	df	Sig. (2-tailed)	Mean Difference	Std. Error Difference	Lower	Upper
Item15a	Equal variances assumed	1.187	.279	11.708	99	.000	−1.445	.123	−1.690	−1.200
	Equal variances not assumed			11.708	98.951	.000	−1.445	.123	−1.690	−1.200
Item16a	Equal variances assumed	.469	.495	9.669	100	.000	−1.216	.126	−1.465	−.966
	Equal variances not assumed			9.669	99.025	.000	−1.216	.126	−1.465	−.966
Item17a	Equal variances assumed	.243	.623	9.145	100	.000	−1.392	.152	−1.694	−1.090
	Equal variances not assumed			9.145	99.984	.000	−1.392	.152	−1.694	−1.090
Item18a	Equal variances assumed	.539	.464	13.148	100	.000	−1.725	.131	−1.986	−1.465
	Equal variances not assumed			13.148	99.694	.000	−1.725	.131	−1.986	−1.465
Item19a	Equal variances assumed	2.013	.159	12.908	100	.000	−1.667	.129	−1.923	−1.411
	Equal variances not assumed			12.908	97.600	.000	−1.667	.129	−1.923	−1.410

续表

		Levene's Test for Equality of Variances		t-test for Equality of Means						
		F	Sig.	t	df	Sig. (2-tailed)	Mean Difference	Std. Error Difference	95% Confidence Interval of the Difference	
									Lower	Upper
Item20a	Equal variances assumed	1.234	.269	10.370	97	.000	−1.621	.156	−1.932	−1.311
	Equal variances not assumed			10.326	93.308	.000	−1.621	.157	−1.933	−1.310
Item21a	Equal variances assumed	.943	.334	9.780	100	.000	−1.431	.146	−1.722	−1.141
	Equal variances not assumed			9.780	99.097	.000	−1.431	.146	−1.722	−1.141
Item22a	Equal variances assumed	2.554	.113	8.802	100	.000	−1.333	.151	−1.634	−1.033
	Equal variances not assumed			8.802	96.783	.000	−1.333	.151	−1.634	−1.033
Item23a	Equal variances assumed	1.136	.289	9.076	100	.000	−1.353	.149	−1.649	−1.057
	Equal variances not assumed			9.076	96.103	.000	−1.353	.149	−1.649	−1.057
Item24a	Equal variances assumed	.230	.632	12.344	100	.000	−1.549	.125	−1.798	−1.300
	Equal variances not assumed			12.344	95.355	.000	−1.549	.125	−1.798	−1.300

续表

		Levene's Test for Equality of Variances		t-test for Equality of Means					95% Confidence Interval of the Difference	
		F	Sig.	t	df	Sig. (2-tailed)	Mean Difference	Std. Error Difference	Lower	Upper
Item25a	Equal variances assumed	.050	.824	11.775	100	.000	−1.529	.130	−1.787	−1.272
	Equal variances not assumed			11.775	98.092	.000	−1.529	.130	−1.787	−1.272
Item26a	Equal variances assumed	1.950	.166	10.485	98	.000	−1.482	.141	−1.763	−1.202
	Equal variances not assumed			10.434	90.742	.000	−1.482	.142	−1.764	−1.200
Item27a	Equal variances assumed	.705	.403	13.177	100	.000	−1.725	.131	−1.985	−1.466
	Equal variances not assumed			13.177	97.032	.000	−1.725	.131	−1.985	−1.466
Item28a	Equal variances assumed	5.517	.021	11.601	100	.000	−1.706	.147	−1.998	−1.414
	Equal variances not assumed			11.601	89.562	.000	−1.706	.147	−1.998	−1.414

学校未来责任分量表独立样本 T 检验结果

		Levene's Test for Equality of Variances		t-test for Equality of Means					95% Confidence Interval of the Difference	
		F	Sig.	t	df	Sig. (2-tailed)	Mean Difference	Std. Error Difference	Lower	Upper
Item1b	Equal variances assumed	.797	.374	6.238	104	.000	−.855	.137	−1.127	−.583
	Equal variances not assumed			6.208	100.085	.000	−.855	.138	−1.128	−.582
Item2b	Equal variances assumed	.122	.728	6.836	105	.000	−1.154	.169	−1.489	−.819
	Equal variances not assumed			6.803	101.084	.000	−1.154	.170	−1.491	−.818
Item3b	Equal variances assumed	14.656	.000	10.377	105	.000	−1.336	.129	−1.592	−1.081
	Equal variances not assumed			10.204	87.767	.000	−1.336	.131	−1.597	−1.076
Item4b	Equal variances assumed	2.819	.096	7.133	105	.000	−1.047	.147	−1.338	−.756
	Equal variances not assumed			7.052	94.427	.000	−1.047	.148	−1.342	−.752
Item5b	Equal variances assumed	14.179	.000	10.092	104	.000	−1.433	.142	−1.715	−1.152
	Equal variances not assumed			9.931	83.727	.000	−1.433	.144	−1.720	−1.146

续表

		Levene's Test for Equality of Variances		t-test for Equality of Means					95% Confidence Interval of the Difference	
		F	Sig.	t	df	Sig. (2-tailed)	Mean Difference	Std. Error Difference	Lower	Upper
Item6b	Equal variances assumed	7.223	.008	11.592	105	.000	−1.418	.122	−1.661	−1.176
	Equal variances not assumed			11.413	89.370	.000	−1.418	.124	−1.665	−1.171
Item7b	Equal variances assumed	5.557	.020	9.226	106	.000	−1.143	.124	−1.388	−.897
	Equal variances not assumed			9.134	95.090	.000	−1.143	.125	−1.391	−.894
Item8b	Equal variances assumed	6.174	.015	8.118	105	.000	−1.267	.156	−1.577	−.958
	Equal variances not assumed			8.034	95.581	.000	−1.267	.158	−1.580	−.954
Item9b	Equal variances assumed	8.492	.004	8.280	105	.000	−1.272	.154	−1.577	−.968
	Equal variances not assumed			8.215	94.602	.000	−1.272	.155	−1.580	−.965
Item10b	Equal variances assumed	1.246	.267	10.888	106	.000	−1.632	.150	−1.929	−1.335
	Equal variances not assumed			10.814	99.494	.000	−1.632	.151	−1.931	−1.332

续表

		Levene's Test for Equality of Variances		t-test for Equality of Means					95% Confidence Interval of the Difference	
		F	Sig.	t	df	Sig. (2-tailed)	Mean Difference	Std. Error Difference	Lower	Upper
Item11b	Equal variances assumed	4.461	.037	6.281	106	.000	−.995	.158	−1.308	−.681
	Equal variances not assumed			6.210	92.976	.000	−.995	.160	−1.313	−.676
Item12b	Equal variances assumed	5.880	.017	7.710	104	.000	−1.142	.148	−1.436	−.848
	Equal variances not assumed			7.618	90.450	.000	−1.142	.150	−1.440	−.844
Item13b	Equal variances assumed	1.519	.221	10.083	105	.000	−1.352	.134	−1.618	−1.086
	Equal variances not assumed			10.106	104.759	.000	−1.352	.134	−1.617	−1.087
Item14b	Equal variances assumed	8.492	.004	12.053	106	.000	−1.497	.124	−1.744	−1.251
	Equal variances not assumed			11.904	91.077	.000	−1.497	.126	−1.747	−1.247
Item15b	Equal variances assumed	4.164	.044	10.072	104	.000	−1.214	.121	−1.453	−.975
	Equal variances not assumed			9.967	95.638	.000	−1.214	.122	−1.456	−.972

续表

		Levene's Test for Equality of Variances		t-test for Equality of Means					95% Confidence Interval of the Difference	
		F	Sig.	t	df	Sig. (2-tailed)	Mean Difference	Std. Error Difference	Lower	Upper
Item16b	Equal variances assumed	8.627	.004	10.708	105	.000	−1.385	.129	−1.641	−1.128
	Equal variances not assumed			10.614	97.355	.000	−1.385	.130	−1.644	−1.126
Item17b	Equal variances assumed	6.892	.010	10.582	105	.000	−1.406	.133	−1.670	−1.143
	Equal variances not assumed			10.481	96.570	.000	−1.406	.134	−1.672	−1.140
Item18b	Equal variances assumed	1.723	.192	12.439	106	.000	−1.768	.142	−2.050	−1.486
	Equal variances not assumed			12.375	101.475	.000	−1.768	.143	−2.051	−1.484
Item19b	Equal variances assumed	.028	.868	14.498	106	.000	−1.755	.121	−1.996	−1.515
	Equal variances not assumed			14.407	100.167	.000	−1.755	.122	−1.997	−1.514
Item20b	Equal variances assumed	2.292	.133	12.409	105	.000	−1.703	.137	−1.976	−1.431
	Equal variances not assumed			12.266	94.309	.000	−1.703	.139	−1.979	−1.428

续表

		Levene's Test for Equality of Variances		t-test for Equality of Means					95% Confidence Interval of the Difference	
		F	Sig.	t	df	Sig. (2-tailed)	Mean Difference	Std. Error Difference	Lower	Upper
Item21b	Equal variances assumed	4.322	.040	11.492	105	.000	−1.586	.138	−1.860	−1.312
	Equal variances not assumed			11.376	96.016	.000	−1.586	.139	−1.863	−1.309
Item22b	Equal variances assumed	8.638	.004	9.371	106	.000	−1.485	.158	−1.799	−1.171
	Equal variances not assumed			9.290	96.980	.000	−1.485	.160	−1.802	−1.168
Item23b	Equal variances assumed	3.334	.071	11.042	106	.000	−1.570	.142	−1.852	−1.288
	Equal variances not assumed			10.979	100.828	.000	−1.570	.143	−1.854	−1.286
Item24b	Equal variances assumed	12.628	.001	14.099	106	.000	−1.717	.122	−1.958	−1.476
	Equal variances not assumed			13.945	93.545	.000	−1.717	.123	−1.962	−1.473
Item25b	Equal variances assumed	2.258	.136	10.596	105	.000	−1.499	.141	−1.779	−1.218
	Equal variances not assumed			10.492	96.209	.000	−1.499	.143	−1.782	−1.215

续表

		Levene's Test for Equality of Variances		t-test for Equality of Means					95% Confidence Interval of the Difference	
		F	Sig.	t	df	Sig. (2-tailed)	Mean Difference	Std. Error Difference	Lower	Upper
Item26b	Equal variances assumed	23.383	.000	11.702	105	.000	−1.503	.128	−1.757	−1.248
	Equal variances not assumed			11.458	81.939	.000	−1.503	.131	−1.764	−1.242
Item27b	Equal variances assumed	14.661	.000	14.015	106	.000	−1.761	.126	−2.010	−1.512
	Equal variances not assumed			13.831	89.919	.000	−1.761	.127	−2.014	−1.508
Item28b	Equal variances assumed	16.039	.000	13.055	106	.000	−1.731	.133	−1.994	−1.468
	Equal variances not assumed			−12.901	92.095	.000	−1.731	.134	−1.997	−1.464

教师责任分量表独立样本 T 检验结果

		Levene's Test for Equality of Variances		t-test for Equality of Means					95% Confidence Interval of the Difference	
		F	Sig.	t	df	Sig. (2-tailed)	Mean Difference	Std. Error Difference	Lower	Upper
Item29	Equal variances assumed	7.386	.008	7.528	107	.000	−.720	.096	−.910	−.531
	Equal variances not assumed			7.522	106.281	.000	−.720	.096	−.910	−.531
Item30	Equal variances assumed	.021	.884	6.577	108	.000	−.970	.147	−1.262	−.677
	Equal variances not assumed			−6.567	106.503	.000	−.970	.148	−1.262	−.677
Item31	Equal variances assumed	.803	.372	8.092	107	.000	−.749	.093	−.932	−.565
	Equal variances not assumed			8.041	99.164	.000	−.749	.093	−.934	−.564
Item32	Equal variances assumed	11.406	.001	8.943	108	.000	−.781	.087	−.954	−.608
	Equal variances not assumed			8.844	76.649	.000	−.781	.088	−.957	−.605
Item33	Equal variances assumed	14.971	.000	6.477	108	.000	−.710	.110	−.927	−.492
	Equal variances not assumed			−6.407	78.095	.000	−.710	.111	−.930	−.489

续表

		Levene's Test for Equality of Variances		t-test for Equality of Means					95% Confidence Interval of the Difference	
		F	Sig.	t	df	Sig. (2-tailed)	Mean Difference	Std. Error Difference	Lower	Upper
Item34	Equal variances assumed	1.048	.308	8.600	107	.000	−1.248	.145	−1.536	−.960
	Equal variances not assumed			8.599	106.627	.000	−1.248	.145	−1.536	−.960
Item35	Equal variances assumed	.325	.570	8.961	108	.000	−1.379	.154	−1.684	−1.074
	Equal variances not assumed			8.966	107.999	.000	−1.379	.154	−1.684	−1.074
Item36	Equal variances assumed	4.563	.035	9.313	108	.000	−1.146	.123	−1.389	−.902
	Equal variances not assumed			9.274	100.933	.000	−1.146	.124	−1.391	−.900
Item37	Equal variances assumed	5.760	.018	7.851	108	.000	−1.013	.129	−1.269	−.757
	Equal variances not assumed			7.803	95.033	.000	−1.013	.130	−1.271	−.755
Item38	Equal variances assumed	.062	.803	8.150	108	.000	−1.190	.146	−1.479	−.900
	Equal variances not assumed			8.126	103.969	.000	−1.190	.146	−1.480	−.899

续表

		Levene's Test for Equality of Variances		t-test for Equality of Means						
		F	Sig.	t	df	Sig. (2-tailed)	Mean Difference	Std. Error Difference	95% Confidence Interval of the Difference	
									Lower	Upper
Item39	Equal variances assumed	2.421	.123	9.307	107	.000	−.940	.101	−1.140	−.740
	Equal variances not assumed			9.234	95.934	.000	−.940	.102	−1.142	−.738
Item40	Equal variances assumed	.086	.771	5.976	108	.000	−.669	.112	−.890	−.447
	Equal variances not assumed			5.958	103.764	.000	−.669	.112	−.891	−.446
Item41	Equal variances assumed	.921	.339	7.075	108	.000	−1.008	.142	−1.290	−.726
	Equal variances not assumed			7.061	105.791	.000	−1.008	.143	−1.291	−.725
Item42	Equal variances assumed	.737	.393	8.330	108	.000	−1.237	.148	−1.531	−.942
	Equal variances not assumed			8.339	107.931	.000	−1.237	.148	−1.531	−.943
Item43	Equal variances assumed	1.091	.299	7.269	107	.000	−1.074	.148	−1.367	−.781
	Equal variances not assumed			7.220	98.226	.000	−1.074	.149	−1.369	−.779

续表

		Levene's Test for Equality of Variances		t-test for Equality of Means						95% Confidence Interval of the Difference	
		F	Sig.	t	df	Sig. (2-tailed)	Mean Difference	Std. Error Difference		Lower	Upper
Item44	Equal variances assumed	.901	.345	7.229	105	.000	−1.038	.144		−1.323	−.754
	Equal variances not assumed			7.258	104.156	.000	−1.038	.143		−1.322	−.755
Item45	Equal variances assumed	.695	.406	8.832	107	.000	−1.102	.125		−1.349	−.855
	Equal variances not assumed			8.827	106.373	.000	−1.102	.125		−1.350	−.855
Item46	Equal variances assumed	.722	.397	6.869	108	.000	−.833	.121		−1.073	−.592
	Equal variances not assumed			−6.845	102.592	.000	−.833	.122		−1.074	−.591
Item47	Equal variances assumed	.724	.397	9.714	106	.000	−1.293	.133		−1.556	−1.029
	Equal variances not assumed			9.595	91.396	.000	−1.293	.135		−1.560	−1.025
Item48	Equal variances assumed	1.071	.303	8.404	108	.000	−1.022	.122		−1.264	−.781
	Equal variances not assumed			8.383	104.838	.000	−1.022	.122		−1.264	−.781

续表

		Levene's Test for Equality of Variances		t-test for Equality of Means					95% Confidence Interval of the Difference	
		F	Sig.	t	df	Sig. (2-tailed)	Mean Difference	Std. Error Difference	Lower	Upper
Item49	Equal variances assumed	.007	.934	8.764	107	.000	−.922	.105	−1.131	−.714
	Equal variances not assumed			8.772	106.949	.000	−.922	.105	−1.131	−.714
Item50	Equal variances assumed	.164	.686	8.724	106	.000	−1.007	.115	−1.236	−.778
	Equal variances not assumed			8.720	105.233	.000	−1.007	.115	−1.236	−.778
Item51	Equal variances assumed	7.999	.006	6.165	105	.000	−.990	.161	−1.308	−.671
	Equal variances not assumed			6.189	90.903	.000	−.990	.160	−1.307	−.672

教师组织公民行为分量表独立样本 T 检验结果

		Levene's Test for Equality of Variances		t-test for Equality of Means					95% Confidence Interval of the Difference	
		F	Sig.	t	df	Sig. (2-tailed)	Mean Difference	Std. Error Difference	Lower	Upper
Item52	Equal variances assumed	.273	.602	6.786	115	.000	-.726	.107	-.938	-.514
	Equal variances not assumed			6.621	90.609	.000	-.726	.110	-.944	-.508
Item53	Equal variances assumed	1.329	.251	5.580	116	.000	-.770	.138	-1.043	-.496
	Equal variances not assumed			5.540	109.475	.000	-.770	.139	-1.045	-.494
Item54	Equal variances assumed	6.914	.010	6.219	114	.000	-.903	.145	-1.190	-.615
	Equal variances not assumed			6.114	96.525	.000	-.903	.148	-1.196	-.610
Item55	Equal variances assumed	.594	.442	7.428	115	.000	-1.115	.150	-1.412	-.817
	Equal variances not assumed			7.350	105.839	.000	-1.115	.152	-1.415	-.814
Item56	Equal variances assumed	3.816	.053	8.707	114	.000	-1.122	.129	-1.378	-.867
	Equal variances not assumed			8.764	113.947	.000	-1.122	.128	-1.376	-.869

续表

		Levene's Test for Equality of Variances		t-test for Equality of Means						
		F	Sig.	t	df	Sig. (2-tailed)	Mean Difference	Std. Error Difference	95% Confidence Interval of the Difference	
									Lower	Upper
Item57	Equal variances assumed	1.375	.243	7.945	114	.000	-1.096	.138	-1.369	-.822
	Equal variances not assumed			7.819	100.560	.000	-1.096	.140	-1.374	-.818
Item58	Equal variances assumed	.007	.931	9.480	114	.000	-1.277	.135	-1.543	-1.010
	Equal variances not assumed			9.472	112.335	.000	-1.277	.135	-1.544	-1.010
Item59	Equal variances assumed	1.036	.311	7.883	114	.000	-1.072	.136	-1.341	-.802
	Equal variances not assumed			7.792	104.443	.000	-1.072	.138	-1.344	-.799
Item60	Equal variances assumed	1.165	.283	7.554	115	.000	-1.033	.137	-1.304	-.762
	Equal variances not assumed			7.469	105.161	.000	-1.033	.138	-1.308	-.759
Item61	Equal variances assumed	4.078	.046	7.640	114	.000	-1.239	.162	-1.560	-.918
	Equal variances not assumed			7.542	103.280	.000	-1.239	.164	-1.565	-.913

续表

		Levene's Test for Equality of Variances		t-test for Equality of Means						95% Confidence Interval of the Difference	
		F	Sig.	t	df	Sig. (2-tailed)	Mean Difference	Std. Error Difference		Lower	Upper
Item62	Equal variances assumed	14.165	.000	6.479	114	.000	−.988	.153		−1.290	−.686
	Equal variances not assumed			6.298	81.569	.000	−.988	.157		−1.300	−.676
Item63	Equal variances assumed	10.908	.001	10.427	116	.000	−1.584	.152		−1.885	−1.283
	Equal variances not assumed			10.312	105.473	.000	−1.584	.154		−1.889	−1.280
Item64	Equal variances assumed	3.590	.061	9.035	116	.000	−1.039	.115		−1.267	−.811
	Equal variances not assumed			8.908	101.720	.000	−1.039	.117		−1.271	−.808
Item65	Equal variances assumed	3.031	.084	7.226	116	.000	−1.013	.140		−1.291	−.736
	Equal variances not assumed			7.149	105.965	.000	−1.013	.142		−1.294	−.732
Item66	Equal variances assumed	4.282	.041	7.296	116	.000	−.834	.114		−1.060	−.607
	Equal variances not assumed			7.185	100.302	.000	−.834	.116		−1.064	−.603

续表

		Levene's Test for Equality of Variances		t-test for Equality of Means					95% Confidence Interval of the Difference	
		F	Sig.	t	df	Sig. (2-tailed)	Mean Difference	Std. Error Difference	Lower	Upper
Item67	Equal variances assumed	2.992	.086	7.495	116	.000	-.880	.117	-1.113	-.648
	Equal variances not assumed			7.377	99.473	.000	-.880	.119	-1.117	-.643
Item68	Equal variances assumed	3.611	.060	8.974	116	.000	-1.044	.116	-1.275	-.814
	Equal variances not assumed			8.834	99.627	.000	-1.044	.118	-1.279	-.810
Item69	Equal variances assumed	9.761	.002	8.338	116	.000	-.975	.117	-1.206	-.743
	Equal variances not assumed			8.167	92.918	.000	-.975	.119	-1.212	-.738
Item70	Equal variances assumed	1.128	.290	7.930	115	.000	-.997	.126	-1.246	-.748
	Equal variances not assumed			7.845	105.686	.000	-.997	.127	-1.249	-.745
Item71	Equal variances assumed	1.580	.211	7.392	116	.000	-.880	.119	-1.115	-.644
	Equal variances not assumed			7.320	106.929	.000	-.880	.120	-1.118	-.641

续表

		Levene's Test for Equality of Variances		t-test for Equality of Means					
								95% Confidence Interval of the Difference	
		F	Sig.	t	df	Sig. (2-tailed)	Mean Difference	Std. Error Difference	Lower	Upper
Item72	Equal variances assumed	.003	.957	7.321	115	.000	−.962	.131	−1.222	−.701
	Equal variances not assumed			7.326	113.625	.000	−.962	.131	−1.222	−.702
Item73	Equal variances assumed	6.203	.014	7.147	115	.000	−.937	.131	−1.196	−.677
	Equal variances not assumed			6.996	94.481	.000	−.937	.134	−1.202	−.671
Item74	Equal variances assumed	1.794	.183	6.794	115	.000	−.729	.107	−.941	−.516
	Equal variances not assumed			6.762	110.857	.000	−.729	.108	−.942	−.515
Item75	Equal variances assumed	.885	.349	5.148	115	.000	−.664	.129	−.920	−.409
	Equal variances not assumed			5.155	114.665	.000	−.664	.129	−.919	−.409
Item76	Equal variances assumed	.587	.445	7.810	116	.000	−1.093	.140	−1.371	−.816
	Equal variances not assumed			7.807	114.638	.000	−1.093	.140	−1.371	−.816

续表

		Levene's Test for Equality of Variances		t-test for Equality of Means					95% Confidence Interval of the Difference	
		F	Sig.	t	df	Sig. (2-tailed)	Mean Difference	Std. Error Difference	Lower	Upper
Item77	Equal variances assumed	.224	.637	−9.032	115	.000	−1.242	.138	−1.514	−.970
	Equal variances not assumed			−8.960	108.084	.000	−1.242	.139	−1.517	−.967
Item78	Equal variances assumed	1.286	.259	5.721	116	.000	−.716	.125	−.964	−.468
	Equal variances not assumed			5.692	111.525	.000	−.716	.126	−.965	−.467
Item79	Equal variances assumed	6.609	.011	7.468	116	.000	−1.091	.146	−1.380	−.802
	Equal variances not assumed			7.337	96.976	.000	−1.091	.149	−1.386	−.796
Item80	Equal variances assumed	11.948	.001	8.936	115	.000	−1.197	.134	−1.462	−.931
	Equal variances not assumed			8.711	89.648	.000	−1.197	.137	−1.470	−.924

附录七 高校教师心理契约与组织公民行为调查问卷

问卷编号：

尊敬的女士/先生：

您好！这是一份学术性问卷，是一项有关中国高校和高校教师对相互责任履行情况认知和教师行为的调查研究。对问卷中的问题每个人都有不同的看法，故答案没有对错之分，如实回答就是最好回答。我们保证您的答案仅用于学术研究，不会影响到您和学校的利害关系。本研究若能顺利完成，仰仗您的支持协助，谨此表示衷心感谢！

厦门大学管理学院　现代管理科学研究所

一、学校会通过各种方式（书面或口头、明确或暗示）承诺对教师履行一定的责任。请阅读以下责任项目，指出您认为学校实际履行这些责任的程度，并判断学校未来五年内可能履行这些责任的程度（请注意：我们不是问您希望学校履行的程度）。请在合适的选项上画√。

项目	学校实际履行下列责任的程度					您判断学校未来五年内可能履行下列责任的程度				
	非常不好	不好	一般	好	非常好	非常不好	不好	一般	好	非常好
1.提供有竞争力的薪资	1	2	3	4	5	1	2	3	4	5
2.提供完善的福利	1	2	3	4	5	1	2	3	4	5
3.提供住房保障（如过渡性住房、保障性住房、优惠租赁房等实物住房或符合市场标准的货币化补贴等）	1	2	3	4	5	1	2	3	4	5
4.帮助教师解决生活中的实际困难	1	2	3	4	5	1	2	3	4	5
5.保障长期稳定的工作	1	2	3	4	5	1	2	3	4	5

续表

项目	学校实际履行下列责任的程度					您判断学校未来五年内可能履行下列责任的程度				
	非常不好	不好	一般	好	非常好	非常不好	不好	一般	好	非常好
6. 提高行政管理水平	1	2	3	4	5	1	2	3	4	5
7. 制定合理的规章制度	1	2	3	4	5	1	2	3	4	5
8. 制定公平、公正的考核晋升机制	1	2	3	4	5	1	2	3	4	5
9. 合理安排工作任务	1	2	3	4	5	1	2	3	4	5
10. 建立教师工作绩效的反馈机制	1	2	3	4	5	1	2	3	4	5
11. 实施公平的奖惩机制	1	2	3	4	5	1	2	3	4	5
12. 提供良好的教学办公条件	1	2	3	4	5	1	2	3	4	5
13. 尊重教师在教学中的自主权	1	2	3	4	5	1	2	3	4	5
14. 配备充分的科研资源	1	2	3	4	5	1	2	3	4	5
15. 让教师参与与自身利益相关的重大决策	1	2	3	4	5	1	2	3	4	5
16. 重视教师合理的意见和建议	1	2	3	4	5	1	2	3	4	5
17. 尊重教师知情权	1	2	3	4	5	1	2	3	4	5
18. 保证信息沟通渠道畅通	1	2	3	4	5	1	2	3	4	5
19. 提供学习培训的机会	1	2	3	4	5	1	2	3	4	5
20. 提供成长性的工作机会	1	2	3	4	5	1	2	3	4	5
21. 支持教师职业生涯规划	1	2	3	4	5	1	2	3	4	5
22. 注重人才梯队建设	1	2	3	4	5	1	2	3	4	5
23. 为科研提供政策制度支持	1	2	3	4	5	1	2	3	4	5
24. 建设良好的专业(教学、科研)互动平台	1	2	3	4	5	1	2	3	4	5

二、您自己也会通过各种方式（书面或口头、明确或暗示）向学校承诺履行一定的责任。请阅读以下责任项目，指出您实际履行这些责任的程度。请在合适的选项上画√。

项目	您实际履行程度				
	非常不好	不好	一般	好	非常好
25. 保质保量完成教学任务	1	2	3	4	5
26. 遵守学校规章制度	1	2	3	4	5
27. 遵守教师职业道德，为人师表	1	2	3	4	5
28. 爱护学校公共财产	1	2	3	4	5
29. 指导学生课外实践	1	2	3	4	5
30. 培养学生对学科的兴趣	1	2	3	4	5
31. 与学生建立、保持良好的师生关系	1	2	3	4	5
32. 关心学生身心健康	1	2	3	4	5
33. 完成科研任务	1	2	3	4	5
34. 加强学术研究能力，完善知识结构	1	2	3	4	5
35. 参加学术交流活动	1	2	3	4	5
36. 参与科研团队建设	1	2	3	4	5
37. 配合校院系进行学科建设	1	2	3	4	5
38. 关心学校发展，参与学校决策	1	2	3	4	5
39. 维护和提升学校声誉	1	2	3	4	5
40. 创造并维护良好的校园文化	1	2	3	4	5
41. 参加校院系组织的各项教职工活动	1	2	3	4	5
42. 参加教学交流活动	1	2	3	4	5
43. 与领导、同事和睦相处	1	2	3	4	5

三、请判断下列日常行为与您的实际情况的符合程度,选择一个您认为最合适的答案。

项目	符合程度				
	非常不符合	比较不符合	一般	比较符合	非常符合
44. 我会主动对外宣传学校的优点或澄清他人对学校的误解	1	2	3	4	5
45. 我会参与那些非强制要求,但能帮助树立学校形象的活动	1	2	3	4	5
46. 我积极为学校发展提出合理有效建议	1	2	3	4	5
47. 我会为适应学校发展而努力自我提升	1	2	3	4	5
48. 我积极维护所在学科的声誉	1	2	3	4	5
49. 我关注所在学科的建设,并积极献言献策	1	2	3	4	5
50. 我会利用个人资源为学校拓展校校或校企关系	1	2	3	4	5
51. 我与学校荣辱与共,愿意为其牺牲个人利益	1	2	3	4	5
52. 我会主动帮助新同事适应工作环境	1	2	3	4	5
53. 我会帮助同事解决生活中的实际困难	1	2	3	4	5
54. 我会帮助同事解决工作中的相关问题	1	2	3	4	5
55. 在需要的时候,我会分担同事的工作任务	1	2	3	4	5
56. 我会利用自己的特长帮助同事	1	2	3	4	5
57. 我会协调和同事的关系并与之交流	1	2	3	4	5
58. 我会和同事分享个人教学科研方面的经验和心得体会	1	2	3	4	5
59. 为了维护人际和谐,我不计较与同事间的过节	1	2	3	4	5

续表

项目	符合程度				
	非常不符合	比较不符合	一般	比较符合	非常符合
60. 在同事情绪低落的时候,我会加以鼓励	1	2	3	4	5
61. 我会经常思考改进教学方法,并付诸实施	1	2	3	4	5
62. 我会利用私人时间解答学生学习或生活相关问题	1	2	3	4	5
63. 我会利用各种方式(如电子邮件、电话等)主动与学生加强沟通	1	2	3	4	5
64. 我会主动帮助心理上有困扰的学生	1	2	3	4	5
65. 我愿意为有益的学生社团活动提供专业指导	1	2	3	4	5
66. 我会利用个人资源为学生拓展实习或就业渠道	1	2	3	4	5

四、请您提供简单的个人资料,在合适的选项上画√。

1. 学校性质:□教育部直属　□省属　□市属　□民办　□其他
2. 学校类型:□211 高校　□非 211 高校
3. 性别:　□男　□女
4. 年龄:　□50 岁以上　□41～50 岁　□30～40 岁　□30 岁以下
5. 在本校的教龄:□15 年以上　□11～15 年　□6～10 年　□2～5 年　□2 年以下
6. 学位:　□博士　□硕士　□学士　□其他
7. 职称:　□教授　□副教授　□助理教授或讲师　□助教
8. 学科:　□哲学　□经济学　□法学　□教育学　□文学　□历史学　□理学　□工学　□农学　□医学　□军事学　□管理学

问卷到此结束。感谢您辛苦填答。为了资料的完整性,请您回顾是否有漏答选项。

再次感谢您的支持！

联系人：厦门大学管理学院林澜

Email：xsqll@xmu.edu.cn

附录八　高校心理契约调查问卷

问卷编号：

尊敬的女士/先生：

您好！这是一份学术性问卷，是一项有关学校责任履行情况的调查研究。对问卷中的问题每个人都有不同的看法，故答案没有对错之分，如实回答就是最好回答。我们保证对您的答案严格保密，仅用于学术研究，不会影响到您和学校的利害关系。本研究若能顺利完成，仰仗您的支持协助，谨此表示衷心感谢！

厦门大学管理学院　现代管理科学研究所

一、学校会通过各种方式（书面或口头、明确或暗示）承诺对教师履行一定的责任。请阅读以下责任项目，从院、系领导的角度，指出您认为学校实际履行这些责任的程度，并判断学校未来五年内可能履行这些责任的程度（请注意：我们不是问您希望学校履行的程度）。请在合适的选项上画√。

项目	作为院、系领导，您认为学校实际履行下列责任的程度					作为院、系领导，您判断学校未来五年内可能履行下列责任的程度				
	非常不好	不好	一般	好	非常好	非常不好	不好	一般	好	非常好
1. 提供有竞争力的薪资	1	2	3	4	5	1	2	3	4	5
2. 提供完善的福利	1	2	3	4	5	1	2	3	4	5
3. 提供住房保障（如过渡性住房、保障性住房、优惠租赁房等实物住房或符合市场标准的货币化补贴等）	1	2	3	4	5	1	2	3	4	5
4. 帮助教师解决生活中的实际困难	1	2	3	4	5	1	2	3	4	5

续表

项目	作为院、系领导，您认为学校实际履行下列责任的程度					作为院、系领导，您判断学校未来五年内可能履行下列责任的程度				
	非常不好	不好	一般	好	非常好	非常不好	不好	一般	好	非常好
5. 保障长期稳定的工作	1	2	3	4	5	1	2	3	4	5
6. 提高行政管理水平	1	2	3	4	5	1	2	3	4	5
7. 制定合理的规章制度	1	2	3	4	5	1	2	3	4	5
8. 制定公平、公正的考核晋升机制	1	2	3	4	5	1	2	3	4	5
9. 合理安排工作任务	1	2	3	4	5	1	2	3	4	5
10. 建立教师工作绩效的反馈机制	1	2	3	4	5	1	2	3	4	5
11. 实施公平的奖惩机制	1	2	3	4	5	1	2	3	4	5
12. 提供良好的教学办公条件	1	2	3	4	5	1	2	3	4	5
13. 尊重教师在教学中的自主权	1	2	3	4	5	1	2	3	4	5
14. 配备充分的科研资源	1	2	3	4	5	1	2	3	4	5
15. 让教师参与与自身利益相关的重大决策	1	2	3	4	5	1	2	3	4	5
16. 重视教师合理的意见和建议	1	2	3	4	5	1	2	3	4	5
17. 尊重教师知情权	1	2	3	4	5	1	2	3	4	5
18. 保证信息沟通渠道畅通	1	2	3	4	5	1	2	3	4	5
19. 提供学习培训的机会	1	2	3	4	5	1	2	3	4	5
20. 提供成长性的工作机会	1	2	3	4	5	1	2	3	4	5
21. 支持教师职业生涯规划	1	2	3	4	5	1	2	3	4	5
22. 注重人才梯队建设	1	2	3	4	5	1	2	3	4	5
23. 为科研提供政策制度支持	1	2	3	4	5	1	2	3	4	5
24. 建设良好的专业(教学、科研)互动平台	1	2	3	4	5	1	2	3	4	5

二、请您提供简单的个人资料，在合适的选项上画√。

1. 性别：□男　　　　　　□女
2. 职务：□（正/副）院长　　□（正/副）系主任
3. 年龄：□50 岁以上　　　□41～50 岁　　　□30～40 岁
　　　　□30 岁以下
4. 在本校的教龄：□15 年以上　　□11～15 年　　□6～10 年
　　　　　　　　□2～5 年　　　□2 年以下
5. 担任现职务年限：□4 年以上　　□1～4 年　　□1 年以下
6. 学位：□博士　　　　□硕士　　　　□学士　　　　□其他
7. 职称：□教授　　　　□副教授　　　□助理教授或讲师

问卷到此结束。感谢您辛苦填答。为了资料的完整性，请您回顾是否有漏答选项。

再次感谢您的支持！

联系人：厦门大学管理学院林澜

Email：xsqll@xmu.edu.cn

附录九 样本涉及的具体高校及其地区分布图

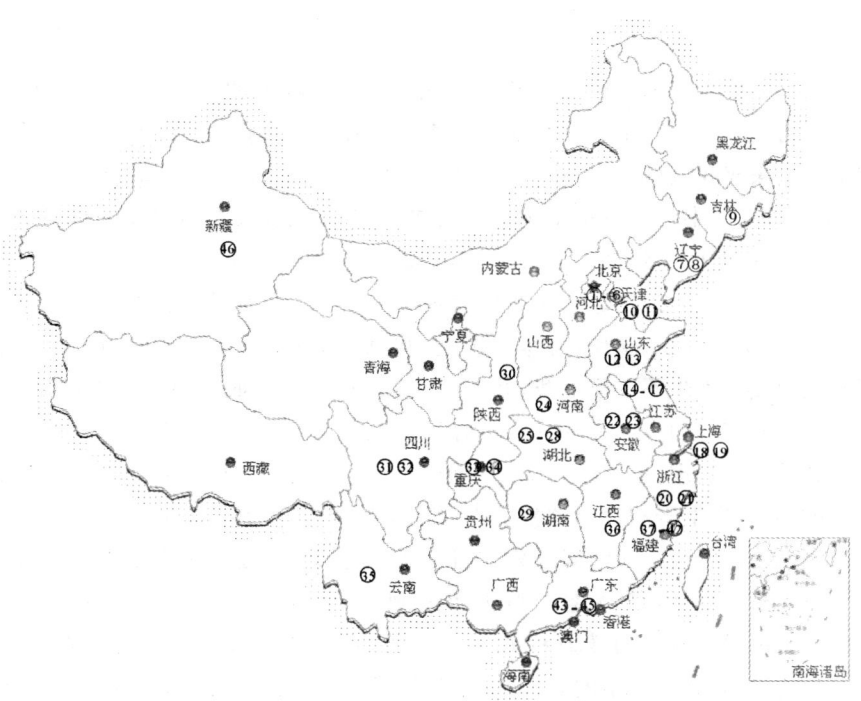

①中国人民大学 ②北京交通大学 ③北京师范大学 ④中央财经大学 ⑤北京理工大学 ⑥北京工业大学 ⑦大连理工大学 ⑧东北财经大学 ⑨东北师范大学 ⑩天津大学 ⑪天津中医药大学 ⑫山东海洋大学 ⑬中国石油大学 ⑭东南大学 ⑮河海大学 ⑯中国矿业大学 ⑰苏州大学 ⑱华东理工大学 ⑲同济大学 ⑳浙江工商大学 ㉑杭州电子科技大学 ㉒安徽大学 ㉓安徽财经大学 ㉔郑州大学 ㉕武汉理工大学 ㉖华中科技大学 ㉗华中师范大学 ㉘中南财经政法大学 ㉙南华大学 ㉚陕西师范大学 ㉛西南交通大学 ㉜西南财经大学 ㉝重庆工商大学 ㉞西南大学 ㉟昆明理工大学 ㊱江西农业大学 ㊲厦门大学 ㊳福州大学 ㊴福建师范大学 ㊵集美大学 ㊶厦门理工学院 ㊷福州闽江学院 ㊸华南师范大学 ㊹汕头大学 ㊺五邑大学 ㊻新疆石河子大学

致　谢

本书是以我的博士论文为基础完成的。书稿收笔的那一夜,我经历了生平少有的失眠。数月来俯首案前的劳累,却抑制不住精神的亢奋,脑海中浮现的是十余来年我从毕业、工作、再求学、研究设计、收集问卷、写作、博士论文答辩,到今日完成书稿的一幕幕……蓦然回首,自己的成长经历以及所有帮助过我的人们,一时间纷纷涌上心头,百感交集,最沉甸甸的那份是感恩。

首先我要由衷地感谢引领我与管理学科结缘的恩师林志扬教授。回首十余年前,无论是学识、工作,还是阅历上,我都是幼稚和肤浅的,恩师用他的包容和关爱接纳了少不更事的我,并在我成长的道路上,如一盏指路的明灯,指引和照亮我前行的方向。"团结、宽容、求实、创新"的师训于质朴间参透着做人和做学问的真理,也是恩师的人生践行。恩师涉猎广泛,兼顾理论研究与实践应用,对学生报告和讨论的精辟点评充满睿智,对我开展研究中的建议和指点也让我受益匪浅。在学问之外,更让我深深折服的,是恩师身上无处不散发的人格光辉:他的谦和、宽容与豁达;他与师母相濡以沫的幸福;他的每一位学生的心中都感念着他的教诲和关爱……有缘进入师门,是我人生中的幸事。感谢我的恩师,我生命中的贵人,我永远的良师!也向师母的无私奉献表示最崇高的敬意!

学术研究的漫漫长路,让我痛并快乐着,这份快乐很大程度上源于我的先生郑惠人和我的女儿郑好。为了支持我求学,先生承担了许多家庭责任,陪伴我苦读到深夜,包容了我的任性,给我鼓励和安慰,为我撑起了一片温暖的天空……点点滴滴,有先生分享生活中的酸甜苦辣,有聪明乖巧的女儿陪伴左右,人生的奋斗才更有意义。

除此之外,我的研究能得以顺利完成,还得到了许多同事、同学、朋友以及素不相识的人们的帮助和支持。

感谢厦门大学管理学院的伍晓奕博士、黄炳艺博士、白云涛博士、英国杜伦大学的何新明博士以及美国威斯康星州立大学的 Maxwell 博士在统计方法上给予的帮助和指导;感谢厦门大学管理学院的领导与同事们对我的支持,尤其感谢郭朝阳教授、詹虹博士和唐炎钊教授对我的关照,感谢孙建国博士为我填答了第一份问卷;感谢所有接受我的访谈、为我填答问卷的老师和领导,尤其是那些素不相识的老师,没有他(她)们的支持,我不可能完成研究,他(她)们用实际行动彰显了"公民行为"的意义;感谢林泉、卢冰、陈青兰、林萍以及其他各位同门、同窗,他(她)们的研究激情和对我的学术启发令我终生受益;特别感谢李愉心和莫长炜,他们对我的无私帮助和熬夜为我校稿的情谊让我感动并铭记在心;感谢蒋金龙和江娇夫妇、何新明和黄晓鹭夫妇与我分享生活中的快乐;感谢厦门大学管理学院和外文学院羽毛球队的所有成员,为我增添了许多的生活乐趣。

感谢我的父亲,他给了我生命,含辛茹苦地养育了我,使我得到了良好的教育并教给我做人的道理。在他日渐年迈、需要照顾的时候,我却身在异乡,不能时时侍奉左右。

最后,谨以此文告慰我远在天堂的母亲!

林澜
2013 年 7 月 20 日

图书在版编目(CIP)数据

心理契约及其对员工组织公民行为的影响:基于中国高校组织情境的研究/
林澜著. —厦门:厦门大学出版社,2013.7
（厦门大学企管学术文库）
ISBN 978-7-5615-4730-4

Ⅰ.①心… Ⅱ.①林… Ⅲ.①高等学校-教师-组织管理学-研究-中国
Ⅳ.①G645.1

中国版本图书馆 CIP 数据核字(2013)第 181552 号

厦门大学出版社出版发行

(地址:厦门市软件园二期望海路 39 号　邮编:361008)

http://www.xmupress.com

xmup @ xmupress.com

厦门市明亮彩印有限公司印刷

2013 年 7 月第 1 版　2013 年 7 月第 1 次印刷

开本:720×970　1/16　印张:16.25　插页:1

字数:350 千字

定价:48.00 元

本书如有印装质量问题请寄承印厂调换